Ingeborg Bellmann / Brigitte Biermann
Vatersuche

Ingeborg Bellmann
Brigitte Biermann

Vatersuche

Töchter erzählen
ihre Geschichte

Ch. Links Verlag, Berlin

Wir danken Anita, Anna, Astrid, Beatrix, Brigitte, Charlotte, Daniela, Gaby, Julia, Karin, Katharina, Maria, Marianne, Moni, Pia, Sandra, Sigrid, Sissy, Stefanie und Theresa für ihre Offenheit und ihr Vertrauen.
Ohne sie gäbe es dieses Buch nicht.

Die Deutsche Bibliothek verzeichnet diese Publikation
in der Deutschen Nationalbibliographie;
detaillierte bibliographische Daten sind im Internet
über http://dnb.ddb.de abrufbar.

1. Auflage, März 2005
© Christoph Links Verlag – LinksDruck GmbH
Schönhauser Allee 36, 10435 Berlin, Tel.: (030) 44 02 32-0
www.linksverlag.de; mail@linksverlag.de

Umschlaggestaltung: KahaneDesign Berlin
unter Verwendung eines Fotos von Jörg Lantelmé,
bearbeitet von Arno Funke
Lektorat: Beate Clausnitzer
Satz: Kaleidogramm. Claudia Oestmann
Druck und Bindung: Friedrich Pustet, Regensburg

ISBN 3-86153-352-9

Inhalt

Die Vatersuche der Töchter

Problemkinder sind sie nicht, die vaterlosen Töchter, sie sind gesellschaftlich nie auffällig geworden. Und wahrscheinlich ist das auch der Grund dafür, dass über die Töchter, die ohne ihre leiblichen Väter aufgewachsen sind, weder psychologische noch sozialwissenschaftliche Studien vorliegen. Selbst in der Literaturwissenschaft wird ihr Schicksal nur auf Nebenschauplätzen, als Folge des Liebesverrats, der Treulosigkeit, Buhlschaft oder Schändung verhandelt. Auch das erkenntnisleitende Motiv der Vatersuche, der Weg in die Welt als Prozess der Selbstfindung, ist in der christlich-abendländischen Literaturgeschichte ausschließlich ein Privileg der Söhne.

Dass die abwesenden Väter auch eine Rolle im Leben der Töchter spielen und was es für diese bedeutet, ohne ihren Vater aufzuwachsen, scheint bislang – außer in psychoanalytischen Fallstudien oder therapeutischen Prozessen – niemanden interessiert zu haben. Obwohl es längst zum Allgemeingut gehört, dass, wer eine Mutter hat, auf der Welt ist, dass aber, wer einen Vater hat, auch einen Platz in ihr findet, bleibt die Frage: Was machen die Töchter, die ihren Vater nicht kennen?

Von Marilyn Monroe wissen wir, dass sie sich zeitlebens danach gesehnt hat, ihren Vater kennen zu lernen. Bis heute interpretieren Psychologen und Klatschreporter die Wahl ihrer Liebhaber und Ehemänner als Ausdruck ihres »Vaterkomplexes«. Doch was, wenn die Wahl ihrer Liebhaber und Ehemänner schlicht Ausdruck eines sehr komplexen Vaterbildes und die Komplexität dieses Vaterbildes ein Ausdruck ihrer Vatersuche war?

Joyce Carol Oates beschreibt in »Blond«, einer fiktiven Biographie über Marilyn Monroe, wie viel Energie und Phantasie Marilyn Monroe aufgewendet hat, um sich ihren Vater immer wieder neu zu erfinden. Ein deutlicher Hinweis darauf, dass die Vatergeschichtenerfindung auch eine Möglichkeit ist, in die Welt zu kommen, sich anhand des Geschichtenerzählens in ihr zu orientieren und zurechtzufinden.

Dass es verdammt durcheinander zugehen kann in einer Welt ohne Vater, wissen wir von der berühmtesten Vater-Geschichten-Erfinderin aller Zeiten: Pippi Langstrumpf. Herrin der Villa Kunterbunt ist die Phantasie. Seemannsgarn spinnen gehört zur Tagesordnung. Doch als Pippis Vater »Efraim Langstrumpf, früher der Schrecken der Meere, jetzt Negerkönig«, wirklich auftaucht, ist jeder Zweifel an Pippis Geschichten dahin. Pippis Platz im Leben und in der Welt ist gesichert.

Joyce Carol Oates und Astrid Lindgren haben uns hier die Augen für das Schicksal der vaterlosen Töchter und das Drama der Vaterentbehrung geöffnet. Sie haben das Geschichtenerfinden als eine Fähigkeit der Lebensbewältigungs- und Überlebensstrategie hoffähig gemacht. Doch weder Joyce Carol Oates noch Astrid Lindgren haben die Fähigkeiten ihrer Protagonistinnen genutzt und sie aktiv ihren Vater suchen lassen. Marilyn Monroes Leben endet im Mythos vom Hollywood-Opfer, und Pippis Spur verliert sich vermutlich irgendwo in Taka-Tuka-Land.

Das Kapitel ihrer Vatersuche müssen die vaterlosen Töchter also selbst schreiben.

20 Frauen – vaterlos oder mit einem Stiefvater aufgewachsen – haben uns die Geschichte ihrer Suche erzählt: von der Entdeckung, dass der Mann daheim nicht der richtige Vater ist, von langem Zögern, der Angst vor einer Begegnung mit dem leiblichen Vater, von frustrierenden, aber auch glücklichen Zusammentreffen und auch von der Not, niemals zu erfahren, wie ihr Vater aussieht, riecht, spricht.

Im Gepäck ihrer Vatersuche hatten die Töchter meist nicht viel mehr als die Andeutungen ihrer Mütter, Vermutungen und ein paar vage Erinnerungen; gab es einen Namen, eine Nummer oder gar ein Foto ihres Vaters, war das schon viel.

Dass nicht immer die räumliche Entfernung entscheidend dafür ist, ob die Tochter den Weg zu ihrem Vater finden kann, beschreibt am deutlichsten die Lebensgeschichte von Marianne. Ihr Vater lebte bis zu seinem Tod gerade mal einen Steinwurf weit entfernt, und nie hat sie mit ihm auch nur ein Wort gewechselt.

Natürlich klingen in den Lebensgeschichten der vatersuchenden Töchter auch die Geschichten ihrer Mütter und Väter mit. Geschichten, die vor ihrer Zeit stattgefunden haben, die sie nur vom Hörensagen kennen oder die sie sich selbst zusammenreimen mussten: Treuebruch, gekränkte Eitelkeiten, verpasste Chancen, die bucklige Verwandtschaft, der Tod des Vaters als unabwendbares Schicksal, der Vaterverlust als Folge des Krieges, die Teilung Deutschlands – es ist ein Thema mit vielen Variationen. Zugleich sind diese Geschichten Mosaiksteinchen zur Sitten- und Moralgeschichte fast eines ganzen Jahrhunderts und nicht zuletzt eine Reise durch das geteilte und wiedervereinte Deutschland. Womit eines gewiss ist: Es sind immer auch die gesellschaftlichen Verhältnisse, die die Lebensgeschichten der Töchter mitgeschrieben haben.

Welche Bedeutung der abwesende Vater für ihr Leben hatte, welche Rolle sie ihm auf der inneren Bühne erfunden und wie sie ihn gesucht haben, wollten wir von den 20 Frauen, mit denen wir gesprochen haben, genauer wissen. Fragen, die sie zurückgeschickt haben in eine Zeit, an die sich einige nur mit Schmerzen und Tränen erinnern konnten.

Viele Geschichten beginnen im Heim, bei Pflegeeltern, Großeltern oder Tanten. Der Mann im Haus der Mutter wurde kurzerhand zum Vater der Tochter, womit zwar der äußere Schein gewahrt war, aber der Realitätssinn der Tochter attackiert wurde. In den seltensten Fällen lagen im Leben der Töchter, die ohne ihren leiblichen Vater groß wurden, die Karten offen auf dem Tisch. Mühsam mussten sie, von Andeutungen, Hinweisen, einem Flickwerk von Geschichten ausgehend, sich die Geschichte ihres eigenen Lebens suchen. Und häufig wurde der richtige Vater auf ihrer inneren Bühne zu dem Helden, mit dem sie ein anderes Leben hätten führen können, eines mit mehr Aufmerksamkeit, mehr Zärtlichkeit, mehr Liebe.

Anders als Marilyn Monroe oder Pippi Langstrumpf sind unsere Gesprächspartnerinnen jedoch keine Vatergeschichtenerfinderinnen. Wenn es um den leiblichen Vater geht, unterscheiden sie sehr genau, wie sie sich ihren Vater vorgestellt, was sie sich ausgedacht haben und was wirklich geschehen ist.

Szene für Szene reihen sie die Momente ihrer Suche wie in einem Film aneinander. Vaterlose Töchter sind Geschichtenerzählerinnen, so scheint es. Doch ihr Erzähltalent ist zugleich Ausdruck ihrer Not. Denn viel mehr als diese Episoden haben sie nicht. Manchmal reichen die Finger einer Hand aus, um die markanten Momente bei der Suche nach dem Vater zu zählen, und oft genug sind auch diese Geschichten genau genommen Bestandteil fremden und nicht des eigenen Lebens. Entsprechend kostbar sind die Erinnerungen und Augenblicke, in denen die Idee oder das Bild des Vaters, mitunter sogar dieser selbst, auftauchen.

Auch wenn nicht alle Töchter ihren Vater gefunden haben und ihn vielleicht auch nie finden werden – allein die Beschäftigung mit der Frage, wie ein Leben mit ihm hätte aussehen können, hat etwas von ihrem Vater in ihr Leben geholt und damit fast immer auch einen Prozess der Selbstfindung ausgelöst.

Anhand ihrer Erfahrungen beschreiben die 20 Töchter in diesem Buch, wie sehr die Vaterentbehrung ihr Leben geprägt hat: dass die Vatersuche nicht nur im Äußeren stattfindet, ein oft mühseliger Weg durch Ämter und Behörden, sondern auch eine Reise ins Innere ist. Schonungslos und aufrichtig stellen sie sich die Fragen: Wer bin ich? Was bedeutet es, einen Teil von mir nicht zu kennen, nur unvollständige Wurzeln zu haben? Wie viel vom Vater steckt in mir? Inwieweit hat der Vater mein Selbstverständnis als Frau, vielleicht auch meine sexuelle Identität bestimmt, obwohl er abwesend war? Welches Männerbild habe ich? Nach welchen Kriterien habe ich meine Partner gewählt, und was müssen die leisten? Sie sprechen vom Mut, ein eigenes Leben zu entwerfen. Viele beschreiben einen Weg ohne männliche oder weibliche Vorbilder und ihre Zweifel, überhaupt einen Platz in der Welt zu finden.

Die Psychotherapeuten und -analytiker Gisela Heidenreich, Sigrid Huth und Wolfgang Petri haben die Probleme von Töchtern, die ohne ihren leiblichen Vater aufgewachsen sind, in diesem Buch einfühlsam und einleuchtend dargelegt. Dafür danken wir ihnen sehr. Die wahren Expertinnen jedoch für die Frage, welche Rolle ein abwesender Vater im Leben der Töchter spielt, sind die Töchter, die hier zu Wort kommen.

Das Bild vom Vater

»Mein Vater war für mich Luft.«
Marianne, ein kleines Dorf im Spessart, geboren 1935

Im Dorf kursiert die Geschichte, Marianne wisse nicht, wer ihr Vater sei. Doch Marianne weiß es. Das wahre Geheimnis ihrer Geschichte ist möglicherweise schlimmer als das Gerücht, das sich bis heute hält. Vom Wohnzimmerfenster aus kann sie direkt auf das Haus ihres Vaters schauen. Marianne hat zwei Töchter, einen Sohn und drei Enkel. Bald feiert sie Goldene Hochzeit. Mit ihrem Mann hat sie Glück gehabt: Er habe ihr beigestanden und immer zu ihr gehalten, auch wenn's schwierig war, sagt sie. Während unseres Gespräches schaut er manchmal von draußen durchs Fenster und lächelt.

Ein Vater ist einer, der für seine Kinder sorgt, der für seine Kinder da ist, auch wenn sie mal ganz unten sind. Einer, der sagt, komm her, ich bin auch noch da, das ist ein Vater. Aber einer, der einem ganz jungen Mädchen ein Kind macht und es dann hängen lässt? 1935? Hier, in dem kleinen Dorf? Ach nee. Meine Mutter war doch erst 16. Das war eine Schande. Meine Mutter wurde geächtet. Was die wegen mir hat aushalten müssen … Ich war ja ein Schandenkind. Deshalb war mein Opa auch erst so eklig und wollte, dass ich in ein Heim komme. Aber meine Mutter hat gesagt: Ich hätte dich nie weggegeben. Lieber wär' ich mit dir ins Wasser gegangen.

Als ich dann älter war, war mein Opa auch gut zu mir. Aber am Anfang hat meine Mutter sehr unter ihm gelitten und ich auch. Das war eine schlimme Zeit für meine Mutter. Sehr schlimm. Ich habe gespürt, dass etwas nicht richtig war. Ich habe mich auch irgendwie immer geschämt. Vielleicht, weil ich so hieß wie meine Mutter und mein Opa? Vielleicht, weil kein Vater da war? Vielleicht war's auch das Getuschel der Nachbarn? Man kriegt das als Kind ja mit. Man merkt, wenn über einen gesprochen wird.

Ich weiß noch, wir hatten eine Nachbarin, mit deren Tochter ich im Winter immer zusammen in der Stube beim Kachelofen gespielt habe. Die Nachbarin hatte auch einen Jungen, ein Jahr jünger als ich, aber der war gestorben. Während ich also mit dem Nachbarsmädchen spiele, höre ich, wie die Nachbarin zu ihrem Besuch sagt: Guck, so Kinder gedeihen. Die sterben nicht. Und unseres musst' sterben.

Ich hatte sofort das Gefühl, die meint mich.

Heute sage ich mir immer, Menschen, die der liebe Gott nicht will, die lässt er nicht auf die Welt kommen. Jeder Mensch, der auf die Welt kommen soll, der kommt. Da kann man machen, was man will. Offensichtlich sollte ich auf die Welt kommen.

Wenn man mich in der Schule gefragt hat, habe ich immer gesagt: Ich habe keinen Vater. Es war auch gar nicht so ungewöhnlich, dass ich keinen Vater hatte. Im Krieg waren so viele Männer weg. Außerdem wusste ich ja, wer mein Vater ist. Das habe ich schon ganz früh erfahren. Meine Oma hat's mir gesagt. Der wohnte da drüben. Das war früher ein armer Bub, der war Knecht. Bis er sich die Christel angelacht und meine Mutter mitsamt dem Kind hat sitzen lassen. Zuerst hat er's abgestritten, hat gesagt, er wär' nicht mein Vater. Aber die Blutprobe hat ergeben, dass er doch der Vater war. Mit 16 Jahren kann meine Mutter auch noch nicht so viele Männer gehabt haben. Aber meine Mutter hat darüber nie was erzählt, und ich habe auch nicht gefragt.

Natürlich bin ich meinem Vater auch auf der Straße begegnet, das bleibt in so einem kleinen Dorf nicht aus. Aber das war so, als ob ich an einem fremden Menschen vorbeigehe. Deshalb sage ich ja: Er ist kein Vater. Wenn er ein Vater gewesen wäre, dann hätte er mal mit mir gesprochen. Ein Vater ist etwas ganz anderes. Ein Vater ist ein Mensch, an den man sich klammern kann. Mein Vater war für mich Luft.

Ich kenne die ehelichen Söhne meines Vaters, die wohnen hier im Dorf. Sie sind meine Halbbrüder, aber mit denen habe ich auch nie darüber gesprochen. Ich wüsste gar nicht, was ich sagen sollte.

Als Kind habe ich auch nicht so viel nachgedacht, das kam mehr im Alter. Einen Vater habe ich nicht vermisst. Auf dem Dorf ist es ja doch ein bisschen anders: Da kommt mal der und mal der angelaufen, man hat die Nachbarn gekannt, der Opa war da. Also, ich muss sagen, ich hatte eine schöne Kindheit. Meine Mutter hat mich richtig verwöhnt, die hätte mich nicht hergegeben, für alles in der Welt nicht. Sie hat mich immer so schön angezogen, dass sogar die Gemeindeschwester sagte: Aber Minchen, aus einem Kind macht man doch keine Zierpuppe!

1940, im Krieg, hat meine Mutter dann geheiratet. Meine Schwester ist 1943 geboren und ihr Vater '44 gefallen. Meine Schwester kennt ihren Vater gar nicht. Aber sie fragt mich auch nie nach ihm, sie will nichts hören von früher. Die ist nicht so wie ich, mich bewegt das Leben von früher sehr. Ich kann mich noch genau erinnern, wie die Nachricht kam, dass der Vater meiner Schwester gefallen ist. Das war schrecklich, du liebe Zeit …

Den Vater meiner Schwester habe ich gemocht, der war gut zu mir, das muss ich sagen. Der hat immer zu mir gesagt: Du bist mein Müppel. So sagte man, wenn man mit Kindern schmust, sie drückt und gern hat. Eigentlich war der für mich wie ein Vater, nicht mein Opa.

Mein Opa wollte mich am Anfang auch nicht, erst als er im Sterben lag und ich nachts bei ihm saß. Da hat er immer meine Hand gesucht. Ich habe sie ihm auch gegeben und ihm auf dem Totenbett alles verziehen.

Nach dem Krieg, 1947, hat meine Mutter den Vater meines Bruders geheiratet, der kam aus dem Osten. Ich war damals zwölf Jahre alt und wollte den nicht. Ich hatte das Gefühl, der nimmt mir was weg. Außerdem war er ein Trinker. 1950 ist dann mein Bruder Robert geboren, da war ich 16 Jahre, so alt wie meine Mutter, als sie mich gekriegt hat. Und zwei Jahre später bekam sie Krebs.

Als sie im August das letzte Mal im Krankenhaus war, sagte die Gemeindeschwester zu mir: Marianne, ich habe mit dem Arzt gesprochen, die Mama wird nicht mehr gesund.

Meine Mutter war 34 Jahre alt, als sie starb. Ich war 18, meine Schwester zehn, und der Robert war drei. Ich bin das einzige Kind, das noch richtig etwas von unserer Mutter mitbekommen hat. Ich habe dann den Robert und meine Schwester großgezogen und Robert auch mit in meine Ehe genommen.

Eigentlich hatte ich mir mein Leben anders vorgestellt. Ich wollte gerne nach Amerika. Eine Nichte meiner Oma, die in

Amerika lebte, war 1937 hier zu Besuch. Sie hatte selbst keine Kinder, mochte mich und wollte mich nach dem Krieg zu sich holen. Aber es kam natürlich ganz anders, ich habe mich nämlich in meinen Mann verliebt.

Wir hatten Musik und Tanz auf dem Dorf. Ich war damals ein begehrtes junges Mädchen, bildhübsch. Da kamen viele, die mit mir tanzen wollten, aber die haben mir alle nicht gefallen. Ich hatte immer das Gefühl, die wollten mich nur ausnehmen. Bei meinem Mann war das anders. Der hat mir gleich gefallen. Ach, der hatte so schöne Locken! Wir haben richtig gut zusammengepasst. Bis wir zum ersten Mal intim wurden, sind wir lange miteinander gegangen, zwei Jahre vielleicht. Er hat einfach Rücksicht genommen, obwohl er ja auch noch sehr jung war. Das hat mir gefallen.

Als meine Mutter gemerkt hat, dass es mit mir und meinem Mann ernst wurde, hat sie mich mal beiseite genommen und mir gesagt, dass sie nichts gegen meinen Mann habe, aber nicht Schuld daran sein möchte, dass, wenn ich mal ein Kind kriege, es wegen der engen Verwandtschaftsverhältnisse nicht ganz richtig sei. Ich wollte damals sofort Schluss machen mit meinem Mann. Aber wir sind doch nicht auseinander gekommen.

Ich habe so lange mit der Hochzeit gewartet, bis es nicht mehr ging: Sechs Wochen vor der Geburt meiner Tochter, im Mai 1955, habe ich erst geheiratet. Ich wollte nicht in das Haus meines Mannes, denn meine Mutter hatte mir anvertraut, dass der Onkel meines Mannes auch der Vater meines Vaters war. Und dieser Onkel hatte damals die Mutter meines Vaters auch sitzen gelassen. Wenn der Onkel meines Mannes die Mutter meines Vaters geheiratet hätte, dann hätte auch mein Vater schon den Namen gehabt, den ich heute habe. So trug mein Vater, wie ich ja auch, nur den Mädchennamen seiner Mutter, war wie ich auch ein uneheliches Kind. Und dadurch, dass ich meinen Mann geheiratet habe, komme ich in das Haus des leiblichen Vaters meines Vaters! Das muss man sich mal vorstellen: Ich kriege den Namen, der meinem Vater auch gehört hätte ...

Jedes meiner drei Kinder habe ich mit Angst bekommen. Habe immer gedacht: Hoffentlich, hoffentlich passiert nichts! Und Gott sei Dank, es ist immer alles gut gegangen. Ich habe drei gesunde Kinder bekommen.

Die Geburt meiner Kinder war das Schönste in meinem Leben: wenn man nach all den Schmerzen dieses Menschlein in den Arm gelegt bekommt, es an die Brust nimmt – dieses Gefühl: Das habe ich geboren. Diese Liebe und Herzenswärme kann einem niemand nehmen. Das muss meine Mutter auch so empfunden haben.

Aber die Geschichte geht noch weiter: Die Oma meiner Schwiegertochter väterlicherseits wäre auch meine Oma, wenn der Onkel meines Mannes sie geheiratet hätte, aber die hat er auch sitzen gelassen. Das kann man kaum verstehen, so kompliziert ist das.

Meinen Töchtern habe ich erzählt, wie ich mit der Familie verstrickt bin. Aber mit meinem Sohn und meiner Schwiegertochter habe ich darüber nicht gesprochen. Wenn die jetzt hier hereinkämen, würde ich sofort aufhören, darüber zu sprechen. Besser, ich bin still.

Wenn ich manchmal so traurig bin, liegt es daran, dass mir alles retour geht, mir alles so leid und weh tut. Meine Mutter hatte kein Glück im Leben. Aber ich glaube auch nicht, dass das Leben meiner Mutter leichter gewesen wäre, wenn mein Vater bei uns gewesen wäre. Ich glaube, weil ich so denke, habe ich auch keinen Zorn auf meinen Vater und denke nichts Schlimmes über ihn. Ich war sogar auf seiner Beerdigung. Aber ich war nicht an seinem Grab, Erde habe ich ihm keine hineingeworfen.

Viel wichtiger und schlimmer für mich und mein Leben war, dass meine Mutter so früh schwer krank geworden ist. In nur drei Monaten, von September bis November, habe ich ihr 600 Mal Morphium gespritzt, ich habe die Spritzen gezählt. Aber als meine Mutter dann tot war und ich alleine dastand, wäre ich froh gewesen, wenn mein Vater gekommen wäre und gesagt hätte: Komm Kind, wenn du mal jemanden brauchst, ich bin auch noch da. Aber das war nicht der Fall.

Heute würde ich von meinem Vater gerne wissen, warum er meine Mutter sitzen gelassen hat. Ob die andere Frau schuld war? Das würde ich ihn fragen, mehr nicht.

»Vater verstorben, fertig.«
Maria, Dexheim, geboren 1937

Maria war ein klassisches Landei, bis sie ihren Mann, einen Binnenschiffer, kennen lernte. Mit 22 bekam sie ihre Tochter, dann ging sie mit ihm aufs Schiff. Schiffsführer, Steuermann und Mädchen für alles war sie in den 37 Jahren, die sie tagein, tagaus Main, Neckar und Oberrhein rauf und runter fuhren. Heute lebt sie mit ihrem Mann in einem Haus auf dem Land. Wenn sie morgens im Bett liegt, wenn es stürmt und regnet, denkt sie: Ach wie schön, brauche ich nicht raus ins Nasse. Trotzdem träumt sie fast jede Nacht vom Wasser. Einmal in der Woche ist Oma-Tag, dann fährt sie zu ihrer Tochter in die Stadt, passt auf die Enkel auf und kocht.

Im Januar ist mein Vater gestorben, und im März 1937 bin ich geboren. Meine Mutter hat zwölf Mark Waisenrente für mich bekommen. Im Monat! Was konnte sie damit anfangen? Nichts. Also ist sie arbeiten gegangen. Mal war ich dann bei ihrer und mal bei der Mutter meines Vaters.

Natürlich hat mir meine Mutter gesagt, dass mein Vater tot ist, aber erzählt hat sie mir nichts von ihm. Was auch? Sie war ja gerade mal vier oder fünf Monate verheiratet. Dafür hat mich meine Oma väterlicherseits immer mit zum Friedhof genommen. Da unten liegt dein Papa, hat sie gesagt.

Was tut der da unten? Wo ich ihn doch hier bräuchte! habe ich gedacht.

Ich weiß nicht, ob ich auf meinen Vater sauer war. Ich bin mit zum Grab, aber ehrlich gesagt, war er mir auch egal. Was soll man sich als Kind denn auch vorstellen, wenn man vor einem Grab steht, ein bisschen Erde und Blumen sieht? Mehr ist da ja nicht. Wie kann man ein Verhältnis zu einem Toten haben, wenn man nicht mal weiß, wie er aussieht? Wenn es gerade mal ein einziges Foto von ihm gibt und das auch nur die Vergrößerung aus dem Hochzeitsbild der Eltern ist. Wie hätte ich mir denn meinen Vater vorstellen sollen? Wie seine Familie, bei der ich mich nicht wohl gefühlt habe? Wie seinen Bruder, den ich nicht mochte? Ich kannte meinen Vater nicht und kann mich auch nicht erinnern, dass ich ihn vermisst habe.

Vielleicht ist es mir in der Schule erst richtig aufgefallen, dass ich keinen Vater hatte, weil wir dort den Namen des Vaters angeben mussten. Wenn ich dran kam, habe ich immer gleich gesagt: Vater verstorben, fertig. Es spielte keine große Rolle für mich, ob ich einen Vater hatte oder nicht, in meiner Generation sind ja fast alle Kinder ohne ihre Väter aufgewachsen. Der Vater meiner Freundin ist gefallen, da war sie zwei: Die hat ihren Vater auch nicht gekannt. Also war das bei mir nichts Besonderes. Das Besondere war eher, dass mein Vater nicht im Krieg und vor meiner Geburt gestorben war.

Jedenfalls hat meine Mutter 1940 wieder geheiratet, einen SA-Mann. Ich erinnere mich noch, ich war drei, da kommt eines Tages einer auf einem Gaul angeritten. Meine Mutter hat ihn uns als ihren neuen Bekannten vorgestellt. Sechs Wochen später haben sie geheiratet, vier Tage darauf ist er in den Krieg gezogen. Einmal ist er noch auf Urlaub da gewesen, und ein Jahr später, 1944, kam mein Bruder auf die Welt.

Als mein Stiefvater aus dem Krieg zurückkehrte und wir ihn vom Zug abholten, haben wir ihn erst gar nicht erkannt. Er hatte einen langen Bart, war rappeldürr, hatte einen Plattkopp, weil sie ihn kahl geschoren hatten, und konnte nicht mehr laufen. Er sah aus wie einer aus'm KZ, hat nur noch 80 Pfund gewogen.

Beim Bauern haben wir uns einen Handwagen besorgt und ihn heimgezogen. Er war ein fremder Mann, nicht nur für mich, auch für seinen Sohn, der hatte seinen Vater ja noch nie gesehen. Das war furchtbar: Mama, Mann raus! Mama, Mann raus! hat der Kleine geschrien, die ganze Nacht durch.

1945 ist mein Stiefvater aus dem Krieg gekommen, und eigentlich hat meine Mutter ihren Mann da auch erst kennen gelernt und festgestellt, dass sie nicht zusammenpassten. Aber Scheidung gab's damals im Ort nicht. Die geschiedenen Frauen konnte man an den Fingern einer Hand abzählen, jeder wusste genau: Die ist geschieden, oje, mit der bloß nix reden.

Und dann ging das Drama los: Streit und Krach ... Meine Mutter hat sich damals nur noch ans Essen gehalten. Auf einmal war sie richtig dick. Mein Stiefvater war ... – ich glaube, irgendwie hatten diese SA-Leute nicht viel im Kopf. Aber ich kann meinem Stiefvater auch nicht allein die Schuld geben. Das war einfach ein komisches Verhältnis. Wenn meine Mutter weg war, hat mein Stiefvater geflennt, wenn sie wieder da war, ging der Streit von vorne los. Die sind einfach mit sich selbst nicht fertig geworden.

Aber eins muss ich sagen, ich finde es nicht gut, wenn ein Mann eine Frau mit einem Kind heiratet, gerade wenn es ein Mädchen ist. Man sollte da eigentlich gar nicht drüber reden ... Aber die meisten Sachen passieren gerade in den Familien, die angeblich »ordentlich« sind, wie zum Beispiel die gute katholische Familie meines Vaters. Die hatten alle Geschäfte und waren, was man im Ort unter »besseren Bürgern« verstand. Der zweitälteste Bruder meines Vaters ist in die Kirche gegangen, hat gebetet und dann überlegt, was er anstellen kann. Ich habe diesen Mann gehasst wie die Pest. Jeden Morgen ist er in meine Schlafstube gekommen und hat mir an die Brust gefasst: Ich muss mal gucken, ob deine Brust wächst, hat er gesagt.

Einmal habe ich versucht, mit meiner Oma darüber zu reden. Bist du ruhig, du dumm' Kind! hat sie mich angefahren. So was macht der doch nicht, das sind deine Phantasien!

Meine Phantasien. Es ist immer alles auf die Kinder geschoben worden, weil einfach nicht sein durfte, was war. Es ist auch keine Entschuldigung, dass wir so eng zusammengewohnt haben. Mein Stiefvater war genauso. Ich hatte überhaupt keine Zeit, ein Kind zu sein. Es war eigentlich nur ein einziger Kampf. Und irgendwie prägt einen das fürs ganze Leben.

Als mein Stiefvater angefangen hat, sich mehr als rechtens für mich zu interessieren, habe ich zu meiner Mutter gesagt: Der kann die Finger nicht bei sich behalten. Da war natürlich richtig Zirkus. An dem Abend bin ich fortgelaufen, und sie haben mich gesucht, das vergesse ich im Leben nicht. Von da ab ging es – wenn mein Stiefvater nicht gerade getrunken hatte. Gemein war er eigentlich nie. Aber ich habe auch immer aufgepasst, das nichts passiert. Habe darauf geachtet, dass ich nie mit ihm alleine in einem Raum war, habe meinen kleinen Bruder geholt oder eine Freundin mit nach Hause gebracht, damit erst überhaupt keine Gelegenheit entstehen konnte. Nachts habe ich bei meinem Bruder geschlafen. Aber mein Stiefvater hat viel getrunken, und wenn er getrunken hatte, war er sehr liebebedürftig.

Ich glaube, ich habe mir als Kind nicht allzu viel gefallen lassen und konnte mir eigentlich ganz gut selbst helfen. Ich habe nur den Mund gehalten, weil ich der Mama nicht wehtun wollte. Wenn es zu viel war, habe ich auch was gesagt. Beispielsweise ist meine Mama mal vier Wochen zur Kur gewesen, als ich zehn oder elf war, da musste ich mit dem Stiefvater und meinem sieben Jahre jüngeren Bruder alleine bleiben. Danach habe ich zu meiner Mutter gesagt: Das mach' ich nicht mehr.

Ob mir in dieser Zeit mein richtiger Vater gefehlt hat, weiß ich nicht. Ich habe immer gedacht, wenn die Männer alle so sind wie mein Onkel und mein Stiefvater, vielleicht wäre mein Vater genauso? Dann wäre es schlimmer gewesen, er hätte gelebt. So wusste ich einfach nicht, ob mein Vater auch so war. Mein Großvater, der Vater meines Vaters, war ein herzensguter Mann. Ihn und seinen zweitältesten Sohn konnte man überhaupt nicht vergleichen. Vom Aussehen glich mein Vater seinem Vater, zumindest auf dem vergrößerten Hochzeitsbild, das ich kannte. Mit seinem älteren Bruder hatte mein Vater keine Ähnlichkeit, aber was sagt das schon. Manchmal, wenn ich mir das Bild von meinem Vater angeguckt habe, dachte ich: Wenn du so warst wie deine Brüder, dann bin ich froh, dass ich dich nicht kennen gelernt habe!

Aber vielleicht, wenn mein Vater am Leben geblieben wäre … Er war Drogist und Fotograf und wollte damals in unserem Ort das erste Atelier aufmachen, Hochzeitsbilder und so, seine Mutter hatte ihm schon das Geld dafür gegeben. Vielleicht wäre dann das Leben meiner Mutter anders gewesen. So wie sie gelebt hat, war sie doch ein armes Ding. Die hatte sich ihr Leben auch anders vorgestellt.

Als mein Stiefvater im Sterben lag, saß meine Mama im Wohnzimmer, während er dauernd rief: Bring mir ein Glas Wasser!

Da sagte ich zu meiner Mutter: Hörst du das nicht?

Fragt sie mich: Was? Was soll ich denn hören?

Der Vater ruft doch, er will ein Glas Wasser.

Nee, den hör' ich nicht, hat sie gesagt. Sie hat ihn überhaupt nicht mehr registriert.

Manchmal denke ich, mein Stiefvater hatte es auch nicht leicht. Das ganze Problem mit ihm entstand, als meine Mutter so dick und unförmig wurde. Ich schlief bei meiner Mutter, mein Stiefvater bei meinem Bruder. Die beiden hatten überhaupt kein Verhältnis miteinander.

Als ich dann mit 14 in einer Frankfurter Firma Stenokontoristin lernte, habe ich festgestellt, dass wirklich alle Männer Schweine sind – außer meinem Chef. Mein Chef hätte nie ein falsches Wort gesagt oder einen verkehrt angefasst. Der war ein ganz anderer Mensch.

Aber unser Prokurist und der Buchhalter, die waren genauso, wie ich es von zu Hause kannte, die konnten einfach nicht ihre Hände bei sich lassen. Ich hatte einmal solchen Zorn, dass ich dem Buchhalter einen Blumentopf an den Kopf geschmissen habe. Mein Chef hat mich dann zu sich gerufen und wollte wissen, was los war, und ich habe es ihm gesagt. Da hattest du aber auch Recht! hat er gemeint und mich gefragt, ob ich in eine andere Abteilung wolle, dass ich mit dem Buchhalter nichts mehr zu tun haben müsse.

Wenn man so will, war mein Chef der erste richtig gute Mensch, den ich kennen gelernt habe. Der war wirklich sehr, sehr nett, vielleicht wie ein Vater. Aber ich habe mir damals keine Gedanken darüber gemacht. Mein Chef hatte selbst Kinder, einen Sohn und eine Tochter. Bei ihm habe ich erlebt, dass seine Kinder immer zu ihm kommen konnten – ich übrigens auch. Er hat mir immer freundlich zugehört und Auskunft gegeben, mich einfach ernst genommen. Aber so wie mein Chef waren nicht alle. Er war eine Ausnahme.

Wenn man in die Firma mal richtig hineingeguckt hat, war da eine einzige Hurerei. Ich weiß nicht, wie es heute im Büro ist, aber damals war es so. Nie hätte ich einen Mann aus dem Büro geheiratet, die waren alle so schmierig. Deshalb habe ich meinen Mann von Anfang an sehr geschätzt: Der war kein Schmierlappen.

Ich erinnere mich noch, wie ich ihn kennen gelernt habe. Meine Kusine rief mich an und fragte, ob ich zu ihr rüberkäme, und als ich kam, saß da mein Mann. Sehr ruhig, sehr zurückhaltend. Ich wusste von dem gar nichts. Nicht, dass er Schiffer war, nichts. Aber er hat mir gefallen. Der war nett und lieb. Wir sind zusammen fortgegangen und haben uns schon ein Jahr gekannt, bis er zum ersten Mal bei mir daheim war. Mein Mann war überhaupt nicht aufdringlich. Der war ganz anders als die anderen. Und als ich schwanger war, habe ich gesagt: Komm, wir heiraten. Im Dezember haben wir geheiratet, im Mai habe ich meine Tochter zur Welt gebracht, und dann bin ich mit ihm aufs Schiff gegangen. Da war ich 22.

Aber wenn ich mirs richtig überlege, bin ich damals von einer Abhängigkeit in die andere geschlittert. Erst meine Familie, in der ich nichts zu sagen hatte, und dann auf dem Schiff seine Familie, in der ich auch nichts zu sagen hatte. Ein kleines Kämmerchen, Bett und Schrank drin, fertig. So haben wir sieben Jahre gelebt. Besonders schön war das nicht.

Doch eines wusste ich immer: Wenn meinem Mann was passiert wäre, hätte ich mit meiner Tochter nie einen anderen Mann geheiratet. Ich wäre so misstrauisch gewesen, ob der … Ich habe ja sogar bei meinem eigenen Mann geguckt. Das hatte aber mit meinem Mann überhaupt nichts zu tun. Das war das Misstrauen, das ich in mir hatte. Einen lieben Mann war ich einfach nicht gewöhnt. Wenn mein Onkel oder mein Stiefvater anfingen, lieb zu sein, war es immer gefährlich, es konnte sofort umschlagen. Und aufgrund dieser Erfahrung habe ich auch bei meinem eigenen Mann darauf geachtet, wie er das Kind anfasste, es anschaute. Ich war immer in Habtachtstellung, obwohl es überhaupt keinen Grund gab. Aber die Angst hatte ich einfach mit in die Ehe gebracht. Ich habe immer gedacht, so was muss man als Mutter doch merken. Es sei denn, man will es nicht merken, weil es das nicht geben darf. Aber so eine Mutter wollte ich nicht sein. Ich wollte eine Mutter sein, die ihr Kind beschützt. Und war trotzdem so saublöd und habe meine Tochter bei meinen Eltern gelassen. Das werfe ich mir heute noch vor.

Und wenn ich es richtig bedenke: Dadurch, dass mein Mann und ich auf dem Schiff waren und unsere Tochter an Land gelassen haben, hatte mein Mann zu seiner Tochter auch kein solches Verhältnis, wie ich es mir gewünscht hätte. Meine Tochter hatte genauso wenig einen Vater wie ich. Wenn sie was hatte oder brauchte, ist sie immer zu mir gekommen, und ich habe ihr Geld zugesteckt. Das war wahrscheinlich falsch. Besser wäre es gewesen, ich hätte meinen Mann einbezogen. So musste er ja immer den Eindruck haben, wir hätten Heimlichkeiten miteinander. Heute, da wir an Land leben und nicht mehr arbeiten, sprechen wir viel mehr miteinander. Wenn ich ihm sage, was ich gerne meiner Tochter geben möchte, ist er immer damit einverstanden. Selbstverständlich, sagt er, mach doch.

Einen Vater stelle ich mir so vor, dass er seine Kinder an die Hand nimmt und mit ihnen überall hingeht. Und dass ein Kind mit seinem Vater reden kann. Aber vor allem sollte er wissen, wie man ein Kind und eine Frau lieb hat – so ist für mich ein guter Vater.

»Als ich den Friedhof betrat, fühlte ich, er ist hier.«
Anna, Bremen, geboren 1943

Anna ist groß und schlank, mit schmalem Gesicht und sensiblen Händen. Sie wirkt sehr still, im Gespräch aber gibt sie bald ihre Zurückhaltung auf. In ihrer Wohnung, in der sie allein lebt, dominieren helle, freundliche Farben und klare Linien. Die letzten 20 Arbeitsjahre war sie für eine große Versicherung tätig, seit zwei Jahren ist sie zu Hause und weiterhin sehr beschäftigt: Sie schreibt Romane, fotografiert, reist, hört an der Uni Vorlesungen über Geschichte, Literatur und Geologie.

War mein Vater in der Nähe, wollte ich nur zu ihm, niemand sonst durfte mich anfassen, ich hätte gebrüllt wie am Spieß, erzählte meine Mutter. Ich hätte immer gewußt, wann er vom Feld kam und kaum, dass ich ihn sah, klammerte ich mich an sein Bein und ließ nicht mehr los. Nur zum Wickeln durfte er mich meiner Mutter übergeben. Dazu habe ich die vage Erinnerung: Ich muss ganz stillhalten, damit das schnell vorbeigeht und ich wieder zu meinem Vater kann. Er hat seine Kinder sehr geliebt, sagte meine Mutter. Ich habe ein Bild im Kopf von ihm, von dem ich nicht weiß, ob ich es wirklich gesehen habe: Er steht an meinem Kinderbett und verabschiedet sich. Da war ich eineinhalb Jahre alt. Ich habe wohl einen sehr guten Zugang zu meinem Unbewussten. Auch an meine Mutter habe ich frühe Erinnerungen. Sie war fürsorglich und auf eine stille Art liebevoll. Dennoch mochte ich diese Mutter nicht – da kam mir so viel Dunkles entgegen. Sicher war ich ein ungewolltes Kind, 1943 – mitten im polnischen Partisanengebiet – hätte ich auch kein Kind haben wollen. Lange glaubte ich, es sei ihre Ablehnung, die mir so schwarz entgegenkam. Heute weiß ich, es lag an ihrer Depression. Kinder wissen schon früh sehr viel und können zielgerichtet handeln. Als ich drei Monate alt war, wollte ich ihre Milch nicht mehr trinken; ich habe mir einen Nabelbruch »zugelegt«, kam für 14 Tage ins Krankenhaus, meine Mutter stillte ab, und das Thema war erledigt.

Vor etwa zehn Jahren litt ich an unklaren Beschwerden, von denen ich wusste, dass sie nicht organisch bedingt sind. Ein Freund schob mich fast drastisch in eine Therapie. Ich hatte

Glück und fand gleich die richtige Therapeutin. Sie sagte mal über meine Mutter: Diese Frau hat die Kinder nur für den Mann bekommen – und dann haut er ab. Sie muss eine Stinkwut auf ihn gehabt haben. Natürlich ist er nicht freiwillig abgehauen, aber als er eingezogen wurde, saß sie allein da mit vier Kindern, sieben, sechs und eineinhalb Jahre alt, das war ich, und ein Säugling von sechs Monaten.

Meine Familie stammt aus dem nördlichen Bessarabien, dem heutigen Moldawien. Sie musste 1940 aussiedeln, lebte ein Jahr in einem österreichischen Lager und wurde dann, nachdem Polen erobert war, auf einen der polnischen Höfe gesetzt. Dort sind meine jüngere Schwester und ich geboren. Mein Vater wurde Ende 1944 eingezogen, Ende Januar '45 musste meine Mutter mit uns Kindern fliehen.

Die Polen haben uns gerettet. Sie kamen und riefen: Frau, du musst weg. Das ganze Dorf war schon fort, niemand hatte uns Bescheid gesagt. Die Polen haben ihr geholfen, den Wagen anzuspannen, Bettzeug und Kinder aufzuladen.

Da steht eine Frau mit vier kleinen Kindern allein auf der Landstraße, die Nacht kommt, es ist bitterkalt, und sie weiß nicht, wohin. Das ist für mich das bedrückendste aller Bilder, obwohl noch viele andere, schrecklichere dazu kommen, aber das war der Anfang. Sie muss starr gewesen sein vor Angst, und ich glaube, aus dieser Erstarrung konnte sie sich nie mehr ganz befreien.

Manchmal haben meine Schwester und ich überlegt, nach Polen zu reisen. Meine Schwester hat ja noch Erinnerungen, und auch ich würde gerne das Haus sehen, in dem ich geboren wurde – wenn es denn noch steht. Aber wir wissen, wir können diesen Weg nicht abfahren, den unsere Mutter auf dem Treck gegangen ist: über das Eis der Weichsel, das hinter uns brach und Menschen und Pferde in die Tiefe riss, diesen Weg unter Tiefflieger-Beschuss, verfolgt von der nachrückenden Front, den Weg, auf dem meine kleine Schwester starb, erst neun Monate alt, erfroren im nassen Bettzeug oder vielleicht in ihren nassen Windeln.

Sechs Wochen dauerte die Flucht, und sie endete in einem Dorf bei Bremen.

Meine Eltern hatten sich versprochen, sich keinem neuen Partner zuzuwenden, solange sie nicht wüssten, dass der andere wirklich tot ist. Und sie hatten vereinbart, Briefe an eine Verwandte in Berlin zu richten, weil Berlin ihnen weitab der Front und sicher schien. Meine Mutter hat spätere Heiratsangebote ausgeschlagen, sie hat immer auf meinen Vater gewartet. Sie ließ ihn zwar formal für tot erklären, weil sie wegen ihrer angeschlagenen Gesundheit nicht arbeiten konnte und mit drei Kindern auf die Witwenrente angewiesen war. Aber sie war bis zu ihrem Tod überzeugt, dass er eines Tages zurückkommen würde.

Ihr Warten wurde stiller mit den Jahren, aber als Adenauer die Kriegsgefangenen zurückgeholt hatte – das muss 1953/54 gewesen sein –, verfolgte sie Tag und Nacht die Veröffentlichung der Listen am Radio. Es kamen auch immer wieder Berichte, die sie hoffen ließen. Da hatte ein Verwandter im Zug einen Mann kennen gelernt, der einen kannte, der in einem sibirischen Lager einen Mann getroffen hatte – und die Beschreibung passte auf meinen Vater: ein lebenslustiger Mensch, der in einer Küche arbeitete und dem es dort verhältnismäßig gut ging. Ganz unrealistisch war das nicht, denn mein Vater war lebenstüchtig, und als Bessaraber sprach er Russisch und Rumänisch. Meine Mutter glaubte also fest daran: Wenn er den Krieg überlebt, hat er eine Chance durchzukommen. Ich denke, dass dieses Hoffen und Bangen, diese Verzweiflung und Unentschiedenheit eine große Belastung für sie war. Für mich wurde mein Vater, ohne dass ich es bemerkte, zu einem Phantom – nicht wirklich tot, aber auch nicht lebendig.

Ich habe nicht auf ihn gewartet, hatte keine Vater-Sehnsucht. Ein Leben mit einem Vater konnte ich mir gar nicht vorstellen. Was die Kinder in meiner Umgebung, die einen Vater hatten, erlebten, fand ich keineswegs erstrebenswert. Diese Väter schimpften, schlugen, waren launisch.

Meine Mutter hat ihn, obwohl er ihr fehlte, auch nicht eingefordert als Ernährer oder für den Alltag – etwa um einen Stall zu bauen oder etwas zu reparieren. Sie war auf einem Bauernhof aufgewachsen und zupacken gewöhnt, sie konnte ihr Leben allein meistern. Sie baute sich notfalls den Hühnerstall selber. Aber als Gesprächspartner vermisste sie ihn: Und wenn ich ihn im Rollstuhl fahren müsste – ich könnte doch wenigstens mit ihm reden, sagte sie oft.

Ich habe mir erst später überlegt, wo er mir fehlte: Vielleicht, um ihn abends vom Bus abzuholen und an seiner Hand nach Hause zu gehen. Ich hätte ihm gern beim Werken zugesehen. Sicher wäre mit ihm die Stimmung im Haus besser gewesen.

In unserer Wohnung stand kein Bild meines Vaters. Meine Mutter hatte zwar Vergrößerungen von ein paar alten Fotos machen lassen, aber einen Altar gab es nicht. Für sie war er ja am Leben. Sie hat gern von ihm gesprochen und uns ein liebevolles Vaterbild gezeichnet. Vielleicht ein bisschen glorifiziert, aber sehr menschlich. Mein Vater hatte ein leichtes, heiteres Naturell. Auf Fotos sieht man ihn mit einem flotten Hut, einer karierten Jacke, oft mit Pferden. Der Artur ist immer zu einem Schabernack aufgelegt, sagten die Leute. Er spielte Harmonika, und meine Mutter muss das sehr geliebt haben, denn sogar bei der chaotischen Flucht, als es ums nackte Überleben ging, hat sie seine Harmonika auf den Wagen gepackt. Aber er hatte auch einen empfindlichen Magen, und das sind ja oft die Introvertierten. Er war sicher nicht nur fröhlich …

Meine Mutter war schwerblütiger. Sie hätte wohl gern öfter gelacht, nur hatte sie nicht viel zu lachen. Sie war häufig krank, litt unter schrecklichen Asthma-Anfällen, bei denen sie manchmal blau anlief, ich sah einmal sogar ihre Fingernägel blau werden. Wir Kinder rannten dann zum Nachbarn, um nach einem Arzt zu telefonieren.

Meine Großmutter, die später bei uns lebte, meine Mutter, meine Schwester und ich schliefen in einem Raum, mein älterer Bruder hatte ein Kämmerchen für sich. Ich konnte nicht schlafen, wenn meine Mutter nach Luft rang. Ich saß im Bett und starrte sie an – es war sehr schwer, ihrem Leiden hilflos zuzusehen.

Natürlich waren wir arm. Ich erinnere mich, wie sie rechnend die Groschen auf dem Tisch hin- und herschob, wenn ich einkaufen sollte: Brot, Margarine, Kunsthonig. Aber da die anderen Flüchtlingskinder auch nicht mehr hatten als wir, habe ich die Armut nicht so empfunden. Mit den Bauernkindern haben wir uns nicht verglichen. Die waren eine andere Kategorie.

Als ich fünf war, stellte man bei mir Tuberkulose fest. Ich kam in ein Krankenhaus und wurde dort – warum auch immer – von einer Station auf die andere verlegt, kaum dass ich mich an das Zimmer und die Kinder gewöhnt hatte. Einmal bekam ich deshalb einen Schreikrampf. Ich schrie und schrie.

Dann wurde es dunkel um mich. Meine Erinnerung setzt in der Lungenheilstätte wieder ein. Zwei Jahre war ich dort. In dieser Zeit habe ich eine emotionale Mauer um mich gebaut, ich ließ keine Nähe mehr zu.

Als ich aus dem Krankenhaus kam, war meine Mutter glücklich. Da ich noch nicht in die Sonne durfte, ging sie abends mit mir spazieren. Ich spürte ihre tiefe Freude über meine Rückkehr. In glücklichen Augenblicken strahlte meine Mutter von innen heraus, das hat mich sehr berührt. Zwar konnte ich zu ihr nicht so offen sein, wie sie es sich wünschte, aber unser schwerer Anfang war aufgelöst. Wir hatten nun ein gutes und liebevolles Verhältnis zueinander.

Da ich gut war in der Schule, wollte ich die Mittlere Reife machen. Ich wünschte mir das sehr, aber meine Mutter erlaubte es nicht. Ich sah ein, es wäre ein sehr weiter Schulweg gewesen, Schulbesuch und Bücher hätten Geld gekostet, aber ihre Begründung lautete: Die Großen haben das auch nicht bekommen. Später dachte ich manchmal, ich hätte mehr Möglichkeiten gehabt, wenn mein Vater da gewesen wäre. Aber vermutlich stimmt das nicht. Für seinen Sohn hatte mein Vater sich den Lehrerberuf gewünscht, aber hätten wir noch einen Hof gehabt, hätten wir Töchter sowieso zu Hause bleiben und auf dem Hof arbeiten müssen. Wie er nach dem Krieg darüber gedacht hätte, bleibt offen. Meiner Mutter war es aber sehr wichtig, dass wir alle einen Beruf erlernten.

Fragte mich jemand nach meinem Vater, sagte ich, er sei vermisst. Was heißt vermisst? Na eben: vermisst.

Ich nahm das einfach hin, lernte einen Beruf, heiratete, lebte mein Leben. Beim Tod meines Bruders 1986 fühlte ich, dass auch mein Vater tot ist, wann immer er gestorben sein mag. Und so nach und nach kam der Wunsch, ich möchte doch wenigstens wissen, wann er starb und wo er begraben ist.

Meine Schwester machte in den vergangenen Jahrzehnten immer wieder Versuche, etwas über das Schicksal unseres Vaters zu erfahren. Sie schrieb an die Verwaltung unseres Heimatdorfes in Bessarabien – er hätte ja dorthin entlassen worden sein können. Auch fragte sie Bessaraber, die dorthin gefahren sind, nach ihm. Sie hat sich ausgemalt, er habe Russland nie verlassen können und dort womöglich eine neue Familie gegründet. Bis sie sich eines Tages dachte: Jetzt wäre er 92 Jahre alt, jetzt lebt er wahrscheinlich nicht mehr.

Lange Zeit glaubte ich, auf keinen bestimmten Männertyp fokussiert zu sein. Meine Schwester und ich schwärmten für Dunkelhaarige, aber sie heiratete einen Blonden, und auch ich verliebte mich durchaus in blonde Männer. Bis ich in der Therapie darauf kam, dass nicht das Äußere der Männer mich interessiert, sondern dass die Wesensmerkmale die entscheidende Rolle spielen. Und die gleichen sich: Er muss, wie mein Vater, Humor haben, lebensfroh sein. Und ich habe mir lange nicht eingestanden, dass ich auch auf eine gewisse Väterlichkeit fliege. Wenn einer ein bisschen fürsorglich ist, hat er es leicht, meine Sympathie zu gewinnen. Unbewusst ist eben doch eine Sehnsucht nach dem Vater da.

Auch reagiere ich stark auf bestimmte Männerstimmen. Nicht auf die dunklen, die als besonders männlich gelten, sondern auf die mittleren Tonlagen, zum Beispiel solche wie die von Marius Müller-Westernhagen, nicht wenn er kreischt, sondern wenn er diese ruhigen Lieder singt. Das muss die Tonlage meines Vaters gewesen sein.

Der Vater meiner Tochter passte zwar zu meinen Vorstellungen, letztlich aber passten wir nicht zueinander. Das wusste ich mit 20 noch nicht. Nach acht Jahren Ehe haben wir uns scheiden lassen. Es wäre nicht gut gegangen, auch wenn ich damals schon gewusst hätte, wie wichtig ein Vater für ein Kind ist. Meine Tochter war bei der Scheidung fünf Jahre alt. Es war schön, mit ihr zu leben, wir hatten nie Probleme und verstehen uns auch heute noch sehr gut.

Als junges Mädchen konnte ich mir vorstellen, einen Seemann zu heiraten: Der kommt zweimal im Jahr, das ist nett, und den Rest lebe ich gut alleine. Dieses Warten auf jemanden kannte ich ja, das war mir vertraut.

Nach meiner Scheidung habe ich, bis auf eine kurze Phase, nie mehr mit einem Mann zusammengewohnt. Ich lebte Wochenend-Beziehungen und fand das gut. Der Alltag ist so banal, er belastet eine Beziehung unnötig. Warum soll ich mit einem Mann übers Aufräumen oder Wohnungsputzen reden. Außerdem war mir eine Patchwork-Familie zu problematisch. Einmal habe ich mich in einen verheirateten Mann verliebt. Hätte er mich gebeten zu warten, bis er frei ist, hätte ich es sicher getan. Offenbar hatte ich das Warten meiner Mutter verinnerlicht.

Als das Foto von Gerhard Schröder am Grab seines bis dahin vermissten Vaters durch die Presse ging, zusammen mit der Nachricht, dass heute noch viele Vermissten-Schicksale aufgeklärt würden, habe ich mich aufgerafft und zu recherchieren begonnen. Ich wusste nur, dass mein Vater 1945 in Kurland war, ich kannte weder seine Kompanie, noch hatte ich irgendwelche anderen Angaben. Ich schrieb an verschiedene Behörden. Einen Tag nach meinem 60. Geburtstag bekam ich Antwort von der Deutschen Dienststelle: Mein Vater sei zwischen dem 2. Februar und 15. März 1945 gestorben, zuerst begraben in Vergale und nun umgebettet nach Saldus in Lettland. An dem Tag, als meine Anfrage dort eintraf, hatte eine Mitarbeiterin der Dienststelle diese Daten meines Vaters auf den Tisch bekommen und die Angehörigen suchen wollen.

In Kurland sind sechs große Schlachten geschlagen worden. Viele Soldaten wurden offenbar direkt an der Front, irgendwo in Feld und Wald, begraben. Inzwischen gab es nur noch wenige Leute, die diese verstreuten Gräber kannten. Die Letten hatten aber bereits angefangen, sie mit Kreuzen zu versehen und zu dokumentieren. Nach der Ost-Öffnung begann die Deutsche Kriegsgräberfürsorge mit ihrer Arbeit. Sie bekam von der Stadt Saldus ein Terrain für einen Sammelfriedhof zugewiesen.

Mir war lange nicht klar, wie man nach so vielen Jahren noch Vermisstenschicksale aufklären kann. Heute weiß ich: War beim Tod eines Soldaten der erste Teil der Kennmarke mit der Nachricht an die Heimatdienststelle verloren gegangen, galt der Soldat als vermisst. Nur durch die Umbettung kommt man an den zweiten Teil der Marke. Die Kriegsgräberfürsorge gibt diese Daten an die Deutsche Dienststelle, in der die Namenslisten noch existieren.

Als wir den Brief bekamen, waren meine Schwester und ich total euphorisch. Wir fahren zu Papa! Wir hatten so lange gewartet, nun wussten wir endlich, wo er war und konnten zu ihm. Aber dann mussten wir uns doch klarmachen, dass wir ja nur noch an seinem Grab stehen würden. Zweimal hatte ich Jahre zuvor von meinem Vater geträumt: Ich sah ihn in einem Grab liegen, er hatte eine Kopfverletzung.

Wir spürten, das Warten hatte für uns nie aufgehört. Es hatte ja keine Todesnachricht gegeben und daher auch keine Trauer. Das kann sich niemand vorstellen, der es nicht erlebt hat: Erst jetzt, nach 58 Jahren, konnten wir trauern, denn erst jetzt wußten wir, dass unser Vater mit 34 Jahren gestorben war. Meine Schwester erschütterte das alles so sehr, dass sie nicht mitfahren konnte. Ich reiste allein nach Lettland und besuchte in Vergale den schönen Waldfriedhof, auf dem er 57 Jahre lang gelegen hatte. Dann fuhr ich zu dem neuen Soldatenfriedhof nach Saldus.

Ich habe die Abschiedsbriefe, die meine Schwester und ich ihm geschrieben hatten, verbrannt und die Asche mit einer Handvoll Erde von den Gräbern unserer Mutter und unseres Bruders über den Rasen gestreut. Es gab noch keinen Stein mit seinem Namen. Aber als ich den Friedhof betrat, fühlte ich, er ist hier und hat darauf gewartet, dass einer von uns kommt.

»... den hättest du gar nicht treffen müssen.«
Gaby, Frankfurt, geboren 1955

Turnschuhe, Jeans und Kaugummikauen waren als Kind Gabys Markenzeichen. Du wirkst wie eine Amerikanerin, sagte ihre beste Freundin oft. Als Gaby erfuhr, dass ihr wirklicher Vater Amerikaner ist, fand sie, dass ihr Markenzeichen passt. Nach der Realschule hat sie eine Ausbildung als Bankkauffrau begonnen, aber Krankenschwester lag ihr mehr. Nach der Krankenschwesternausbildung hat sie auf dem Abendgymnasium ihr Abitur gemacht und studiert. Seit zehn Jahren arbeitet die diplomierte Geographin wieder als Krankenschwester. Sie ist stellvertretende Gruppenleiterin einer ambulanten Pflege.

Als ich elf Jahre alt war, fragte mich meine Lehrerin: Gaby, warum steht denn im Klassenbuch ein anderer Nachname?

Das weiß ich nicht. Meine Oma heißt so, habe ich gesagt.

Sag deiner Mutter mal, sie soll in die Schule kommen.

Als meine Mutter wiederkam, setzte sie sich in die Küche. Komm mal her, sagte sie, ich muss dir was erzählen. Ja, äh, fing sie an rumzustottern. Dein Vater ist nicht dein richtiger Vater. Dein richtiger Vater ist ein amerikanischer Soldat.

Bin ich froh, dass ich einen anderen Vater habe, war das Erste, was ich zu meiner Mutter gesagt habe.

Meine Mutter war total erschrocken und hat mir gedroht: Wehe, du sagst das deinem Vater. Der ist so gut zu dir.

Aber ganz ehrlich, ich habe nicht mitbekommen, dass er gut zu mir war.

Für mich war es wie ein Abenteuer, einen Vater zu haben, der in Amerika lebt. Das habe ich richtig in mir selbst inszeniert: habe mir vorgestellt, mein Vater wäre ein Rancher oder sehr reich. Eine Zeitlang habe ich dieses Geheimnis auch schön für mich behalten. Einen anderen Vater zu haben, hat mich irgendwie so rausgehoben, von den anderen unterschieden. Aber irgendwann konnte ich es nicht mehr aushalten, mit all meinen Gefühlen alleine zu sein, und habe mit unheimlichem Stolz meiner besten Freundin erzählt, dass ich einen amerikanischen Vater habe. Wir haben dann zusammen überlegt, wie ich ihn finden könne.

Peu à peu hat mir meine Mutter erzählt, wie alles gekommen war: Sie hatte meinem Vater gerade sagen wollen, dass sie schwanger sei, als er ihr zuvorkam und erklärte, dass er noch am selben Tag zurück nach Amerika müsse. Als sie ihm dann einen Zettel überreichte, auf dem stand, dass sie schwanger sei, hat er überhaupt nicht reagiert.

Meine Mutter wohnte damals in einem möblierten Zimmer und hat gearbeitet. Sie hatte weder Zeit noch Platz für mich. Sie hat mich in einem Mutter-Kind-Heim zur Welt gebracht. Das war das Schlimmste, was sie jemals erlebt hat. Ich war eine Steißgeburt, sie hatte Schmerzen. Die hätten sie fast verbluten lassen. Weil sich meine Mutter nach der Geburt erst mal ausruhen musste, ist sie zu ihren Eltern gefahren und hat mich in dem Heim gelassen. Nach sechs Wochen, als sie mich abholen wollte, war ich nicht mehr da. Die hatten mich einfach in ein Heim nach Wiesbaden verfrachtet, wo Kinder von der Geburt bis zum zweiten Lebensjahr untergebracht waren. Meine Mutter ist sofort hin. Ein Adoptionsverfahren war auch schon in Gang gesetzt. Mir wird heute noch ganz eng, wenn ich mir das vorstelle.

Nach zwei Jahren brachte man mich in ein Heim im Taunus, wieder ohne meine Mutter zu benachrichtigen. Zu der Zeit war meine Mutter schon mit meinem Stiefvater zusammen. Sie hätten mich oft mitgenommen, mir Wurst gegeben und Schuhe gekauft, erzählt sie. Die Erzieherinnen wollten das aber nicht. Geben Sie der Kleinen bitte nichts zu essen, die ist so empfindlich, die kotzt immer, wenn sie von Touren mit Ihnen zurückkommt. In dem Heim war es sehr schlimm. Aber ich hatte großes Glück, erzählt meine Mutter: Weil ich so ein süßes Püppchen war, wollten mich immer alle auf dem Arm tragen.

1959 haben meine Mutter und mein Stiefvater geheiratet. Mein Bruder war schon auf der Welt, wurde aber auch erst mal für ein halbes Jahr ins Heim gebracht, weil meine Mutter und ihr Mann noch keine gemeinsame Wohnung hatten. Wir wurden dann am selben Tag aus dem Heim geholt. Mein Stiefvater hat mich, meine Mutter hat meinen Bruder abgeholt. Als meine Mutter mir das erzählte, war das wie ein Schlag für mich. Den Mann kannte ich überhaupt nicht. Warum hast du mich nicht abgeholt? habe ich meine Mutter gefragt. Das ist doch egal, hat sie gesagt, das war doch dein Vater.

Als ich zu Hause war, habe ich ein halbes Jahr nur in der Ecke gesessen. Habe nichts mehr gesagt, nicht geweint, keine Emotionen gezeigt, gar nichts. Ich kann mich an diese Zeit überhaupt nicht erinnern. Auch daran, dass 1961 mein zweiter Bruder geboren wurde, habe ich kaum eine Erinnerung.

Die setzt erst wieder ein, als ich in die Schule kam. Die Schulzeit war für mich die schönste Zeit meines Lebens. Da habe ich wieder gelebt. Ich war der Clown, die totale Spaßnudel. Die Lehrerinnen fanden mich Klasse, alle hatten mich gern.

Freundinnen habe ich selten zu mir nach Hause eingeladen, weil ich nie wollte, dass die meinen »Vater« kennen lernen. Meine Mutter hat ihn immer verteidigt: Er ist doch gut, hat sie gesagt, er verdient das Geld, sorgt sich um euch, und er ist da. Dabei hat er die Hälfte des Gehalts versoffen. Das Verhältnis zu meinem Stiefvater wurde eigentlich immer schlimmer. Ich habe den richtig gehasst.

Der macht dir dein Leben schwer. Der macht uns unser Leben schwer. Warum hast du dich nie scheiden lassen? habe ich meine Mutter gefragt.

Ich wollte dir doch einen Vater geben, hat sie gesagt.

Nee, habe ich gedacht, jetzt bin ich daran schuld, dass ich so einen Vater habe.

Zwei, drei Jahre habe ich mich damit beschäftigt, dass ich einen anderen Vater habe. Er war so eine Art Gegenwelt für mich, besser als mein Stiefvater. Irgendwann habe ich dann gemerkt, dass ich nicht mehr an ihn denke. Das kam erst wieder, als ich 18 oder 19 war. Ich wollte meinen Bruder, der sehr gut Englisch konnte, überreden, mit mir zusammen zum Headquarter in Frankfurt zu gehen und einfach mal zu fragen, ob die meinen Vater kennen. Aber es blieb nur bei dem Gedanken. Ich wusste einfach nicht, wie ich meinen Vater suchen sollte. Amerikanische Telefonbücher durchstöbern? Amerika ist riesig. Also habe ich meine Mutter ausgefragt, wie das mit meinem Vater war. Ich wollte Beschreibungen.

Ich weiß auch nicht … Blond war er, ein bisschen fülliger, ach, ein ganz Lieber, hat sie sich rauslaviert.

Aber ihre große Liebe war ein anderer Amerikaner, der auch in die Staaten zurück ist, mit dem war sie vor meinem Vater zusammen. Mehr habe ich aus ihr nicht herausbekommen. Im

Nachhinein denke ich, mein Vater war nur so eine Art Ersatz für diese wirklich große Liebe. Meine Mutter war eine schicke Frau, mein Vater ein guter Tänzer, die beiden haben gut zusammen ausgesehen ...

Als ich meiner Mutter erzählte, dass ich meinen Vater suchen möchte, war sie sehr ablehnend: Das ist doch nicht nötig. Vielleicht lebt er ja auch gar nicht mehr.

Vor ein paar Jahren habe ich eine Frau kennen gelernt, die ihren amerikanischen Vater auch nicht kannte. Wir haben viel darüber geredet, wie das wäre, wenn wir unsere Väter finden könnten. Irgendwann sah ich im Fernsehen eine Sendung, in der amerikanische Väter über den Internationalen Sozialdienst gesucht wurden. Mir hat fast das Herz gestockt. Das gibt's doch nicht! Ich habe vor dem Fernseher geklebt, mir einen Zettel genommen und sofort die Nummer vom Sozialdienst aufgeschrieben. Endlich hatte ich einen Anlaufpunkt. Jetzt geht's los! Ich habe alles zusammengetragen, was ich von meiner Mutter über meinen Vater wusste: Vornamen, Nachnamen, wo und wann ungefähr er hier gearbeitet hat. Aber das war zu wenig für die Suche. In einem persönlichen Gespräch habe ich der Mitarbeiterin vom Sozialdienst auch erzählt, dass ich im Heim war. Wenn Sie im Heim waren, hatten Sie einen Vormund, und es gibt eine Akte. Die sollten Sie sich geben lassen, sagte sie.

Ich landete in einem dunklen und verstaubten Bürozimmer. Eine Mitarbeiterin des Jugendamtes knallte mir die 44 Jahre alte Akte auf den Tisch und ließ mich allein. In der Akte waren die Heimberichte der Erzieherinnen versammelt, völlig unprofessionell geschrieben, so in dem Stil: Gaby läuft Frau Sowieso immer wie ein Hund hinterher. Man muss sie immer wegzerren. Dass ich immer auf dem Boden gesessen und gesungen hätte, stand drin. Dass ich oft Wutanfälle bekommen, häufig an Hautausschlägen gelitten hätte und sehr empfindlich gewesen sei.

Ja, das kann ich mir vorstellen, dachte ich, als ich das las, ich bin auch ein sehr sensibler Mensch. Plötzlich entdeckte ich auf einem fast leeren Blatt eine lange Nummer und darüber in krakeliger Schrift den Namen meines Vaters. Mit dieser Nummer bin ich dann wieder zum Sozialdienst. Das ist die Dienstnummer Ihres Vaters, hat mir die Mitarbeiterin erklärt. Damit können wir ihn finden.

Meine Mutter kannte die Nummer meines Vaters überhaupt nicht; ihr Nachbar, ein Kriminalkommissar, hatte die ID-Nummer meines Vaters aufgeschrieben und sie dem Jugendamt gegeben.

Die Recherche des Internationalen Sozialdienstes verläuft anonym, bei dem, der gesucht wird, kommt lediglich ein Schreiben an: Sie werden in Deutschland gesucht. Mehr nicht. Mein Vater hatte zurückgeschrieben, er wolle damit nichts zu tun haben. Weil die Sozialarbeiterin annahm, dass nicht mein Vater, sondern seine Frau den Brief geöffnet habe, hat sie noch mal hingeschrieben. Wir sollten aufhören, ihm zu schreiben, es sei nur eine kurze, belanglose Affäre gewesen, und er wolle nicht, dass seine Familie zerstört wird, hat er geantwortet. Die Sozialarbeiterin meinte, es sehe zwar so aus, als wüsste mein Vater, worum es ginge, aber wenn er nicht wolle, könnten wir nichts tun. Auf gar keinen Fall werde ich jetzt aufgeben, habe ich gesagt.

Ich schrieb meinem Vater einen Brief. Es floss nur so aus mir heraus. Ich habe ihm meine Geschichte erzählt. Habe geschrieben, dass ich ihm nicht böse sei. Dass es mir nicht um Schuld gehe, sondern nur darum, den Teil von mir, der er ist, kennen zu lernen. Wenn er in Ruhe gelassen werden wolle, würde ich ihn natürlich in Ruhe lassen. Ich wolle nur ein Bild von ihm. Eine Freundin hat mir den Brief ins Englische übersetzt.

Vier Monate habe ich nichts gehört. An einem Samstag im April, den Tag werde ich nie vergessen, lag ein Brief vom Internationalen Sozialdienst in meinem Briefkasten. Ich kann Ihnen eine freudige Mitteilung machen, Ihr Vater möchte Kontakt zu Ihnen aufnehmen, stand drin. Mein Vater hatte seine E-Mail-Adresse angegeben und gebeten, dass ich ihm meine schicke.

In der ersten Mail, die ich von ihm bekommen habe, stand, wie sehr er von meinem Brief beeindruckt sei. Dass er mich bisher verschwiegen habe, aber jetzt seiner Frau, seinen Kindern, Verwandten und Freunden, die Geschichte erzählt habe. Es tue ihm leid, was geschehen sei, aber die Beziehung zu meiner Mutter sei wirklich nur eine Affäre gewesen. Dann hat er seine ganze Kindheitsgeschichte erzählt: dass er selbst keine Mutter hatte, dass er mit einer Stiefmutter aufgewachsen ist, wer seine Stiefgeschwister sind, wann er geheiratet hat, was seine Kinder beruflich machen. Und er hat mich aufgefordert, von mir zu erzählen.

Aber im Verteiler der Mail standen mindestens zehn Adressen über die USA verstreut, alles, was ich ihm schrieb, bekam die Hälfte der Staaten mit, Menschen, die ich gar nicht kannte. Mir fiel es sehr schwer, fremden Leuten von mir zu erzählen. Außerdem bin ich lesbisch und dachte, ich könnte das nicht einfach so erzählen. Ich habe dann aber geschrieben, dass ich mit K. und einem kleinen Kind zusammenwohne. Der Kleine sei wie mein Kind.

Schönen Gruß an deine Familie, stand unter dem nächsten Brief von ihm. Das fand ich total süß. Das hat was geöffnet. Ich wusste zwar nicht, wie er das meinte, aber ich nahm zu seinen Gunsten an, dass er verstanden hatte, was da lief.

Im April hatten wir angefangen, uns zu schreiben, und im August bekam ich von meinem Vater die Mail: Meine Frau und ich haben beschlossen, dass wir dich zu deinem Geburtstag in Deutschland besuchen. Ich habe nur dagesessen und geheult. Gerade habe ich ihn kennen gelernt, weiß überhaupt nichts über ihn, und jetzt wird er kommen. Ich konnte nichts anderes denken als: Mein Gott, die besuchen mich. Mein Vater besucht mich. Nach 48 Jahren. Andererseits dachte ich: Sie sind doch fremde Leute für mich. Wie wird das werden? Aber wenn ich ihm jetzt sage, dass mir das alles zu viel und zu früh ist, werde ich ihn nie kennen lernen.

Bevor mein Vater kam, wollte er, dass meine Mutter und ich ein Statement unterschreiben, dass ich auf alle finanziellen Forderungen gegen ihn verzichte. Ich wusste gar nicht, worauf er hinauswollte. Ehrlich gesagt, fand ich nicht, dass das die feine Art ist. Die spinnen doch, hat meine Mutter gesagt, aber dann doch unterschrieben.

Sie wollten kommen, als in Frankfurt Buchmesse war, was die Zimmersuche erschwerte. Dann erhielt ich die Nachricht, dass sie zwölf Stunden früher als ausgemacht ankommen würden. Ich war so verwirrt, dass mir auf die Frage, wo wir uns treffen sollten, nur einfiel: Hauptbahnhof, Gleis 16. Ich fuhr also mit dem Auto zum Bahnhof, meine Freundin und den Kleinen dabei. Der Kleine ist 'ne gute Hilfe, habe ich gedacht, wenn die kinderlieb sind, ist da noch ein süßes Kind dazwischen, den können die erst mal knuddeln, bevor ich so ganz konkret selbst in Kontakt trete.

Und dann sah ich sie mit ihren Riesenkoffern kommen.

Henry, Lilly! schrie ich, das war einfach so ein Impuls, ich rannte ihnen entgegen und umarmte sie. Noch während ich meinen Vater umarmte, dachte ich: Oh Gott, sieht der alt und gebrechlich aus. Dann fing er an zu reden. Englisch. Er redete und redete. Ich verstand kein Wort. Ich war so verzweifelt, habe meine Freundin gerufen: Übersetz mir das bitte! Es war so eine furchtbare Situation für mich, dass ich dachte, wenn das jetzt die nächsten Tage so weitergeht, kann man mich in die Psychiatrie einweisen. Später stellte sich heraus, dieses Reden war so eine Art Überbrückung, damit nicht alles so persönlich wird.

Ich brachte die beiden ins Hotel, Gott sei Dank hat es ihnen gefallen. Ich war sehr erleichtert. Da stürzt plötzlich mein Vater die Treppe runter, reißt sich den Ellbogen auf und blutet. Jetzt bin ich einfach nur Krankenschwester, habe ich mir gesagt, fertig, aus. Bin mit den beiden zu mir nach Hause gefahren und habe ihn verbunden. Und dann setzte sich Henry gleich an meinen Computer und tippte drei Stunden lang rum. Ich bin im falschen Film, dachte ich. Sitze mit zwei fremden Leuten in meiner Wohnung, der Mann macht an meinem Computer rum, und die Frau spielt mit dem Kleinen.

In den zweieinhalb Tagen, die mein Vater mit seiner Frau hier war, hat er nur geredet, über Computer, über Mercedes, ihre drei Häuser, und immer ging es nur ums Shoppen. Überall, wo es geglitzert hat, wo es Juweliere gab, sind sie reingegangen. Irgendwann habe ich gedacht, ich will nicht mehr. Das ist keine Welt für mich. Jeden Abend, wenn sie im Hotel waren, war ich nur froh, mich endlich ausruhen zu können.

Dann fuhren die beiden für zwei Wochen nach Österreich. Auf dem Rückweg kamen sie wieder hier vorbei, haben tschüss gesagt und dass wir mailen würden. Beim Weggehen winkte mir mein Vater. Ich war total traurig und habe geheult. Mein letzter Gedanke war: So, jetzt habe ich zwar einen leiblichen Vater, aber einen Vater habe ich nicht. Keine Frage, mein Vater war sehr herzlich. Ich habe ihm wohl auch gefallen, denn er umarmte mich immer mal oder nahm meine Hand. Das fand ich auch ganz angenehm. Manchmal umarmte ich ihn auch, weil ich einfach mal spüren wollte, wie er sich anfühlt. Das war sehr schön. Aber es gab wenige solcher Momente.

Später schickte er mir zwei Fotos, auf denen wir zusammen drauf sind, wollte mehr über meinen Alltag wissen. Aber ich wollte nicht über meinen Alltag schreiben. Wozu? Ich wollte etwas über ihn erfahren. In mir war ein Hin und Her.

Vielleicht dachte ich, nachdem er von meinem Brief so beeindruckt war, er würde seine Freude mehr zeigen, aber er wollte immer nur von Computern und Mercedes erzählen. Diese zwei Themen waren so herausstechend, da passte nichts mehr dazwischen, nicht mal ich. Mein Vater sah irgendwo einen Mercedes, nahm mich an der Hand, führte mich hin und erklärte mir den Unterschied zwischen der S- und der A-Klasse. Das alles in einem Virginia-Englisch, das ich überhaupt nicht verstehe. So hatte ich mir die Begegnung mit ihm wirklich nicht vorgestellt, das war ernüchternd. Es war eben, wie das Leben so ist, und nicht, wie man es sich wünscht. Vielleicht ist es schöner, man trifft seinen Vater nicht erst, wenn man 48 Jahre alt und er ein alter Mann ist, sondern eher. Keine Ahnung.

Ich habe auch mit meiner Mutter darüber gesprochen. Siehste, den hättest du gar nicht treffen müssen, hat sie gesagt.

Silvester habe ich meiner Mutter erzählt, dass die Familie meines Vaters einen Vaterschaftstest wünsche. Sei aber nicht enttäuscht, wenn der negativ ausfällt, hat sie gesagt. Zeitlich käme da vielleicht noch jemand anderes in Frage. Ich war wie vom Donner gerührt. Und dann rief Henry an und teilte mir das Ergebnis mit: negativ. Henry ist also nicht mein Vater. Ich habe so sehr geweint, dass ich dem weiteren Telefongespräch kaum mehr folgen konnte.

Ich muss das alles erst einmal verdauen. Henry und Lilly haben versucht, mich zu trösten, sie wollen den Kontakt zu mir unbedingt weiter halten. Ich muss mit meiner Mutter sprechen. Ich will jetzt endlich die Wahrheit wissen.

»Manchmal dachte ich, er sei ein Hirngespinst.«
Daniela, Frankfurt, geboren 1964

Erst vor kurzem hat Daniela die Geschichte erzählt, warum sie aufgehört hat, Drogen zu nehmen: Eines Morgens saß in dem Abbruchhaus, wo sie sich mit anderen Kindern herumgetrieben hatte, eine Frau, die Nadel noch im Arm, tot im Sessel. So wollte Daniela nicht enden. Auf dem Abendgymnasium hat sie ihr Abitur gemacht und Tiermedizin studiert. Letztes Jahr hat sie das Studium abgebrochen. In beiden Unterarmen sind ihre Knochen zu kurz, manchmal hat Daniela solche Schmerzen, dass sie sich nicht mal die Schuhe selbst zubinden, geschweige denn ein Skalpell sicher führen kann. Seit 18 Jahren lebt Daniela in Frankfurt. Seit 13 Jahren arbeitet sie in der ambulanten Pflege und betreut alte Menschen. Ihre Wohnung teilt sie mit zwei Katzen: Sophia und Sisley. Danielas Ordner mit den Unterlagen der Vatersuche ist dünn. Sehr dünn.

Meine Großtante war die Einzige, bei der ich ein Gefühl von Zugehörigkeit und Zuhausesein hatte. Die mochte mich. Sie hat mich zwar verdroschen, aber auch gegen andere verteidigt. Auf sie habe ich gehört. Kurz vor der Einschulung hat mich dann meine Mutter zu sich genommen. Ein Halbbruder war schon da und der zweite gerade unterwegs. Es war schon ein bisschen komisch, zu ihr zu kommen, weil ich gar nicht wusste, dass sie meine Mutter ist. Ich kannte sie nur als Tante Elfie.

Während ich bei meiner Mutter und meinem Stiefvater lebte, war ich immer wieder mal im Kinderheim, weil ich das Familienleben komplett boykottiert habe: Ich habe nicht im Haushalt geholfen, nicht auf meine Brüder aufgepasst, bin weggegangen und nach Hause gekommen, wann ich wollte. Zeit war für mich völlig irrelevant, ich habe sie einfach vergessen.

Mit elf habe ich noch in die Hosen gemacht, aber interessanterweise nur zu Hause. Im Heim oder bei meiner Großtante war das nicht so. Als ich in die Schule kam, konnte ich schon lesen. Zeitungen, Heftchen und die Groschenromane meiner Mutter – ich habe alles gelesen. Lesen macht die Welt größer. Aber Rechnen konnte ich nicht, nicht mal die einfachsten Grundrechenarten. Also bin ich nicht in die Schule gegangen und sitzen geblieben; kam nach den Sommerferien in eine andere Schule und war wieder irgendwo neu.

Ich weiß nicht, wann und wie lange das war. Ich habe keine Erinnerung an diese Zeit. Irgendwann habe ich meine Mutter mal gefragt, wer denn mein Vater sei, weil ich einfach anders aussah, viel dunkler als die anderen. Außerdem wussten alle im Dorf, dass mein Vater ein Schwarzer war. Da bleibt es nicht aus, dass man das als Kind erfährt. Wenn auch auf eine unschöne Art, weil sie einem »schwarzer Bankert« hinterherrufen: ein auf der Bank gemachtes, aus einer flüchtigen Geschichte entstandenes Kind. Kann natürlich auch die große Liebe gewesen sein …

Anfangs hat meine Mutter nichts gesagt, aber als ich zwölf oder dreizehn war, hat sie mir erzählt, dass mein Vater Puertoricaner ist. Sie hat mir seinen Namen gesagt und dass sie nichts mehr von ihm hat. Keine Briefe, keine Fotos, kein Geburtsdatum, keine Sozialversicherungsnummer, keine Dienstnummer. Nichts, absolut nichts. Ich habe keine Ahnung, wie dieser Mensch aussieht. Meine Mutter wollte auch nicht, dass ich ihn suche. Ich schon.

Ich habe es dann auf meine Art gemacht: saß immer bei einer schwarzen Familie rum, die in unserem Ort wohnte. Die haben mich einfach mitlaufen lassen, fanden mich wohl irgendwie ganz lustig. Die hörten so schöne Musik, daran erinnere ich mich noch. Dort habe ich eine Menge gelernt, obwohl ich mich im Grunde mit denen nicht unterhalten konnte. Meine Mutter ist fast ausgeflippt: Wenn du mir mit einem Kind nach Hause kommst … Dabei wusste ich ja noch gar nicht, wie man Kinder macht. Oder: Die sehen ja aus wie Affen! Dabei ist sie selbst mit so einem ins Bett gestiegen. Aber das war halt ihre Angst, dass es mir so ginge wie ihr. Ich bin natürlich trotzdem hin.

Mit 14 kam ich in ein Internat in der Nähe von Tübingen. Das war kein Internat für höhere Töchter, eher für gestrauchelte Existenzen, für schwierige Kinder, ein Heim mit Schule. Im Nachhinein finde ich das ganz gut, dass ich mich im Internat Regeln unterwerfen musste, weil ich dadurch auch eine Regelmäßigkeit in meinem Leben hatte. Außerdem hatte ich dort das erste Mal Klavierunterricht, habe Trompete und Querflöte spielen gelernt. Ich habe den ganzen Tag in diesen Übungszellen gehockt und Musik gemacht. Das war toll – etwas, das ich später vermisst habe.

Mit 16 kam ich in eine Wohngruppe nach Usingen im Hinter-
taunus. Als ich mit 19 endlich meine Mittlere Reife hatte, bin ich
ausgezogen. Ich hatte einen Karton mit meinen Habseligkeiten
und einen Rucksack, das war's. Ich habe ausgesehen wie 16. Wie
ein Kind. Den Karton habe ich irgendwo untergestellt und bin
weg: Frankreich, Korsika, Italien. Ich war ein Jahr unterwegs,
habe auf der Straße gelebt und mich durchgeschlagen. Wenn ich
irgendwohin wollte, musste ich trampen. Natürlich hat es auch
diverse sexuelle Übergriffe von Männern gegeben. Aber manchmal bin ich auch mit, um baden zu können, mal ein warmes Bett
oder was zu essen zu haben.

1984 kam ich zurück. Ich hatte keine Wohnung, kein Geld,
keine Arbeit, aber mir war klar, ich muss weg von der Straße,
da werde ich nicht alt. Ich brauchte einen Job. Also bin ich
aufs Arbeitsamt. Naja, sagten die, mit der Wohnung und dem
Geld können wir dir nicht helfen, aber in Frankfurt gibt es eine
Lehrstelle.

Im September fing ich die Ausbildung als Druckvorlagenher-
stellerin an und habe Geld verdient, mehr Geld, als ich jemals
vorher in meinem Leben in der Hand hatte, und das jeden Monat.
Ich habe mich richtig reich gefühlt.

Im Februar 1985 fand ich dann auch eine Wohnung. Eine
Einzimmerwohnung, die sonst an Fernfahrer vermietet wurde.
Gemeinschaftsbad auf'm Flur, Kakerlaken gab es gratis dazu.
Das war ein richtiges Loch. Aber irgendwie hatte ich das Gefühl,
ich bin angekommen. Ich hatte eine warme Mahlzeit am Tag und
musste nicht mehr draußen übernachten. Mein Leben hatte sich
sehr verändert.

Ich wusste schon früh, dass ich mich eher für Frauen als
für Männer interessiere, also habe ich angefangen, mich in der
Frankfurter Frauenszene umzugucken und habe im Frauenver-
ein beim Selbstverteidigungskurs meine erste Freundin kennen
gelernt. Mit der bin ich auch 1985 zur Berliner Lesbenwoche
gefahren.

Das war ein Kulturtreff mit Diskussionen, Workshops, Le-
sungen. Ich sehe heute noch dieses Transparent von Katharina
Oguntoyes und Ilka Hügels Lesung vor mir: »Afrodeutsche.« Das
Wort hatte ich vorher nie gehört, aber ich wusste sofort, was es
bedeutet. Vor dem Raum, in dem die Lesung stattfand, saß eine

Frau, ganz jung, blond, helle Augen – aber eindeutig schwarz. Ich kriege jetzt noch Herzklopfen, wenn ich daran denke. Das war so was wie: Hier bin ich richtig.

Mit den Frauen, die ich in Berlin kennen gelernt hatte, feierte ich dann Silvester. Wir wohnten alle zusammen in einer Wohnung. Das erste Mal in meinem Leben war ich nur unter Schwarzen, von ganz hell bis ganz dunkel, kein weißes Gesicht mir gegenüber. Es war grandios. Da waren welche so wie ich, die auch eine ähnliche Geschichte hatten: Heim, ewiges Hin und Her. Gerade für solche, die ihren Vater nicht kannten, war natürlich immer wieder Thema: Wo komme ich her? Plötzlich bist du eine unter vielen. Du hast keinen Vater? Na und? Keine von denen hat einen Vater. Du musst mir nichts erklären, ich weiß genau, wie sich das anfühlt. Wenn dir jemand so was sagt, das ist toll.

Wir haben uns dann alle zwei, drei Monate getroffen. Berlin, München, Frankfurt. Überall bildeten Frauen damals Gruppen. Das ging unheimlich schnell. Allein hier im Rhein-Main-Gebiet gründeten sich fast zeitgleich adefra, Afrodeutsche Frauen, und die ISD, Initiative Schwarze Deutsche. Zu dieser Szene habe ich bis heute einen ziemlich engen Kontakt. Die ist so etwas wie eine Basis für mich.

1988 hatte ich eine Freundin, die ein gutes Verhältnis zu ihren Eltern und ihrem Bruder hatte. Die nahmen mich liebevoll auf, und ich fühlte mich sehr wohl. Aber da habe ich auch zum ersten Mal deutlich gemerkt, dass ich keine Familie habe, von der ich sagen kann: Die gehören zu mir, oder ich gehöre zu denen, die haben mich gemacht, da bin ich aufgewachsen; die haben mir meine Werte mitgegeben, Wärme, Zuneigung und einen Platz in ihrem Herzen. Plötzlich spürte ich diesen Verlust ganz deutlich. Das war der Auslöser für meine Vatersuche.

Als ich meiner Mutter erzählte, dass ich jetzt nach meinem Vater suchen werde, rannte sie davon und sagte: Ich will davon nichts wissen. Und sag dem bloß nicht, wo ich wohne. Ihre größte Angst war, dass ein Kontakt entstehen und sie mit ihm konfrontiert werden könnte. Im Nachhinein glaube ich, sie war mal sehr verliebt. Bestimmt hat sie gedacht, er heirate sie, und dann hätte sie auch eine Familie. Aber plötzlich war er einfach weg. Sie schwanger, schwarzes Kind, Dorf in Bayern, Zonengrenzgebiet. Das ist ja heute noch schwierig. Aber am schlimmsten war, glaube ich, diese Kränkung, sich jemandem in dem Glauben hinzugeben, das ist der Mensch, mit dem ich mein Leben verbringen will – und dann die harte Landung. Ich glaube, dieser Schmerz ist immer noch da, der hat sich nie relativiert. Ja, und dann komme ich und sehe aus wie mein Vater.

Ich habe also das zuständige Jugendamt in Oberfranken angeschrieben. Die kannten den Namen meines Vaters und konnten mir genau sagen, wann er wo stationiert und wohin er in die USA versetzt worden war. Starroute, Goodlands, New Mexico. Das klingt wie eine Erfindung, war aber die Adresse meines Vaters, die ich vom Jugendamt erhielt. Ich habe hingeschrieben, aber es kam nie etwas zurück. Nicht einmal der Brief mit dem Aufkleber »unbekannt«. Ich habe auch den Ort nirgends, auf keiner Landkarte, gefunden.

Ich wusste gar nicht, was ich machen sollte. Ich dachte, meinen Vater gibt's gar nicht. Der existiert einfach nicht, der ist ein Hirngespinst. Ich hatte ja auch als Kind schon Geschichten über ihn erfunden. Einmal war er der strahlende Held, der im Vietnamkrieg umgekommen ist oder dahin versetzt wurde. Ob das nun zeitlich passte oder nicht, war mir egal. Ich habe so getan, als würde ich ihn kennen. Als wäre er einfach nur unterwegs, auf Reisen, oder meine Mutter habe ihn verlassen. Das war eigentlich der zentrale Punkt der Geschichten: Meine Mutter hat ihn verlassen. Ich konnte einfach nicht glauben, dass er sie sitzen gelassen hat. Ich war überzeugt davon, dass nur meine Mutter verhindert hat, dass er mich findet.

Aber für mich war auch entscheidend, wie er ist. Ein feiner Mensch sollte er sein, sensibel, einer, der zuhört, der mich liebt. Der mich so nimmt, wie ich bin.

Wenn mein Vater da gewesen wäre, wäre ich nicht ins Heim gekommen. Ich hätte nicht auf der Straße gelebt. Ich wäre nicht drogensüchtig gewesen. Der wäre vielleicht einer gewesen, zu dem ich mit 16 hätte gehen können, als mein Freund starb. Oder nach Trennungen. Der Gedanke ist einfach schön, hingehen und sagen zu können: Ja, du, so sieht das aus – und in den Arm genommen zu werden. Das kann ich mit meiner Mutter nicht. Wenn wir uns begrüßen, gebe ich ihr die Hand.

Ich will meine deutschen Wurzeln nicht schmälern, die sind für mich sehr wichtig, aber meine Mutter ist weiß, sie kann mir den schwarzen Teil, der mir fehlt, nicht geben. Außerdem habe ich von ihr immer nur gehört: Sag nicht ständig, dass du schwarz bist, du bist doch gar nicht schwarz, höchstens ein bisschen braun. Aber ich bin schwarz! Ich weiß nicht, ob ich mich in einer schwarzen Gesellschaft zu Hause fühlen würde, aber es ist die andere Hälfte von mir, und die hätte mir mein Vater, wenn er da gewesen wäre, mitgegeben; auch mehr Selbstsicherheit in dem, was, wer und wie ich bin, sowohl äußerlich als auch innerlich. Mein Vater hätte mir ein Zuhause geben können. Einen Platz in seinem Herzen, in seiner Wohnung, in der Welt.

Ja, und dann kam dieser Brief vom Jugendamt. Mein Vater ist erst, nachdem ich auf der Welt war, aus Deutschland fort, ein halbes Jahr nach meiner Geburt. Das hatte meine Mutter gar nicht gewußt. Sie hatte gedacht, er wäre ein halbes Jahr, bevor ich geboren wurde, zurück. Aber in den Unterlagen steht schwarz auf weiß: Er ist nach Ihrer Geburt in seine Heimat zurückgekehrt und hat jeglichen Kontakt zu Ihrer Mutter abgebrochen. Und als letzter Satz: Weitere Unterlagen bezüglich Ihrer Person liegen uns leider nicht vor.

Meine Mutter fiel aus allen Wolken, als ich ihr das erzählte. Und da habe ich zum ersten Mal wirklich begriffen, dass mein Vater einfach abgehauen war. Plötzlich fielen alle meine Geschichten in sich zusammen. Ich wusste natürlich immer, dass die Geschichten nicht wahr sind, aber es waren gute Geschichten, die mir über das Empfinden, kein Gegenüber zu haben, hinweggeholfen haben. Immer diese blonden, helläugigen Menschen um mich herum – das klingt jetzt lustig –, aber das war furchtbar. Meine Mutter ist blond und hat grüne Augen. Mein Stiefvater ist auch blond und hat grüne Augen. Meine Brüder sind beide ganz hellblond. Der eine hat graue, der andere blaue Augen. Ich war im Sommer immer dunkelbraun gebrannt, und die waren alle rot. Natürlich haben sie immer gesagt, wie schön braun ich bin, aber auch: Du bist ja schwarz wie ein Neger. Es gab einfach niemanden, der so aussah wie ich. Niemanden, zu dem ich hingehen konnte, wenn es mir in dieser weißen deutschen Familie schlecht ging. Wenn meine Oma mich mal wieder mit Weihwasser besprüht und mich als schwarzen Teufel beschimpft hat.

Im Juni 1994 habe ich dann den nächsten Versuch unternommen, meinen Vater zu finden. Ich habe an das Military Personal

Record Center in St. Louis geschrieben, eine Stelle, die für die Soldaten in Übersee zuständig ist. Die haben mir ein Formular zugeschickt. Mehr als die Hälfte habe ich gar nicht verstanden, und das meiste, was ich verstanden habe, konnte ich nur mit »unknown« beantworten. Zurückgeschrieben haben sie mir dann, dass sie nicht wüssten, wer mein Vater sei und ob es ihn überhaupt jemals gegeben habe.

Diese Schreiben vom Jugendamt und der Armee in St. Louis waren für mich solche Tiefschläge, dass ich gedacht habe, noch so eine Enttäuschung halte ich nicht aus. Lieber bleibe ich allein, weiß ich halt nicht, wer mein Vater ist. Aber wenn ich dann miterlebt habe, wie wieder eine Freundin ihren Vater gefunden hat, sie jetzt zu ihm hinfährt und zu Weihnachten Post von ihm bekommt ... Auch wenn es nur ein ganz banales »Schöne Weihnachten« ist – ich kann es nicht erklären, aber das will ich auch haben.

Im Moment geht es mir so, dass ich denke, mein Vater wird nicht jünger. Der muss Anfang, Mitte 20 gewesen sein, als ich geboren wurde, jetzt ist er schon über 60. Wenn er geheiratet oder noch andere Kinder gezeugt hat, dann habe ich Geschwister. Geschwister, die nicht blond sind. Es gibt da höchstwahrscheinlich noch eine Familie, zu der ich vielleicht auch nicht gehöre, aber die mir äußerlich ähnlicher ist. Wenn ich meinen Vater wirklich finden will, muss ich das jetzt machen. Das ist das eine.

Das andere ist, dass ich einfach wissen will, wo ich herkomme, auch wenn ich zehn Mal alleine zurechtkomme. Ich glaube, wenn ich meinen Vater kennen würde, würde ich mich nicht so heimatlos fühlen, so, als gehörte ich nirgends dazu. Das wäre etwas, das mich nicht heil machen könnte, aber vielleicht heiler als ich jetzt bin.

Ich habe in den USA eine Frau aufgetan, die schon mehrere Väter gefunden hat. Aber ich habe noch nichts unternommen. Es ist das erste Mal, dass ich das Gefühl habe, es gibt eine reale Chance, meinen Vater zu finden, und plötzlich stelle ich mir die Frage: Will ich das überhaupt? Will ich meinen Vater wirklich kennen lernen? Ich weiß es nicht. Ich glaube, meine größte Angst ist, dass er nichts von mir wissen will. Oder dass er ein Riesenarschloch ist, ein Schwein. Kann ja sein.

Und was, wenn sie ihn nicht findet?

Seelische Folgen der Vaterentbehrung und ihre Verarbeitung bei Frauen

Prof. Dr. med. Horst Petri, Psychoanalytiker, Berlin

»Jedes Kind hat ein Recht auf beide Eltern.« Der Satz klingt für uns heute selbstverständlich und hat sich inzwischen im öffentlichen Bewusstsein durchgesetzt. Aber es brauchte langer Vorarbeiten durch Scheidungsforscher und Familienpolitiker, bis er sich in einer entsprechenden Regelung im »Neuen Kindschaftsrecht« von 1998 niederschlug. Die Gründe für die Verzögerung liegen in der eher beiläufigen Rolle, die man Vätern noch bis vor wenigen Jahrzehnten im Erziehungsprozess zuschrieb. Auch wenn sich diese Einstellung geändert hat, fällt in der wissenschaftlichen und öffentlichen Diskussion des Themas Vaterentbehrung auf, dass in ihr hauptsächlich von den Söhnen die Rede ist. Sie brauchen den Vater für ihr eigenes Selbstbild, brauchen seinen Schutz, seine Förderung, aber auch die Konfrontation, um die von ihm vermittelten Werte zu verinnerlichen und eine männliche Identität zu finden. Der Verlust des Vaters macht sie anfällig für antisoziales Verhalten, mit dem sie das Trauma verarbeiten und im Protest ausleben. Vielleicht beanspruchen gestörte Vater-Sohn-Beziehungen deswegen ein so breites Interesse, weil ihre Folgen zu einer Gefahr für das gesellschaftliche Zusammenleben werden können.

Und die Mädchen und erwachsenen Frauen? Ist die Vaterentbehrung für ihre seelische Entwicklung weniger dramatisch? Findet ihr Trauma geringere Beachtung, weil seine Auswirkungen gesellschaftlich kaum bedrohlich sind? Hier klafft eine deutliche Forschungslücke, und es wird Zeit, das Schicksal der Frauen mit einer Vaterentbehrung gründlicher zu betrachten. Dazu sind einleitend einige Überlegungen zur Bedeutung des Vaters in der Entwicklungspsychologie des Mädchens und für seine psychosexuelle Identitätsfindung als Frau notwendig.

Erst seit einigen Jahrzehnten konnte die Säuglings- und Kleinkindforschung die wichtige Funktion des Vaters bereits im Laufe des ersten Lebensjahres nachweisen. In dieser Zeit beginnt die schrittweise Ablösung aus der Symbiose mit der Mutter auf dem Weg zu einer Individuation. Diese Entwicklung verläuft nicht geradlinig, sondern als schmerzhafter und angstbesetzter Prozess, bei dem das Kind ständig zwischen dem Wunsch schwankt, die Geborgenheit mit der Mutter zu erhalten und sich andererseits von ihr abzugrenzen, um Autonomie zu gewinnen. Erst dieser eindrückliche Befund machte den Blick auf die Rolle des Vaters frei. Er ist bereits in der Ablösungsphase zwischen dem neunten und vierzehnten Lebensmonat der sogenannte Dritte im Mutter-Vater-Kind-Dreieck, in der Fachsprache wird dieser Prozess als Triangulierung bezeichnet: Der Vater bietet dem Kind den notwendigen Halt, wenn es bei der Loslösung von der Mutter durch heftige Trennungsängste und Ambivalenzgefühle in eine Krise gerät. Die Anlehnung an den Vater hilft ihm, seine Symbiosewünsche mit der Mutter aufgeben zu können.

Entscheidend kommt in dieser Triangulierungsphase zwischen dem ersten und dritten Lebensjahr hinzu, dass das Kind in der Dreieckskonstellation zwei voneinander getrennte Liebesobjekte zur Verfügung hat, die Mutter und den Vater. Sie bieten zwei verschiedene Identifizierungsmöglichkeiten, eine weibliche und eine männliche. Erst durch die Integration beider Anteile, der weiblichen und der männlichen, kann es ein ganzheitliches Selbstbild entwickeln.

Der darauf folgende Lebensabschnitt, die erste ödipale Phase, erstreckt sich etwa vom vierten bis zum sechsten Lebensjahr. In diese Phase fällt der von Sigmund Freud beschriebene Ödipuskomplex, hier fühlen sich Kinder mit ihren sexuellen Phantasien und Wünschen vom gegengeschlechtlichen Elternteil besonders angezogen. Für das Mädchen wird der Vater als »erster Mann« zugleich zum ersten männlichen Liebesobjekt, auf das es alle seine Sehnsüchte nach dem anderen Geschlecht richtet und in dessen Spiegel es sich in einer tiefen Erlebnisschicht als weibliches Wesen begreift.

Aber noch eine andere Funktion des Vaters ist in dieser Phase besonders wichtig. Die Entwicklungsaufgabe des Kindes in dieser Zeit, die Umwelt aktiv zu erforschen, sich in ihr zu orientieren und zu behaupten, setzt ein ausreichendes Gefühl der Sicherheit und des Selbstvertrauens in die eigenen Fähigkeiten voraus. Die Rolle des Vaters bei der Bewältigung dieses Entwicklungsschritts ist von höchster Bedeutung. Anders als die Mutter, die hauptsächlich sprachlich und emotional mit dem Kind kommuniziert, vermittelt der Vater ihm die Welt durch aktive Herausforderung, Ermutigung, Förderung motorischer und handlungsorientierter Fertigkeiten und durch gesellschaftlich vorgegebene Normensysteme. Diese wissenschaftlich gesicherten Unterschiede elterlicher Beziehungsangebote und Erziehungsstile erweisen sich psychologisch in idealer Weise als komplementär. Sie ergänzen emotionale, soziale, kognitive und instrumentelle Anreize zu einer notwendigen Einheit. Dabei wird der Vater in seiner stärker weltbezogenen und moralischen Vorbildfunktion verinnerlicht.

Entwicklungspsychologisch existiert noch eine dritte wichtige Periode, die zweite ödipale Phase etwa zwischen dem zwölften und sechzehnten Lebensjahr. Die Pubertät als Übergang zwischen Kindheit und Erwachsensein und als Schnittstelle zwischen Familie und Gesellschaft ist eine Zeit der Unruhe und Orientierungslosigkeit. Die sogenannte Identitätskrise der Pubertät stellt Mädchen wie Jungen gleichermaßen vor die Frage, wie sie den Schritt ins Erwachsenenleben bewältigen werden. In dieser Situation benötigen sie den Vater stärker als die Mutter. Trotz der veränderten Selbstbilder und Rollenmuster von Frauen und Männern und ihrer sozialen Rahmenbedingungen repräsentiert der Vater deutlicher zentrale Aspekte der Öffentlichkeit, in die Jugendliche jetzt selbstständig hineinwachsen sollen. Von der Art, wie er für seine Kinder in der Pubertät die Weichen stellt und sie in die Welt entlässt, hängt entscheidend die Bewältigung ihrer neuen Lebensaufgaben ab.

Darüber hinaus wird in der Pubertät mit Beginn der Geschlechtsreife das Gefühl für die eigene psychosexuelle Identität erst grundlegend gefestigt. Nur wenn die Tochter in der Bestätigung durch den Vater ein weibliches Selbstbild entwickelt und außerdem ein positives Männerbild verinnerlicht, indem sie den Vater auch als Mann akzeptieren kann, wird sie beim Eintritt in die Gesellschaft und in die Welt der Sexualität über ein stabiles Selbstgefühl als Frau verfügen.

Die Skizze zur Entwicklungspsychologie der Vater-Kind-Beziehung illustriert, wie eng sich idealerweise der Kontakt zum Vater für Jungen wie für Mädchen von Beginn an gestaltet, wie abhängig beide von seiner Anwesenheit, seinem Schutz, Trost und seiner Unterstützung sind. Die Entbehrung des Vaters von Geburt an oder sein Verlust in der frühen oder auch späten Kindheit bedeutet für Jungen und Mädchen gleichermaßen ein Trauma, eine seelische Erschütterung, die in aller Regel die emotionalen, geistigen und sozialen Reifungsschritte nachhaltig beeinträchtigt und einen stabilen Lebensentwurf behindert. Da die Erfahrung der Einheit von Mutter-Vater-Kind zu einem heilen Identitätsgefühl jedes Menschen gehört, führt die vollständige Entbehrung oder der spätere Verlust des Vaters zu einer Leerstelle im Selbst, für die besonders oft ein Mangel an Sicherheit über die eigene Geschlechtsidentität charakteristisch ist: Wie kann ich mich als Mann fühlen, wenn ich mich nie mit einem väterlichen Vorbild identifizieren konnte? Wie soll ich meine weibliche Integrität erleben, wenn von früh an der zärtliche Vater fehlte, in dessen bewunderndem und anerkennendem Blick ich mein Frausein erkannt und wertgeschätzt hätte?

Ein Vater kann endgültig verschwunden sein – die Sehnsucht nach ihm bleibt für immer bestehen. Es ist ein ontologisches Gesetz, das die Abstammung von einer Mutter und von einem Vater in unserem Bewusstsein festschreibt und unsere Stellung in der Welt unbewusst begleitet. Daher gehört das Wissen über unsere Abstammung zum Beweis unserer Existenz.

Nur so erklärt sich die starke Sehnsucht nach dem Vater. Man kann sie verdrängen, verleugnen oder ins Gegenteil verkehren, das heißt Abwehrmechanismen entwickeln, um die an die Sehnsucht gekoppelten Gefühle von Einsamkeit, Warten, Hoffen, Enttäuschung, Hass, Verzweiflung und Liebe, die ein fehlender Vater verursacht, besser ertragen zu können oder gar nicht mehr wahrnehmen zu müssen: »Ein Vater hat mir nie gefehlt, ich kenne es ja nicht anders.« »Es interessiert mich nicht, wo mein Vater lebt, was er tut oder was für ein Mensch er ist, er ist mir völlig gleichgültig.« »Ich fühle nichts, wenn ich an das Wort Vater denke, und ich möchte ihn auch nie kennen lernen.« Solche und ähnliche Formulierungen findet man häufig bei Jugendlichen oder Erwachsenen mit Vaterentbehrung. Hier scheinen sich Frauen und Männer kaum zu unterscheiden, wenn man sie erstmals in einem freundschaftlichen Gespräch oder im Rahmen einer Therapie auf das Thema anspricht. Das ändert sich jedoch oft schlagartig, sobald man das Thema vertieft.

Männliche Jugendliche und erwachsene Männer sind viel härter und rigoroser in ihrer Abwehr, ihr Schmerz scheint wie unter einer Betonplatte begraben zu sein und ihre Sehnsucht völlig erkaltet. Frauen dagegen, von Natur aus ihrem Gefühlsleben weit näher und offener, reagieren in der Regel ganz anders. Zunächst taut das eingefrorene Gefühl der Trauer auf. Frauen können leichter weinen und damit ihre Trauer wieder lebendig werden lassen. Als Kinder durften sie diese meist nicht zulassen, entweder, weil ein Gespräch über den abwesenden Vater zum Tabu erklärt wurde, oder weil die Töchter, ganz dem mütterlichen Machteinfluss unterworfen und von ihrer Liebe abhängig, ihre Mutter nicht verletzen wollten. Erst die Trauer befreit auch die anderen verdrängten Gefühle und leitet eine konstruktive Verarbeitung des Traumas ein. Dann kehrt die Sehnsucht nach einem guten Vaterobjekt aus den tiefen Falten der Erinnerung zurück.

Sehnsucht macht erfinderisch. Sigmund Freud verdanken wir die Beschreibung des »Familienromans«: Jedes Kind sei naturgemäß von dem Wunsch nach einer guten Mutter und einem guten Vater erfüllt. Da aber keine Mutter und kein Vater nur gut sein können, sondern dem Kind manche Versagungen auferlegen müssen, um sein eigenes Entwicklungspotential anzuspornen, entwickelt es zuweilen lebhafte Phantasien, von anderen als den eigenen Eltern abzustammen. In solchen »Familienromanen« wimmelt es dann von Frauen und Männern, die berühmt, mächtig, reich, schön, heldenhaft und vor allem umfassend gut sind.

Auf solche kindlichen Wunschphantasien sind die Bilder zurückzuführen, die besonders Frauen von ihren verlorenen Vätern entwerfen. Während Männer in der Regel zu einer gnadenlosen Abwertung ihrer unbekannten Väter tendieren, werden Frauen durch ihre brennende Sehnsucht meistens zu idealisierten Vaterbildern verführt. Oft nicht ganz zu Unrecht. Denn historisch und bis in die Gegenwart können solche Bilder durchaus der Realität nahekommen: In feudalen Systemen war und ist es noch heute üblich, dass Fürsten, Gutsherren und andere privilegierte Männer der Gesellschaft willkürlich über die von ihnen abhängigen Frauen verfügten und verfügen, ihre Vaterschaft aber leugnen oder geheimhalten. Hierzulande kam es in den Wirren des Zweiten Weltkriegs zu zahllosen Liebschaften und Affären, wobei die deutschen oder ausländischen Militärs oft höhere Rangposten bekleideten. Sie verschwanden für immer an der Front oder an unbekannten Orten, noch bevor das Kind geboren war.

Auch hinter der Fassade der Normalität unserer heutigen Gesellschaft verbergen sich tragische Schicksale, die in der Regel anonym bleiben. Nur grobe Schätzungen existieren zur Anzahl der illegitimen, verheimlichten Kinder der dem Zölibat verpflichteten katholischen Priester, Mönche, Bischöfe und Kardinäle: Allein in Deutschland gehen sie in die Tausende. Aber auch Lehrer, Ordinarien, Ärzte, Anwälte, Richter, Politiker, Künstler, Vorstandsmitglieder der Industrie und andere Männer in gehobenen Positionen zeugen Kinder mit meist abhängigen und oft sehr jungen Frauen, die, durch finanzielle Abfindungen oder andere Motive gezwungen, ein Schweigen über die Erzeuger breiten und die Kinder selbst bis in deren höheres Alter über ihre Abstammung im Unklaren lassen.

Die Phantasien der vaterlosen Frauen über einen Vater, der etwas »ganz Besonderes« ist, sind also nicht aus der Luft gegriffen, auch wenn in der Realität die einfachen Schurken die prominenten Väter überwiegen mögen. Aber die Sehnsucht nach dem guten, dem besonderen Vater allein heilt keine Wunden. Sie ist nur ein trügerischer Trost, der den Verzicht nicht ausgleicht, welcher die Vaterentbehrung bedeutet. Die Kraft der Sehnsucht kann aber zum Motor werden, nichts auszulassen, was einem mehr Gewissheit über den unbekannten Vater verschafft und sich auf die unbeirrte Suche zu begeben, ob im Bestehen auf einem Gespräch mit der Mutter, im Durchstöbern ihrer Schubladen, in den Amtsstuben der Behörden oder in den Orten und Ländern, in denen der Vater vermutet wird. Auch wenn diese Versuche scheitern, ist die Konfrontation mit der Realität heilsamer als das lebenslange Herumtappen in den von Lügen vergifteten Nebeln aus Phantasien und Geheimnissen.

Auch hier scheinen sich Frauen von Männern deutlich zu unterscheiden: Während sich Letztere wegen ihrer hartnäckigen Abwehr und der Haltung, »die Vergangenheit lieber ruhen zu lassen«, oft verbittert mit ihrem vaterlosen Schicksal abfinden, treibt Frauen die wiedererwachte Sehnsucht eher zur Aktivität. Dabei entwickeln sie oft kriminalistische Fähigkeiten, welche die grundsätzliche Frage aufwerfen, ob Frauen kreativer mit der Bewältigung des Traumas der Vaterentbehrung umgehen als Männer. Das ist bisher nie untersucht worden, so dass wir hierbei nur auf Vermutungen und Indizien angewiesen sind.

Aus der Kreativitätsforschung ist bekannt, dass jede Form schöpferischer Tätigkeit für viele Menschen den Versuch darstellt, ihr traumatisch verletztes Selbstgefühl und ihr beschädigtes Ich aus dem Chaos der durcheinander geratenen Trieb- und Gefühlswelt zu befreien und ihnen eine neue Ordnung zu geben. Deswegen erfolgt heute in allen Bereichen der therapeutischen und psychosozialen Praxis, in denen traumatisierte Patienten behandelt und betreut werden, die fachliche Anleitung zur Kreativität.

Zu vermuten ist, dass Frauen kreativer mit der Verarbeitung der Vaterentbehrung umgehen als Männer, weil ihre Abwehrmechanismen weniger verfestigt und damit durchlässiger für unbewusste Gefühlsprozesse sind, aus denen sich der schöpferische Akt hauptsächlich speist. Auch ohne wissenschaftliche Überprüfung lehrt die Erfahrung, dass vaterlose Frauen häufiger als Männer singen, tanzen, musizieren, Tagebücher, Briefe, Gedichte oder Geschichten schreiben, Gärten anlegen, ihre Wohnräume phantasievoll entwerfen oder in anderer Weise ihren Gestaltungswillen ausdrücken. Von zahllosen Schriftstellerinnen, die vaterlos aufwuchsen oder ihren Vater während der Kindheit verloren, behaupten die Biographen, dass ihr Werk teilweise oder gänzlich unter dem Vorzeichen stand, die Vaterentbehrung durch das Schreiben kreativ zu bewältigen. Die berühmtesten unter ihnen sind Sylvia Plath, Ina Seidel, George Sand, Lou Andreas-Salomé, Tania Blixen, Anaïs Nin, Marguerite Duras, Hannah Arendt und Agatha Christie.

Neben musischen und geistigen Ausdrucksmöglichkeiten verfügen Frauen über eine schöpferische Potenz, die sie wesentlich besser als Männer mit einem traumatischen Schicksal versöhnen und ihr seelisches Gleichgewicht finden lassen kann: ihre elementar-naturhafte Fähigkeit, neues Leben zu gebären. Nach meiner Erfahrung werden vaterlose Frauen durch den Schöpfungsakt der Geburt in ihrem Selbstbild als Frau und Mutter in einer Weise stabilisiert, die das Trauma der Vaterentbehrung zwar nicht ungeschehen macht, aber soweit heilt, dass eine erfüllte Lebensgestaltung möglich wird.

Zu einer speziellen Form der Kreativität von Frauen gehört auch ihre weitaus größere Neigung als die von Männern, soziale Netze zu knüpfen und in diesem Stützwerk Hilfe bei der Verarbeitung belastender Probleme zu finden. Frauen unterhalten nicht nur engere Bindungen zur nahen und fernen Verwandtschaft, besonders zu den Geschwistern und Halbgeschwistern, sie pflegen auch häufigere und intimere Freundschaften, besonders zu anderen Frauen. Die seelische und lebenspraktische Unterstützung durch Freundinnen bildet einen Schatz unversiegbarer Kraftreserven, der auch die Bewältigung eines vaterlosen Schicksals wesentlich erleichtert.

Das geschilderte Spektrum an kreativen und sozialen Kompetenzen scheint mir eine entscheidende Erklärung für den durchgängigen Befund der Forschung zu liefern, nach dem Mädchen und erwachsene Frauen, gemessen an der Gesamtheit von Persönlichkeitsmerkmalen und Lebensperspektiven, weniger einschneidend vom Vaterverlust betroffen sind als Jungen und erwachsene Männer. Hinzu kommt, dass bei Frauen der tragende Pfeiler ihrer weiblichen Identität, die Mutter, erhalten bleibt.

Allerdings gelten hier deutliche Einschränkungen für vaterlose Frauen, deren Mütter bei der Geburt sehr jung und meist unverheiratet sind, deren Schwangerschaft gewaltsam zustande kommt, die den Erzeuger kaum kennen, häufig wechselnde Partnerschaften eingehen, mehrere Kinder von verschiedenen Erzeugern haben oder aus anderen Gründen ein höchst negatives Männerbild, meist auch ein selbstdestruktives Eigenbild entwickeln. Sehr oft geraten solche Mütter in soziale Notsituationen, die sie zwingen, ihre Kinder zeitweilig oder für immer zur Adoption freizugeben, von Großeltern oder anderen Verwandten erziehen zu lassen oder, schlimmstenfalls, in Heimen unterzubringen.

Durch ein negatives Männerbild und ihre eigene Instabilität, die diese Mütter ihren Töchtern von früh an vermitteln, wachsen sich für diese die »broken-home«-Situation und die ungünstigen Lebenserfahrungen zu kumulativen Traumata aus, die seelische, geistige und soziale Reifungsprozesse einschneidender beeinflussen können als der Vaterverlust selbst.

Da die weibliche Verarbeitung von unlösbaren Konflikten grundsätzlich stärker nach innen verläuft, während die männliche, besonders in Kindheit und Pubertät, mehr durch ein »acting out« geprägt ist, verwundert es nicht, von vaterlosen Frauen gehäuft von seelischen Symptomen und psychosomatischen Erkrankungen seit der Kindheit zu hören. Ängste, Depressionen, Kontaktstörungen, Essprobleme wie Magersucht, Fettsucht oder

Bulimie, selbstverletzendes Verhalten, Selbstmordversuche, Migräne und viele andere seelische und körperliche Beschwerden sind ab der Pubertät oft mit Sexualängsten, Partnerproblemen und einem brüchigen weiblichen Identitätsgefühl kombiniert. Vaterlose Mädchen sind eher durch sexuellen Missbrauch und als junge Frauen, wie unter einem Wiederholungszwang, durch ungewollte Schwangerschaften gefährdet. Es handelt sich hierbei, wie die Traumaforschung formuliert, um die transgenerationale unbewusste Weitergabe eines Traumas von Generation zu Generation.

Zum Glück entwickeln solche Frauen viel häufiger als Männer einen Leidensdruck, der sie in eine Therapie führt, zu Frauen- und Selbsthilfegruppen zusammenschließt oder ihnen in der spirituellen Auseinandersetzung mit ihrem Leben und sich selbst eine Befreiung von den Dämonen ihrer Vergangenheit ermöglicht und eine neue Gewissheit darüber vermittelt, wer sie sind und wohin ihr Weg sie führen soll. Dann ist eine produktive Bewältigung des Traumas der Vaterentbehrung gelungen.

Das Schweigen der Mütter

»Ich war also niemand.«
Beatrix, Leipzig, geboren 1942

Auf einem Kinderbild lächelt Beatrix skeptisch den Betrachter an; ein niedliches kleines Mädchen, auffallend ihr dichtes, dunkelblondes Haar. Damals thronte ein dicker Dutt auf ihrem Kopf, heute trägt sie es kurz geschnitten. Beatrix wirkt immer noch abwartend und zurückhaltend. Sie beobachtet genau, überlegt in Ruhe, bevor sie ein Urteil fällt. Wer sie länger kennt, schätzt ihren leisen Humor, ihre Gabe, im Kleinen das Besondere zu entdecken und sich daran zu erfreuen. Sie bekommt seit Jahren Rente, weil sie an Asthma leidet.

Ohne dass es meine Mutter je ausgesprochen hätte, ließ sie mich ihr Leben lang den Vorwurf spüren, dass ich überhaupt auf der Welt bin. Nie hat sie sich groß um mich gekümmert. Gleich nach meiner Geburt übergab sie mich meinen Großeltern. Sie hat mich sogar vor ihren Kolleginnen verleugnet. Damals absolvierte sie ihr sogenanntes Pflichtjahr in der Leipziger Frauenklinik.

Als examinierte Krankenschwester zog sie ins Erzgebirge. Wenn sie uns in Leipzig besuchte, brauchte ich nicht in die Schule zu gehen, sie nahm mich mit in die Stadt zum Schaufensterbummel. Mich hat sie dabei kaum beachtet, ich zottelte an ihrer Hand hinterher. Sie hat nie gefragt, wie es mir geht, was ich in der Schule mache, wie es mit Mutter ist – ich habe meine Oma Mutter genannt –, das hat sie alles nicht interessiert. Damals machte ich mir keine Gedanken, ich kannte es ja nicht anders, aber im Unterbewusstsein wirkt so etwas fort.

Die ersten Jahre, als mein Opa noch lebte, waren schön. Mein Opa war gut zu mir, einen Vater habe ich überhaupt nicht vermisst. Er starb, als ich in die Schule kam, und dann fing auch mein Asthma an. Das hatte wohl alles miteinander zu tun. Auch war die Wohnung feucht, voller Schimmelpilze, so dass ich dazu noch eine Allergie bekam. Aber was wusste man denn damals von Schimmelpilzen und Allergien. Und Medikamente gegen das Asthma gab es auch schwer. Saß ich nachts im Bett und japste, stöhnte meine Oma: Geht das schon wieder los! Und ich fühlte mich schuldig, weil ich meine Oma nicht schlafen ließ, wo sie es doch so schwer hatte.

Ich hing sehr an meiner Oma, aber die hatte ja schon fünf Kinder großgezogen und weder Kraft noch Nerven für mich sechstes. Ihre beiden Jüngsten sind mit mir aufgewachsen, und die erzogen auch noch an mir rum. Das Geld reichte vorne und hinten nicht, meine Mutter hat ihr für mich keines gegeben. Einmal kam ich in die Küche gerannt und wedelte einen Topf mit kochendem Wasser vom Herd – nicht nur, dass ich voller Brandwunden war, meine Oma hat mich obendrein noch verdroschen. Heute ist mir klar: Die Verantwortung war zu viel für sie, sie ist einfach durchgedreht.

In der Schule wurde mir bewusst, was mir fehlte. Hatten andere Kinder ein Problem, kamen Mutter oder Vater in die Schule, und selbst wenn das Kind Unrecht hatte, standen die Eltern hinter ihm. Darum habe ich sie beneidet – für mich hat sich nie jemand eingesetzt. Meine Oma war damit total überfordert. Trotzdem denke ich gern an die Zeit zurück.

Zu Beginn der fünften Klasse, ich war elf, holte mich meine Mutter zu sich ins Erzgebirge. In der guten Luft verlor sich zwar das Asthma, aber die Atmosphäre war kalt. Bei meiner Mutter war alles wie geleckt, die ganze Wohnung aseptisch, clean. Das Wohnzimmer wurde abgeschlossen – ich hätte ja die Couch abnutzen können. Ins Schlafzimmer durfte ich auch nicht, also blieb nur die Küche. Es gibt Schlimmeres, aber ich habe eben gespürt, wie viel ich ihr und ihrem neuen Mann wert war. Ich schlief neben dem Küchentisch. Mein Bett, eine Matratze auf Ziegelsteinen, schaukelte bei jeder Bewegung wie im Wind – es war ja eine andere Zeit, das kann man schon entschuldigen. Aber mein Stiefvater frühstückte früh um fünf neben mir. Ich habe ihn gehasst wegen der Geräusche, die er dabei machte: Der Löffel ratschte innen um den Rand der großen Tasse, wenn er sie zum Mund führte, und wenn du jemanden nicht leiden kannst, stört dich jedes Geräusch, sogar das, was er beim Kauen macht.

Ihn störte wohl auch viel an mir. Wenn nur am Nachthemd ein Knopf fehlte, was doch völlig unwichtig ist, haben die beiden ein Fass aufgemacht. Bei den geringsten Vergehen bekam ich wochenlangen Hausarrest oder sie haben nicht mit mir gesprochen. Natürlich habe ich genascht, Grieß oder Zucker – ich bekam einmal im Monat ein paar Bonbons und hungerte nach Süßigkeiten.

Der Mann arbeitete im Uranbergbau, meine Mutter in der Poliklinik, sie verdienten für damalige Verhältnisse gutes Geld. Aber nie haben sie mir mal neue Sachen gekauft. Ich musste das Gelumpe von meiner Mutter auftragen. Das passte in etwa, sie war sehr schlank, und ich ging schon ein bisschen in die Breite. Sie hatte zwar schöne Sachen, aber ich hätte mich auch mal über was Neues gefreut.

In der Schule bin ich ganz gut zurechtgekommen. Nur erschien meine Mutter zu keinem Elternabend, und sie holte mich nie ab, wenn ich aus dem Ferienlager kam. Das war das Allerschlimmste: Ich kam nach zwei Wochen heim, die Wohnung war picobello aufgeräumt, aber nicht mal ein Wiesensträußchen auf dem Tisch, kein Zettel für mich, das Wohnzimmer abgeschlossen – ich gehörte eben nicht dazu, lebte nebenher. Da ist mir richtig bewusst geworden, wie sehr mir Zuwendung und ein Halt fehlten. Ich wollte mich umbringen. Die Winter im Erzgebirge waren schwer und hart, ich hatte die Idee, mich in den Wald zu setzen und einschneien zu lassen. Da war ich in der achten Klasse. Vielleicht hielt mich ein Junge davon ab, der für mich schwärmte – dem ich jedoch keine weitere Beachtung schenkte, meine Mutter hätte mir die Hölle heiß gemacht, wäre ich mit einem Jungen gesehen worden. Vielleicht war es aber auch die neue Schule, in der ich die Mittlere Reife machte und die mich in Anspruch nahm.

Auf diesem Zeugnis las ich zum ersten Mal: Tochter des Kaufmanns Artur Brenner. Ich fragte meine Mutter: Wer ist denn das?

Ich höre sie noch, wie sie mit einer Stimme, die jede weitere Frage erstickte, verkündete: Das geht niemanden was an!

Ich war also niemand. Was ihr unangenehm war, sagte sie in einer so verletzenden Art, dass ich gleich verstummte. Und darauf folgte meist: Hach, sei doch nicht schon wieder eingeschnappt!

Oder: Reiß dich zusammen! Diese Worte sind mir unvergesslich. Die haben mich geprägt fürs Leben: Ich habe nie gekämpft, habe immer gedacht, die anderen hätten Recht.

In Leipzig lernte ich Drogistin, es fand sich keine andere Lehrstelle. Ich wohnte abwechselnd bei meiner Oma und bei meiner Tante und deren Mann. Einmal sagte die Tante plötzlich: Na, dein Vater soll ja schizophren gewesen sein. Das kam ohne Vorwarnung, ohne Einleitung – ich war völlig perplex, dass überhaupt jemand etwas über meinen Vater wusste. Ich hörte nur noch: Die haben ihn umgebracht.

Und plötzlich kam mir eine Erinnerung: Ich fuhr mit meiner Mutter im Zug nach Apolda, dort gingen wir einen Berg rauf, es gab einen Fluss, wir kamen zu einem Eckhaus mit der Nummer eins. Mehr konnte ich nicht lesen, ich war erst fünf. In einer Wohnung unterhielt sich meine Mutter längere Zeit mit einer älteren Frau, die sehr lieb zu mir war. Worüber die beiden redeten, weiß ich nicht. Plötzlich begann diese Frau furchtbar zu weinen, sie konnte sich kaum beruhigen. Sehen Sie, sagte sie und zeigte auf eine Violine, die an der Wand hing, das ist das Einzige, was mir von ihm geblieben ist, dann haben sie ihn umgebracht.

Meine Mutter hat mir weder damals noch später etwas erklärt. Ich habe alles ohne sie herausgefunden.

Die alte Frau war meine Großmutter, der, den sie umgebracht hatten, mein Vater. Er ist im nahe gelegenen KZ Buchenwald dem Euthanasieprogramm der Nazis zum Opfer gefallen.

Als mir dann noch diese Violine einfiel, hat mich das sehr für ihn eingenommen. Lange, bevor ich wusste, dass mein Vater musiziert hatte, war Musik für mich zum Lebenselixier geworden. Meine Mutter hörte zwar auch Musik, aber sie hat sie nicht so gebraucht wie ich, sie hat mehr gelesen. Ich hingegen brauche Musik wie Luft, wie Brot. Dass Musik hilft und heilt, was ich viel später in der Therapie gelernt habe, erfuhr ich damals intuitiv: Beethoven, Chopin, Mozart, Brahms, italienische Opern ... Ich habe mich immer, auch später, nach einer Enttäuschung mit einem Mann, in die Musik geflüchtet.

Nachher habe ich erfahren, dass die Familie meines Vaters in Apolda eine Strickereifirma hatte, wie es dort etliche gab, die dann von den Russen enteignet wurde. Und dass mein Vater in einem Laienorchester gespielt hat, mit dem er viel herumkam.

So hat er wohl auch meine Mutter kennen gelernt. Und ich habe erfahren, dass er verheiratet und Vater zweier Kinder war. Aber hätte ich das meiner Mutter übel nehmen können? Niemals! Es war doch Krieg, niemand wusste, was am nächsten Tag sein würde.

In jener Zeit, ich war 16, 17, las ich alles, was ich über diese Krankheit finden konnte. Ich wollte wissen, ob sie vererbbar ist. Besonders in jener Zeit habe ich mich so haltlos gefühlt, schrecklich allein. Nirgendwo habe ich hingehört, niemand hat mich gebraucht. Ich sehnte mich nach einem Menschen, dem ich vertrauen konnte. Es ging so viel in mir vor, und ich konnte mit niemandem reden.

Als ich nach dem Tod meiner Mutter ihre Wohnung aufräumte, habe ich ein Bild meines Vaters gefunden. Ein einziges. Das bewahre ich auf. Er sah gut aus, ein sensibles, schmales Gesicht, ein schöner Kopf. Ich war richtig stolz auf ihn. Ja, das Sensible habe ich wohl von ihm. Sensitiv, aktiv und dynamisch, so hat mich mal ein Therapeut charakterisiert. Das Dynamische in mir ist oft unterdrückt worden, ich war sehr gehemmt, mit mehr als drei Leuten auf einmal habe ich nicht geredet. Das Hypersensible hat meine Tochter geerbt. Leider auch die Schizophrenie ihres Großvaters. Sie hat lange in ihr geschlummert, meine Tochter war ein schwieriges Kind, ausgebrochen ist die Krankheit, als sie Mitte dreißig war. Bis zum Schluss hat meine Mutter ein Gespräch über meinen Vater kategorisch abgelehnt. Nicht mal über meine Tochter konnte ich mit ihr reden. Meine Mutter hat die Krankheit abgetan: So ein Quatsch! Sie war eine wirklich gute Krankenschwester, aber einen solchen Zusammenhang wollte sie nicht wahrhaben.

So sehr mir ein Vater als Halt fehlte, so sehr auch als Orientierungsmöglichkeit. Ein männliches Vorbild, auch das Vorbild einer Partnerschaft, gab es nicht, abgesehen von den wenigen Jahren mit meiner Mutter und deren Mann. Als mein erster Freund nach einem Vierteljahr mit mir Schluss machte, weil ich nicht mit ihm schlafen wollte und konnte – ich musste doch erst Vertrauen fassen –, habe ich mich unglaublich verraten gefühlt. Das ging mir noch ein paarmal so, aber es lag ja an mir: Ich habe immer nach Sicherheit gesucht, doch fasziniert haben mich die, bei denen was los war, die Dynamischen, Flotten. Die waren zwar interessant, aber Sicherheit bekam ich bei denen nicht. Ich wollte nur eines: eine Familie haben und endlich irgendwo ankommen.

Meinen ersten Mann lernte ich mit 18 kennen. Die Ehe dauerte vier Jahre. Ich habe mir viel gefallen lassen, aber Untreue konnte ich nicht ertragen. Er war noch ein Kind und ich total hinterm Mond. Niemand hatte mir erklärt, wie man die unfruchtbaren Tage ermittelt, ich hatte mich völlig verrechnet und wurde gleich schwanger. Als wir heirateten, besaß ich einen Wecker und drei kleine Frotteehandtücher. Aber so fingen ja viele an, und ich habe gelernt, aus Nichts was zu machen.

Dann habe ich 13 Jahre mit meiner Tochter allein gelebt.

Nach meiner letzten Therapie habe ich meinen zweiten Mann kennen gelernt. Er sagte damals, er hätte mich gern schon getroffen, als ich 17 war, aber damals hätte ich ihn wohl nicht angeguckt. Ich musste ihm Recht geben. Er ist grundsolide – bei ihm habe ich endlich gefunden, was ich immer gesucht habe. Aber bis ich soweit war ... Nun sind wir schon 25 Jahre verheiratet.

Wie wäre ein Leben mit meinem Vater gewesen? Nachdem ich über seine Krankheit viel gelesen habe und meine Tochter sie geerbt hat, stelle ich es mir schwer vor. Das ist die rationale Seite. Vom Gefühl her hätte ich ihn mir in mein Leben gewünscht. Vielleicht wäre dann beruflich was aus mir geworden. Die Lehre habe ich nicht beenden können, ich war zu häufig krank und hatte massive Probleme mit mir. Dadurch fühlte ich mich unglaublich minderwertig. Ich habe in einer Stanzerei gearbeitet und nicht mal das besonders erfolgreich. Erst als ich einen neunmonatigen Lehrgang an der Kammer der Technik abgeschlossen hatte, traute ich mir zu, einen Beruf zu lernen. Ich wurde Industriekauffrau. Ehrlich, das war nicht das, was ich wollte. Doch dass ich diesen Abschluss gut geschafft habe, war für mich unendlich wichtig, das hat mir sehr gut getan. Ich hätte eben jemanden gebraucht, der hinter mir steht, der mich lobt. Das beflügelt einen doch.

Ich hatte immer einen Traum: Es ist Sonntag, meine Mutter hat im Hause zu tun, sie kocht, und ich gehe mit meinem Vater in den Wald, er erklärt mir alles Mögliche. Er lehrt mich Rad fahren, schwimmen, liest mir Geschichten vor, spornt mich an, wenn meine Leistungen in der Schule nicht so gut sind, lobt mich, wenn mir etwas gelungen ist. Er hat mich sehr lieb und sagt mir häufig, er sei froh, dass es mich gibt.

»Die einzige Angabe meiner Mutter, die stimmt, ist mein Geburtsdatum.«
Astrid, ein kleiner Ort bei Aachen, geboren 1943

Astrid hat grüne Augen und schwarze Haare. Sie zeigt Fotos ihrer Eltern: der Vater in Uniform, ein schönes, fast noch kindliches, sensibles Gesicht mit hellem Sehnsuchtsblick, gerade 19 Jahre alt; die Mutter zwei Jahre älter, im eleganten, hochgeschlossenen Kleid, mit einem harten Zug um den Mund. Beide so dunkelhaarig wie Astrid und damit weit entfernt vom Ideal der »arischen Rasse«. Astrid ist ein Lebensborn-Kind.

Zum Lebensborn e. V., einem Lieblingsprojekt Heinrich Himmlers, gehörten Geburtshäuser und Kinderheime. Bis 1944 entstanden rund 20 Lebensborn-Heime im Deutschen Reich und in den besetzten Gebieten. Das Ziel: die Geburtenrate zu erhöhen und hilfsbedürftige Mütter und Kinder »guten Bluts« zu unterstützen. Die meisten der dort Gebärenden waren ledig. Da den Heimen Standesämter und polizeiliche Meldestellen angegliedert waren, konnte die Entbindung vor der Heimatgemeinde der Mütter geheim bleiben. Im Verlauf des Krieges, als viele junge Männer fielen und die »arische Elite« nicht rasch genug wuchs, wurden blonde, blauäugige Kleinkinder in den besetzten Gebieten entführt, in den Heimen eingedeutscht, an Pflegestellen vermittelt oder adoptiert. Nur wenige konnten nach dem Krieg identifiziert und ihren Eltern zurückgegeben werden. Und viele der im Lebensborn Geborenen suchen noch heute nach ihren Wurzeln.

Ich bin in Łódź geboren, in Polen. So stand es in meinem Kinderausweis und so steht es heute noch in Pass und Personalausweis. Wo ich die ersten Jahre meiner Kindheit verbrachte, weiß ich nicht. Meine Erinnerungen setzen ein, als ich mit etwa vier Jahren bei meiner Großmutter in der Nähe von Wittenberg lebte.

Und ich war etwa fünfeinhalb, als mich mein Onkel nach Hannover zu meiner Mutter brachte. Sie arbeitete in einer Villa bei englischen Offizieren, hatte dort ein Zimmer und war mit einer weiteren Frau dafür zuständig, die Zimmer zu putzen und das Frühstück zu bereiten. Mein Onkel betrat mit mir die Diele der Villa, meine Mutter kam die Treppe herunter, blieb auf halber

Höhe stehen und sagte: Astrid, komm! Ich aber klammerte mich am Hosenbein meines Onkels fest. Daraus schließe ich, dass sie mir sehr fremd war.

Ich habe dann mit dort gewohnt und gehe davon aus, dass ich auch mit ihr in einem Bett geschlafen habe. Meine Mutter ermahnte mich ständig, leise zu sein, um die Offiziere nicht zu stören. Von ihnen bekam ich gelegentlich Schokolade geschenkt.

Dann lernte ich Onkel Werner kennen, mit ihm zogen wir im Dezember 1948 in ein Zimmer, das meine Mutter und er zugewiesen bekamen. Onkel Werner sollte nun mein Papi sein, und ich freute mich auf eine Hochzeit. Aber meine Mutter sagte, ich dürfe niemandem etwas davon erzählen, sonst würden die Leute denken, wir machten ein Fest und müssten alle einladen. Dazu hätten wir aber kein Geld. Heute sage ich mir, es sollte von Anfang an der Anschein erweckt werden, ich sei das legitime Kind, und wir seien eine richtige Familie.

Zu Weihnachten fuhren wir zu den Eltern meines neuen Vaters, wo ich einen Schlitten geschenkt bekam. Bei der Rückreise, am Bahnhof, war fürchterliches Gedränge, mein Stiefvater hielt mich an der Hand. Für wenige Minuten, vielleicht auch nur den Bruchteil einer Sekunde, hatte ich seine Hand verloren und war mir plötzlich nicht mehr sicher, ob ich noch neben den Leuten lief, zu denen ich gehörte. Viele Männer trugen damals karierte Mäntel, einige auch einen Schlitten auf dem Rücken. Dann habe ich ganz klar überlegt: Wenn es die sind, zu denen ich gehöre, wissen sie ja, wer ich bin. Wenn nicht, müssen sie mich danach fragen. Dieses Erlebnis ist mir erst später bewusst geworden, und ich finde es heute noch schrecklich.

Ich kann mich nicht erinnern, dass meine Mutter zärtlich zu mir war. Mein Stiefvater war gut zu mir, aber er durfte es nicht zeigen, nur nach außen – er hat zum Beispiel alle meine Zeugnisse unterschrieben. Er war stolz auf mich, ich war seine Große. Auch später hat er mich nie gegenüber meinen beiden jüngeren Schwestern, seinen leiblichen Töchtern, benachteiligt. Aber Mutter stand immer ganz stark zwischen ihm und mir. Laut Aussage meiner Mutter taugte mein Stiefvater zu gar nichts. Meine Schwestern haben die Eltern gegeneinander ausgespielt, wie das Kinder tun – auf die Idee wäre ich nie gekommen, für mich war allein meine Mutter zuständig.

Einmal war ich in einem Kinderheim in Braunlage. Die meisten Kinder weinten abends vor Heimweh, nur ich fühlte mich so wohl wie selten zuvor. Damals entstand mein Wunsch, Erzieherin in einem Kinderheim zu werden. Mit meiner Berufswahl habe ich mich das einzige Mal gegen meine Mutter durchgesetzt, denn sie wollte, dass ich Drogistin werde – meine dunklen Haare würden so gut zu einem weißen Kittel passen.

Als wir mit dem Bus heimfuhren und alle Kinder in Hannover ihren Eltern oder Großeltern in die Arme sprangen, blieb ich sitzen. Meine Mutter rief: Astrid, nun komm doch! Aber ich wollte wieder zurück. Noch als ich erwachsen war, warf sie mir vor, ich hätte ihr damit Schreckliches angetan, statt sich Gedanken zu machen, warum das Kind lieber im Kinderheim sein wollte als zu Hause.

Meine Mutter hat mich nicht erzogen, sondern dressiert. Sie brauchte mir, noch als ich fast erwachsen war, nicht zu sagen: Räum bitte den Tisch ab. Sie guckte mich an, dann das Geschirr, und ich wusste, was zu tun war. Ich war total angepasst. Habe nie etwas getan, von dem ich auch nur vermutete, dass es meiner Mutter nicht gefallen könnte. Und ich habe niemals etwas in Frage gestellt.

Mit 13, 14 bekamen wir in der Schule die Hausaufgabe, unseren Lebenslauf zu schreiben. Ich kam mit zittrigen Knien heim, weil ich nicht wusste, wie ich anfangen sollte. Ich trug zwar den Namen meines Stiefvaters, war »einbenannt« worden, wie es damals hieß, wusste aber, dass er nicht mein biologischer Vater ist. Meine Mutter hat mir den Anfang des Lebenslaufs geschrieben, völlig verworrenes Zeug – da las ich zum ersten Mal den Namen meines Vaters. Es war ein deutscher Name. Bis dahin hatte ich geglaubt, er sei Pole, weil ich doch in Łódź geboren war. Aber ich habe mich wieder nicht getraut zu fragen – irgendetwas musste vorgefallen sein, dass ich so panische Angst hatte, genauer nachzufragen. Später, als ich die Konfrontation mit ihr gesucht habe, gab sie mir die Schuld: Ich hätte ja nie gefragt.

Einmal schickte mich meine Mutter zu einer Bekannten, um einen großen, braunen Briefumschlag abzuholen. Zu Hause zog sie ein Foto aus dem Umschlag und sagte: Das schenke ich dir, das ist dein Vater. Mehr nicht. Und ich fragte wieder nicht. Ich wusste nur, dass er gefallen war.

Die nächste Konfrontation gab es, als ich 24 und berufstätig war. Ich wohnte mit einer Freundin zusammen in Köln, und meine Mutter hatte ihren Besuch angekündigt. Da kam meine Freundin ganz aufgeregt an: Deine Mutter hat angerufen, sie hat Kontakt zur Familie deines Vaters aufgenommen und will mit dir nach Bad Kreuznach zu dieser Familie fahren. Aber sag bloß nicht, dass ich dir das erzählt habe!

Als es am Samstagmittag klingelte, dachte ich, es sei meine Mutter, aber es kamen völlig fremde Leute die Treppe hoch: Guten Tag, Astrid, ich bin Onkel Walter, das ist Tante Toni, das sind Hartmut und Rainer.

Ich habe nicht mal die Kraft gehabt zu sagen: Ich weiß gar nicht, wer Sie sind. Ich habe nur artig gelächelt und ja und nein gesagt. Dann kam meine Mutter und jubelte: Der Walter! Sie flog ihm in die Arme. Und sie hat mit keinem Piep erwähnt, dass das die Familie vom Bruder meines Vaters war. Nicht mal die Schwester meiner Mutter, die mit ihr gekommen war, wusste von Walters Existenz.

Ich war 31, als ich heiraten wollte. Dazu brauchte ich meine Geburtsurkunde. Ich schrieb nach Łódź, wo es keine Eintragung über meine Geburt gab. Ich erzählte meiner Mutter davon – und höre heute noch ihren spitzen Tonfall: Das verstehe ich aber nicht. Sie ließ mich weitere Anfragen an Berliner Standesämter schreiben, und auch die blieben ergebnislos.

So musste ich eine eidesstattliche Erklärung abgeben, dass ich existiere, dann konnten wir heiraten. Meine Mutter hatte auch keine Taufbescheinigung, die sei in den Kriegswirren verloren gegangen, behauptete sie und unterschrieb dann eine entsprechende eidesstattliche Erklärung. Standesamtlich haben wir in Köln geheiratet, die kirchliche Trauung fand in der Schweiz statt. Ich war dorthin als Kind für drei Monate vom Roten Kreuz verschickt worden und habe da meinen geliebten Onkel Charly kennen gelernt. Ihn hätte ich gern als Vater gehabt. Er und meine Gasteltern, die sich für mich ein Bein ausgerissen hätten, waren bei der Trauung dabei, von meiner näheren Verwandtschaft keine Socke.

Ich hatte auch Onkel Walter und Tante Toni eingeladen und ihnen von der fehlenden Taufbescheinigung erzählt. Sie zeigten sich total erstaunt: Aber du bist doch in Hannover getauft worden! Ich verstand das nicht. Onkel Walter gab mir auch eine Heimkostenabrechnung und meinte, ich sei über ein halbes Jahr in einem Heim gewesen.

Nach unserer Rückkehr wollte ich meine Mutter zur Rede stellen. Ich musste mir wirklich mit einem Schnaps Mut antrinken. Es wurde ein ganz schreckliches Gespräch. Ich fragte sie: Sag mal ganz ehrlich: Bin ich getauft worden? Sie hing fast unter der Decke vor Empörung. Na selbstverständlich! Sie beschrieb genau, welches Kleid sie damals getragen habe. Aber im Laufe ihrer Rede bin ich dreimal und immer an einem anderen Ort getauft worden.

Und war ich in einem Heim?

Ich habe dich nie alleine gelassen! Selbst als du fünf Wochen alt und sehr krank warst und nach Wien ins Krankenhaus musstest, bin ich mit dir gegangen.

Mutter, das kann doch nicht sein! 1943, als Bomben fielen, bist du doch nicht mit einem Säugling von Łódź nach Wien in ein Krankenhaus gefahren!

Da sagte sie pikiert: Wieso? Du bist doch bei Wien geboren.

Ich war so geplättet, das hat mir wirklich den Boden unter den Füßen weggezogen. Da wurde mir auch klar, dass ich aus Łódź keine Geburtsurkunde bekommen konnte. Meine Mutter muss zwar eine Zeit lang in Łódź gewohnt haben, aber geboren bin ich dort nicht. Spätestens als ich die Geburtsurkunde verlangte, hätte sie doch sagen können: Mädchen, jetzt machen wir mal Butter bei die Fische, und ich erzähle dir alles …

Ich bin tatsächlich im Lebensborn-Heim Wienerwald in Pernitz, westlich von Wien geboren. Aber sie log weiter: Im Krankenhaus in Wien hätte ich von einem Pater die Nottaufe auf den Namen Maria Theresia erhalten. Mein Mann, der Theologie studiert hat, ist sich sicher: Das kann auch nicht sein, denn wenn ein Pater tauft, ist es keine Nottaufe. Ich habe ihr kein Wort mehr geglaubt und Onkel Walter angerufen. Der wusste auch nicht, wo ich geboren worden war. Aber er riet mir, ans Bundesarchiv in Koblenz zu schreiben und nach Unterlagen zu fragen. Dort verwies man mich nach Arolsen an den Internationalen Suchdienst, und die hatten Unterlagen über mich: Ich war also in Wien im Krankenhaus gewesen und meine Mutter war tatsächlich dabei, aber nicht, weil sie eine Übermutter war und ihr Kind so liebte,

sondern weil ich Diphtherie hatte und meine Mutter eine sogenannte Bazillenausscheiderin war.

Als ich später einen katholischen Kindergarten leitete, sprach
ich mit meinem Chef, einem Pastor, darüber. Von ihm erfuhr
ich, dass es auch während des Krieges eine zentrale Stelle gab,
bei der alle Taufen gemeldet sein mussten – doch dort fand
sich keine Eintragung, weder unter dem Namen Astrid, noch
unter Maria Theresia. Man hatte sogar beim Erzmatrikelamt
nachgefragt – vergeblich …

Ein Prälat in Köln, an den ich mich wandte, sagte: Wenn Ihre
Mutter beim Sicherheitsdienst im Warthegau gearbeitet hat, hätte
sie Sie nur im Untergrund taufen lassen können. Vieles sprach
also dafür, dass ich gar nicht getauft worden war.

Mir war die Taufe wichtig – denn ohne hätte auch die Ehe
annulliert werden können. Ich entschied mich also für eine Taufe
und auch gleich für die Firmung.

Mein Chef hat das an einem Abend in der Kirche sehr stim-
mungsvoll gemacht. Fotos von diesem Fest – das wir T-F-E nann-
ten: Taufe, Firmung, Eheschließung, denn auch diese wurde bei
der Gelegenheit wiederholt – klebte ich ins Fotoalbum. Das zeigte
ich meiner Mutter bei ihrem nächsten Besuch mit den Worten:
Du weißt ja, dass ich dir nichts geglaubt habe.

Sie sagte nur: Ach so. Und klappte das Fotoalbum zu.

In jener Zeit wurde im Fernsehen eine Sendung über Lebensborn-Heime angekündigt. Mein Mann und ich setzten uns
vor den Fernseher, ich sagte noch im Spaß: Vielleicht kannst
du Klein-Astrid auf dem Bärenfell sehen – da hörten wir, wie
aus einem Brief zitiert wurde, in dem es um die Kindesmutter
Agnes S. ging. Und plötzlich wurde es bitterer Ernst: Sie habe
im Lebensborn-Heim über Erschießungen von Juden berichtet – was nach Ansicht der Heimleitung wahrlich kein Thema
für werdende Mütter und Wöchnerinnen gewesen sei – und das
keineswegs erschrocken oder bestürzt. Auch später sagte sie, sie
erkenne »jedes Jidele von hinten am Gang«. Außerdem sei Agnes S. ohnehin sehr aufmüpfig, sie würde über das Essen mosern.
Deshalb sei sie aus dem Lebensborn rausgeflogen.

Ich habe eine Kopie dieses Briefes angefordert – es handelte
sich tatsächlich um meine Mutter. Sie musste also das Heim
verlassen, als ich etwa sieben Wochen alt war, und ließ mich

da. Ich weiß nichts über das Personal dort, kann mir aber vorstellen, dass man das Kind einer solchen Zicke nicht besonders gern hatte. Jetzt weiß ich auch, woher meine Verlustängste und Magenschmerzen, meine Magengeschwüre und Gallensteine kommen.

Später habe ich Papiere gefunden, in denen meine Mutter angab, Nationalsozialistin zu sein. Ich glaube, sie war nicht in der Partei – man wollte sie wohl nicht –, aber ich denke, sie hatte sehr gute Beziehungen. Sie war Telefonistin und Fernschreiberin, aber eigentlich kann sie nicht nur das gewesen sein. Was tat sie in Smolensk? Was in Oslo? Sie ist viel gereist und sie sagte oft, die Kriegszeit sei ihre schönste Zeit gewesen. Unter solchen Äußerungen hab ich immer gelitten. Sie hatte nie Hunger wie andere Menschen. Eine Freundin von uns bekam 1943 nicht einmal auf Bezugsschein ein Paar Schuhe, und meine Mutter erzählte von ihren handgearbeiteten Lammfellstiefelchen und Pelzmänteln. Sie kam eigentlich aus einfachen Familienverhältnissen, aber dann lebte sie im Luxus.

Ich habe immer darauf gewartet, dass sie irgendwann einmal sagt: Wie konnte ich nur …? Aber sie ist als Nazisse gestorben; hat sich ständig geärgert, dass früher alle Heil! geschrien und nach dem Krieg niemand dazu gestanden habe. Sie sagte dann: Ich glaub', es gab nur zwei: den Führer und mich.

Als sie aus dem Lebensborn-Heim rausgeflogen war, fiel sie wieder auf die Füße. Sie muss sehr gute Beziehungen gehabt haben, nach den Schriftstücken aus dem Lebensborn-Heim zu urteilen, wäre jede andere weg vom Fenster gewesen. In einem geheimen Fragebogen, der über jede Mutter im Lebensborn-Heim geführt wurde und der nur für den Reichsführer der SS bestimmt war, wird zum Beispiel gefragt: Entspricht die Kindesmutter dem Ausleseprinzip der SS a) rassisch, b) weltanschaulich, c) charakterlich?

Bei meiner Mutter steht: In jeder Beziehung abzulehnen. Als letzter Arbeitgeber ist angegeben: Chef der Sicherheitspolizei und SD.

Es ist erschreckend.

Über ihre Begegnung mit meinem Vater weiß ich nichts. Ich gehe davon aus – das ist vielleicht eine etwas bösartige Sichtweise –, dass ich ein für den Führer gezeugtes Kind bin. Vielleicht mochten sie sich. Vielleicht fanden sie sich auch nur für einen Abend sympathisch – ich glaube nicht, dass da mehr gewesen ist.

Eigentlich habe ich das Thema Vater ausgeblendet. Er befand sich für mich in einer undurchsichtigen Dunstglocke, und mein Stiefvater durfte für mich kein Vater sein. Freundinnen hatte ich nicht. Als meine Schwester geboren wurde, war ich elf, da war meine Kindheit vorbei. Mit dir kann man ja nicht richtig spielen, hörte ich von anderen Kindern, denn ich hatte meine Schwester auf Schritt und Tritt dabei.

Mein Vater war bei der Luftwaffe und ist vom Feindflug nicht wiedergekommen – aber er ist nicht gefallen. Meine Mutter behauptete immer, sie wollten heiraten. Es wäre eine Ferntrauung möglich gewesen, aber mit einem Stahlhelm, der symbolisch anstelle des Mannes gestanden hätte, habe sie nicht heiraten wollen. Ich sagte ihr, dass sie lüge, denn ich besitze das Testament meines Vaters, das er im November 1942 geschrieben hat – da war meine Mutter schwanger – und das er im Mai 1943 hinterlegt hat – da war ich schon geboren. Darin steht, dass er sein Hab und Gut an seine Mutter und seine Geschwister aufteilt. Bei einer Heiratsabsicht hätte er Frau und Kind abgesichert. Er hat wohl die Vaterschaft anerkannt, mehr aber nicht.

Meine Mutter hingegen erzählte: Als mein Vater vom Feindflug nicht zurückgekommen sei, habe man seiner Mutter die Papiere und Briefe meines Vaters zukommen lassen. Daraus habe sie von »unserer Astrid« erfahren, woraufhin sich meine Großmutter in den Zug gesetzt habe und zu uns nach Wittenberg gefahren sei, um ihr erstes Enkelkind zu besuchen. Sie habe an meiner Wiege gesessen und immer wieder gesagt: Mein Bub, mein Bub! Auch das stimmt nicht, denn ich war bis August 1943 im Lebensborn-Heim Wienerwald.

Und Onkel Walter, dem ich die Geschichte erzählte, sagte, seine Mutter sei nie im Osten gewesen. Sie habe ihm einmal geschrieben, dass eine junge Frau bei ihr geklingelt und gesagt habe: Ich bin die Agnes S. und habe ein Kind von Ihrem Sohn. Woraufhin sie etwas durcheinander gewesen sei und ihren Sohn Walter gebeten habe, Kontakt zu ihr aufzunehmen.

Ich nehme an, meine Mutter hat mich im Lebensborn-Heim bekommen, weil ihre Herkunftsfamilie von ihrer Schwangerschaft nichts wissen sollte. Mir erzählte sie allerdings von einem tollen Verhältnis zu ihrer Mutter – und gleichzeitig, dass meine Großmutter erst von meiner Existenz erfahren habe, als ich laufen und »Omi« sagen konnte. Auch diese Lügen habe ich erst mit 40 Jahren in Frage gestellt! Ich glaube nicht, dass die Großeltern wussten, wer der Vater ist. Wer weiß, was meine Mutter ihnen erzählt hat.

Nachdem ich so spät erst das ganze Lügengebäude meiner Mutter eingerissen habe, hatten sie und ich lange Zeit keinen Kontakt mehr. Bis sie einen Schlaganfall bekam und ich als liebe Tochter zu ihr gefahren bin.

Durch den Schlaganfall meiner Mutter sind wir drei Schwestern zusammengewachsen. Das war für sie sehr schwer, denn sie hat immer einen Keil zwischen uns getrieben – eine von uns dreien blieb immer draußen. Nun aber kam sie nicht mehr zwischen uns. Die letzten fünf Jahre waren hart für sie. Durch den Schlaganfall war sie behindert – ich glaube, hätte sie Krebs gehabt, wäre das für sie nicht so schlimm gewesen, wie im Rollstuhl zu sitzen. Meine jüngste Schwester hat einen behinderten Mann geheiratet, das war für meine Mutter die Katastrophe schlechthin. Und nun saß sie selbst im Rollstuhl.

Mein Mann hat ihr oft gesagt, er würde ihr das Mutter-Sein völlig absprechen. Aber auch das blieb bei ihr ohne Eindruck. Sie hat bis zuletzt bei klarem Bewusstsein gelebt, und es kam nichts.

Als unsere Tochter noch klein war, haben wir ein paarmal mit meiner Mutter zusammen Urlaub gemacht: Meine Familie, meine jüngste Schwester, ihr Mann und sie. Unsere Tochter ging um sieben ins Bett, und wer Lust hatte, kam um neun Uhr wieder an den Esstisch, und wir haben gespielt. Am letzten Abend setzten wir uns zusammen und zogen Bilanz: Können wir so einen Urlaub wiederholen? Wir überlegten, wie es war, und plötzlich kamen wir auf die Vergangenheit zu sprechen. Da habe ich alles, was mich immer schon bedrückte, ausgekotzt und meiner Mutter ihre Lügen vorgehalten. Nachdem ich das losgeworden war, saß sie da, selig lächelnd wie ein satter Säugling, die Hände gefaltet, und sagte: Wie ist es, spielen wir noch was?

Wir standen wie unter Schock, keiner traute sich, nein zu sagen, und haben weitergespielt. Ich dachte immer nur: Das darf doch nicht wahr sein! Mir liefen die Tränen übers Gesicht wie aus einem Brunnen, es hörte gar nicht auf. Ich hatte auch nicht die Kraft aufzustehen.

Als das Spiel fertig war, fragte sie: Spielen wir noch eins?

Erst da habe ich gesagt: Ich kann nicht mehr.

Sie hätte noch die ganze Nacht gespielt, als hätten wir einen reizenden Abend gehabt, und dabei hat sie doch meine Tränen gesehen! Auch am nächsten Morgen saß sie am Frühstückstisch, als sei nichts gewesen: Schöner Morgen, frische Brötchen, duftender Kaffee ... Jeder andere hätte doch die Koffer gepackt und wäre weggefahren! Wenn wir heute darüber sprechen, sind wir immer noch fassungslos.

Das Lebensborn-Heim in Pernitz bei Wien befand sich in einem wunderschönen Haus in einem großen Park, das die Nazis einer jüdischen Familie weggenommen hatten. Heute ist es ein Kurhaus. Einmal bin ich mit meinem Mann hingefahren, wir zeigten der Dame an der Rezeption ein Foto von diesem Haus, auf dessen Rückseite steht: Hier erblickte Astrid das Licht der Welt.

Die Dame fragte sofort: Sind Sie hier geboren?

Sie gab uns zwei fotokopierte Seiten zur Geschichte des Hauses, und wir durften uns überall umsehen. Im dortigen Rathaus fanden wir auch Unterlagen, die meine Geburt in diesem Lebensborn-Heim belegen.

Ich hätte nun endlich eine Geburtsurkunde bekommen können, das würde jedoch eine Lawine nach sich ziehen: Meine Mutter hat mich als Margot Astrid – Margot unterstrichen – eintragen lassen, nannte mich aber Astrid; sie hat mich gemeldet als »gottgläubig«, mir aber erzählt, ich sei getauft. In all meinen Papieren steht als Geburtsort Łódź. Die einzige Angabe meiner Mutter, die stimmt, ist mein Geburtsdatum.

»Für meine Mutter bin ich die Böse.«
Brigitte, Gera, geboren 1952

Bei Brigitte gibt es Torte mit den ersten Erdbeeren aus dem Garten, zum Kaffee versammeln sich ihr Mann, die beiden Töchter, eine mit Freund, um den ovalen Esstisch in der gemütlich eingerichteten Neubauwohnung am Stadtrand. Brigitte ist seit 30 Jahren verheiratet. Sie arbeitet als Verwaltungsfachangestellte, bringt Arbeit, Haushalt, Garten, die Sorge um die alten Eltern unter einen Hut und wirkt dabei attraktiv und gepflegt. Dass in der Familie Harmonie herrscht, ist ihr sehr wichtig.

Ich weiß nicht, wer mein Vater ist, und meine Mutter schweigt. Sie ist 72 und ein Typ, der keine Gefühle zeigt, aber immer sagt, was ihr nicht passt. Sie platzt raus, was ihr in den Sinn kommt – ob das ihre Mitmenschen niederschmettert oder verletzt, scheint ihr egal zu sein. Ich vergesse nie, wie ich sie einmal nach meinem Vater fragte: Sie rastete derart aus, dass ich mir geschworen habe, das Thema ein für allemal ruhen zu lassen.

Das Schlimmste, was sonst passieren könnte? Sie würde das Verhältnis zu mir und meiner Familie abbrechen.

Die ersten Jahre meines Lebens habe ich bei meiner Oma in einem thüringischen Dorf gelebt. Für mich war sie meine Mutter. Ich bin im Oktober 1952 geboren, im November 1953 kam mein Bruder auf die Welt, da war meine Mutter verheiratet. Mich gab es schon, als mein Erzieher sie kennen lernte, demzufolge müsste er eigentlich etwas wissen.

Als ich 13, 14 war, zog ich zu meinen Eltern, war aber fast jedes Wochenende bei meiner Oma auf dem Dorf. Bei meinem Auszug gab mir meine Oma meine Geburtsurkunde, auf der nur der Name meiner Mutter mit ihrem Geburtsnamen stand. Ich fragte meine Mutter, warum kein Vater angegeben sei und warum ich die ersten sechs Jahre ihren Mädchennamen getragen habe. Sie wurde so böse, brüllte und tobte – das hat sich für immer in mein Hirn geprägt. Ich war wütend auf sie, aber auch hilflos. Meinem Erzieher gegenüber – der ja nicht mein Vater war – verhielt ich mich stur. Gab er mir einen Auftrag, ging der zum einen Ohr rein, zum anderen raus. Ich ließ ihn spüren, er habe mir gar nichts zu sagen, er sei nicht mein Vater. Heute weiß ich, es war auch für ihn eine schlimme Zeit, denn er konnte ja nichts dafür. Er hat sich immer Mühe gegeben, verhielt sich sehr neutral, kümmerte sich um meine schulische und berufliche Ausbildung – es gibt wirklich nichts Negatives über ihn zu sagen. Aber damals konnte ich nicht anders.

Für meine Mutter bin ich seither die Böse. Zwischen uns fällt kein Wort zu viel. Ich fühle mich nicht zu ihr hingezogen – aber sie ist meine Mutter. Gibt es mal ein Problem, bei dem mir die Meinung eines anderen Menschen wichtig ist, gehe ich nie zu meiner Mutter. Eher zu meinem Erzieher, er war immer sachlich. Aber auch er hat nie über meine Herkunft gesprochen, hat nie gesagt, warum er mich adoptiert beziehungsweise an Kindes statt angenommen hat. Es ist ein Tabuthema.

Meine Mutter hat mich anders behandelt als meine drei jüngeren Geschwister. Damals habe ich gedacht, es läge daran, dass ich die Älteste bin. Ich wurde mit Aufgaben zugedeckt – auf die anderen wurde immer Rücksicht genommen.

Auch die Eltern meines Erziehers behandelten uns nicht gleich. Sie wohnten an der Ostsee, und während der Grundschulzeit verbrachten wir die Ferien dort. Einmal – es war ja wenig los auf dem Dorf – kam ich später als neun Uhr abends von einer Veranstaltung, da wurde ich nicht mehr ins Haus gelassen und musste auf der Veranda schlafen. Diese Oma hatte eine Schwester im Westen. Wenn ein Paket von ihr kam, wurde ich ausgesperrt, meine Geschwister durften im Zimmer bleiben und mit auspacken. Ich wollte nie dort hinfahren, weil mich geärgert hat, wie sie mit mir umgegangen sind. Es war eine Strafe für mich, bei ihnen die Ferien zu verbringen. Ich fand es hart, dass die Eltern meines Erziehers noch größere Unterschiede zwischen den Kindern machten als meine Mutter. Als sie dann alt und hilfsbedürftig waren, habe ich ihre Kränkungen vergessen, die beiden taten mir einfach leid.

Meine Kinder haben kein schlechtes Verhältnis zu meiner Mutter, aber sie gehen nicht gern zu ihr. Mein Mann akzeptiert die Situation. Er will keinen Stress, Hauptsache, zwischen uns klappt alles.

Natürlich bestärken mich meine Kinder darin, meine Mutter noch mal nach meinem biologischen Vater zu fragen. Warum ich es nicht fertig bringe, zu sagen, du kannst jetzt schreien und toben, so viel du willst, ich muss es wissen? Ich habe Angst davor, dass die Verbindung dann total abbricht. Ich bin ein Typ, der die Familie zusammenhalten will – das bremst mich dann immer.

Ich habe keinerlei Anhaltspunkte, es gibt keine Gerüchte, Hinweise oder Vorstellungen, wer mein Vater sein könnte. Ich weiß nicht mal, wie meine Oma auf die uneheliche Schwangerschaft ihrer Tochter – meiner Mutter – reagiert hat. Meine Oma wusste anscheinend etwas, aber sie ist voriges Jahr gestorben. Ich habe mich geärgert, dass ich sie nie gefragt habe. Ich weiß nicht, warum ich es immer wieder verdrängt habe. Vielleicht will man es erst genau wissen, wenn man älter ist, denkt früher nicht so darüber nach. Jetzt wurmt es mich natürlich. Es gibt nur noch einen Bruder meiner Mutter, die beiden haben aber keine Verbindung. Ich glaube auch nicht, dass er etwas weiß. Ich hatte mal auf unserem Standesamt versucht, etwas herauszubekommen. Das war meine letzte Hoffnung, aber es ist nichts zu finden.

Natürlich möchte ich wissen, wer mein Vater ist oder war. Was hat er für einen Charakter? Was hat er all die Jahre gemacht? Warum hat er sich nicht um mich gekümmert? Wusste er überhaupt von meiner Existenz?

Wäre er einer, der es zu nichts gebracht hat, wie man so schön sagt – auch egal. Für mich wäre die Hauptsache, zu sehen, wer und wie er ist.

Ich sehe meiner Mutter ähnlich. Aber charakterlich ähnele ich ihr überhaupt nicht. Ich bin nicht neidisch, bin zufrieden mit dem, was ich mir leisten kann. Mich stört nicht, wenn jemand mehr hat als ich. Ich versuche, auf meine Kinder einzugehen, wenn sie Probleme haben; poltere nicht so los wie meine Mutter, bin viel ruhiger. Gut, sie hatte nie viel Zeit, weil sie in drei Schichten gearbeitet hat, aber ich habe auch immer gearbeitet und mir Zeit genommen für meine Kinder.

Meine Schwester behauptet, ich sei wie Mutter Teresa. Ich will jedem helfen. Hat jemand ein Anliegen, bin ich da. Alle sagen zwar, das sei verkehrt, aber ich mache das gern, und ich könnte doch auch mal in eine Situation kommen, in der ich Hilfe brauche, dann würde ich um Hilfe bitten können.

Wir haben jetzt zum Beispiel die Wohnung meiner Tochter und ihres Freundes eingerichtet; er ist arbeitslos und bekommt von seinen Eltern nichts – wir können helfen. Was sagt meine

Mutter? Das geht dich doch nichts an! Aber es ist mein Kind, und meinem Kind soll es gut gehen, also helfe ich ihm.

Meine Schwester und deren Tochter unterstützt meine Mutter, das ist für sie selbstverständlich, darüber wird gar nicht geredet. Na ja, meine Schwester ist das legitime Kind, um die dreht sich alles. Sie hat zwei kaputte Ehen hinter sich, alle Beziehungen gingen kaputt, nach einer Umschulung bekam sie zwar Arbeit, verlor die aber nach kurzer Zeit wieder. Nun hat sie mit Anfang 40 noch ein zweites Kind bekommen, und es ist immer noch kein Mann da. Ihre Wohnung ist gut eingerichtet, alles vom Modernsten, aber sie jammert. Die Unterschiede, die meine Mutter bei uns Kindern macht, führt sie bei den Enkeln fort. Das kränkt mich sehr. Den Kindern meiner Schwester wird jeder Wunsch erfüllt, meine Kinder haben auch fast alles, wir machen vieles möglich, aber sie verstehen nicht, warum die anderen so vorgezogen werden.

Diese Lieblingstochter meiner Eltern ist in den letzten Jahren etwa fünfmal umgezogen; wir waren immer zur Stelle und haben geholfen. Beim letzten Mal konnten wir nicht, das hat sie uns sehr übel genommen und ist seitdem beleidigt. Das nehmen wir jetzt aber hin. Meine Mutter hält uns nun erst recht für die Bösen, angeblich negierten wir meine Schwester. Ich gräme mich darüber – immer bin ich für alle da gewesen, und kaum klappt es mal nicht, bin ich schlecht.

Zu meinen anderen beiden Geschwistern haben wir ein gutes Verhältnis, obwohl die ihren Stiefel für sich machen und keinen richtigen Familiensinn haben. Meine Mutter und meine Schwester würden die nie um Hilfe bitten, nur immer mich, weil wir ständig zur Stelle waren.

Seit dem Tod meines Opas 1980 holten wir meine Oma, die mich großgezogen hat, Weihnachten zu uns. Meiner Mutter kam nie in den Sinn, sie einzuladen, sie hat sich um ihre Mutter nicht gekümmert. Auch meinen Geschwistern und deren Kindern fiel nicht ein, meine Oma in irgendeiner Weise zu unterstützen. Das fand ich sehr traurig. Mein Mann und ich sind oft die 70 Kilometer ins Erzgebirge gefahren, um etwas für sie zu erledigen, zu helfen, ihre Wohnung zu renovieren. Und wir haben nicht nur die Wohnung meiner Oma, sondern auch die meiner Eltern renoviert. Sie können sich keinen Maler leisten, und mein Erzieher kann mit 74 nicht mehr auf der Leiter stehen. Aber Dankeschön? Das haben wir von ihnen nie gehört.

Sie wohnen nur 20 Autominuten von uns entfernt, aber jetzt sehen wir sie nur noch zu Familienfesten, also acht-, neunmal im Jahr. Wir telefonieren selten, meine Mutter ist immer so kurz angebunden, das ärgert mich sehr. Ich habe den Eindruck, sie interessiert überhaupt nicht, wie es uns geht.

Als meine Tochter ihre eigene Wohnung bezog, habe ich meiner Mutter erst sagen müssen: Guckt euch doch die Wohnung mal an. Sie ist hingegangen, hat geguckt und ist wieder gegangen, ohne einen Ton zu sagen. Das ist ihr Neid, von dem ich vorhin sprach. Nur bei ihrer anderen Tochter ist alles schön und wunderbar. Bei mir hat sie so etwas noch nie gesagt. Auch früher wurde ich nie gelobt.

Ich habe mit 22 geheiratet, mein Mann hat im Bergbau gearbeitet und gut verdient. Er hat meine Eltern unterstützt, denn die hatten wirklich wenig Geld, und es waren ja noch drei Kinder zu Hause. Aber zurückgekommen ist nie etwas. 1989 hatte ich eine Gallen-Operation, meine Kinder waren noch klein – da kam nur meine Oma und passte auf sie auf. Meine Mutter nicht. Das kränkt.

Ich habe schon ein paar Mal den Gedanken gehabt, meinen Erzieher nach meinem Vater zu fragen, aber dazu müsste ich die Gelegenheit haben, ihn allein zu sprechen. Wenn wir uns gegenseitig besuchen, ist meine Mutter immer dabei. Ich müsste es ausprobieren. Es geht ja nicht gegen ihn – er hat sich immer Mühe gegeben, und wenn ich Probleme hatte, war er zur Stelle. Vielleicht hat er einen Anhaltspunkt. Ich denke schon, dass ich mit ihm darüber reden könnte.

Eigentlich habe ich schon lange vor, allen Mut zusammenzureißen und meine Mutter doch noch mal zu fragen. Ich glaube, da muss ich den richtigen Moment abpassen. Es ist so schwer. Wenn das Verhältnis anders wäre, weicher … Aber es ist und bleibt kühl. Wir begrüßen uns mit Handschlag. Zärtlichkeiten gibt es nicht.

Manchmal denke ich: Vielleicht weiß sie selbst nicht, wer mein Vater ist. Oder war er verheiratet, und sie schämt sich, mir das zu sagen? Ich bin doch erwachsen und würde nie ein Urteil darüber fällen. Ich könnte mit meinen Töchtern über alles reden.

Wie wird es mir gehen, wenn ich nie etwas über meinen Vater erfahre? Ich werde so weiterleben wie bisher und mich damit abfinden müssen. Doch ich werde die Frage, wer er war, immer im Hinterkopf behalten. Und ich werde Wut haben – auf meine Mutter und auf mich, weil ich nur um des lieben Friedens willen zu feige bin, mich mit ihr auseinanderzusetzen.

»Zu meinem Glück fehlt mir nur eins: die Wahrheit.«

Sissy, Berlin, geboren 1961

Wir treffen uns an einem Vormittag in einer typischen Berliner Kneipe. Sissy ist dort bekannt, sie duzt die Wirtin und bittet ein Paar in mittlerem Alter, den scheppernden Spielautomaten für eine Weile in Ruhe zu lassen, damit wir ungestört reden können. Sissy ist klein und zierlich, die dunklen, in der Mitte gescheitelten Haare trägt sie offen. Das Auffallendste in ihrem schmalen Gesicht sind ein voller Mund und große grüne Augen. Sie spricht sehr artikuliert und klar. Aber es ist zu spüren, dass die Geschichte sie mitnimmt. Manchmal kann sie ihre Tränen nicht zurückhalten. Sissy kennt Arbeitslosigkeit und Sozialhilfe, derzeit jobbt sie stundenweise.

Als meine Mutter 1960 mit mir schwanger war, ist sie Spießruten gelaufen. Sie lebte allein in einer kleinen Stadt am Main. Die meisten Leute dort sind sehr katholisch, und Schwangerschaftsabbruch kam überhaupt nicht in Frage. Zwei Monate nach meiner Geburt hatte eine Nachbarin auch ein Mädchen entbunden, und obwohl Sissy der Favoritenname der Nachbarsfamilie war, bekam die Tochter einen anderen Namen als ich, das uneheliche Kind.

Meine Mutter ist weiter ihrem Beruf nachgegangen, ich war die ersten beiden Lebensjahre bei ihrer Mutter. Dann heiratete meine Mutter und holte mich zurück. Sie wollte etwas ganz Besonderes aus mir machen. Nach außen hin war ich auch die sehr begabte, intelligente Tochter, aber kaum waren die Türen zu, hat sie mir zu verstehen gegeben, dass ich an allem schuld sei. Ich hatte nur keine Ahnung, worin meine Schuld bestand. Mehrfach ließ sie mich wissen, dass sie mich am liebsten abgetrieben hätte. Dafür habe ich sogar Verständnis.

Ich war elf, da fragte mich mein Vater, ob ich annähme, dass alle Stiefväter schlechte Väter seien. Nein, sagte ich, natürlich nicht, aber warum fragst du?

Er antwortete mit einer Gegenfrage: Was würdest du sagen, wenn ich dein Stiefvater wäre?

Nichts, denn das glaube ich dir nicht, habe ich gesagt. Und damit war das Thema erst einmal erledigt.

Etwa von da an hat mich dieser von mir heißgeliebte Stiefvater ständig sexuell bedrängt, bis zu meinem 16. Lebensjahr. Als ich davon seiner Schwester erzählte, drohte er mir, mich wegen Rufmords anzuzeigen.

Ich war ungefähr 14 Jahre alt, als ich wieder so eine komische Bemerkung über Stiefväter hörte und meine Mutter fragte, wer denn mein richtiger Vater sei. Wie aus der Pistole geschossen kam ein Name. Viel zu spontan, um gelogen zu sein, denke ich heute.

Aha, sagte ich. Und weiter?

Sie erzählte, sie habe nach meiner Geburt gegen ihn einen Vaterschaftsprozess geführt, weil sie von ihm vergewaltigt worden sei, habe den Prozess aber verloren. Sie erzählte sogar was von einer Rückenmarkpunktion, die sie an mir vornehmen lassen wollte, um einen erneuten Prozess anzustrengen. Beides hat sich aber später als Märchen herausgestellt.

Meine Mutter beharrte lange darauf, dass jener Mann mein Vater sei. Aus dem Vergewaltiger war allerdings in ihren kargen Bemerkungen inzwischen ein dominanter Mann geworden. Vielleicht war es ja Nötigung.

Der Mann aus ihren Erzählungen besaß eine Wäscherei in unserer kleinen Stadt, und ich bin zwei Jahre lang um diese Wäscherei geschlichen und habe ihn immer angeguckt: Er hatte, wie ich, sehr dunkle Haare und grüne Augen, auch die Form der Augenbrauen war meinen ähnlich. Es gibt ein Babyfoto von mir, von dem meine Mutter früher behauptet hat, ich sähe darauf aus wie mein Vater. Als ich 16 war, habe ich mir vorgenommen, ihn anzusprechen und zu fragen. Aber in dem Moment, als ich genug Mut gesammelt hatte und mit einem Blazer überm Arm die Wäscherei betrat, stand er breitbeinig da und kratzte sich zwischen den Beinen. Da ist mir alles vergangen.

Er hatte wohl keine Ahnung, wer ich bin. Häufig war ein kleineres Mädchen bei ihm, das mir gar nicht so unähnlich schien. Ich aber war für ihn nur irgendjemand.

Natürlich habe ich versucht, mit Verwandten oder Freunden darüber zu sprechen, aber es kamen immer nur blöde Bemerkungen wie: Ach, deine Mutter hat ja für jeden die Beine breit gemacht. Oder: Wenn ich deinen Mund sehe, weiß ich, von wem du bist. Das verunsicherte mich nur, zumal niemand mehr sagen wollte. Sogar die Schwester meines Stiefvaters, die mich zunächst zu Nachforschungen ermuntert hatte, blockte ab: Das ist doch alles nicht wichtig, vergiss es.

Zu meinem Stiefvater habe ich ein gespaltenes Verhältnis. Er meinte, meine Mutter hätte gelogen, aber mehr wüsste er nicht. Sie schweigen alle. Ich kann auch nicht verstehen, vor wem meine Mutter jetzt noch Angst hat. Ihre Mutter ist tot, von der kann sie nicht mehr verprügelt werden.

Viel später, ich lebte schon nicht mehr in der kleinen Stadt, tischte mir meine Mutter eine neue Geschichte auf. Keine Vergewaltigung mehr – sie hätte das mit dem Wäschereibesitzer nur erfunden, um meiner Oma überhaupt einen Vater zu präsentieren. Meine Mutter war zwar über 20, als sie mich bekam, bezog aber immer noch Prügel von ihrer Mutter, besonders, als die von der Schwangerschaft erfahren hatte. Das sei auch der Grund für den Prozess gewesen, denn eigentlich wüsste sie nicht, wer mein Vater sei. Es sei in einem VW-Käfer passiert. Ende der Ansage.

Einmal habe ich sie gefragt, warum sie nicht versucht habe, mich allein großzuziehen; diese komische, arrangierte Ehe, die sie wohl meinetwegen eingegangen sei, habe sie ja nicht glücklich gemacht – was sie mir auch mehr als einmal vorgeworfen hat. Es war einer der seltenen Momente der Annäherung, und da gestand sie: Ja, Sissy, du hast Recht, wir hätten es auch allein geschafft. Wenn sie das wirklich gewagt hätte, wäre ein solches Vertrauen zwischen uns entstanden, dass sie mir die Wahrheit gesagt hätte, davon bin ich überzeugt.

Mit 18 bin ich weggegangen, nach Berlin. Habe die ganze Geschichte verdrängt, der Überlebenskampf kostete mich genug Kraft.

Erst kürzlich wollte ich endlich Klarheit in diese Ungereimtheiten bringen: Was sollte die Rückenmarkpunktion, was war das mit dem Babyfoto? Und was mit dem VW-Käfer? Zu meinem 42. Geburtstag habe ich mir von meiner Mutter die Wahrheit gewünscht. Ich schrieb ihr einen Brief: Ich freue mich für dein Glück, für deine neue Ehe, zu meinem Glück fehlt etwas: die Wahrheit. Ich bitte dich sehr, mir dieses Geschenk zu machen. Darüber würde ich mich riesig freuen.

Die Antwort war niederschmetternd: Sie wolle künftig keinen Kontakt mehr zu mir haben, sie könne es nicht ertragen, dass ich sie als Lügnerin bezichtige. Und sie bereut, mich vor 42 Jahren nicht zur Adoption gegeben zu haben, wie sie es vorhatte.

Den Brief bekam ich an meinem Geburtstag, ich war allein zu Hause, mein Freund war – ich weiß nicht, wo. An diesem Tag habe ich an Selbstmord gedacht.

Und jetzt bin ich ebenso ratlos und hilflos wie mit elf.

Vor einiger Zeit habe ich beim Jugendamt nachgefragt, aber dort hat man mir gesagt, so lange würden Akten nicht aufgehoben, außerdem hätte ich sowieso keine Rechte. Ich könne das vergessen, abhaken. Das ärgert mich fürchterlich. Ich werde das Gefühl nicht los, eine Schwester oder einen Bruder zu haben, die sich freuen würden, mich kennen zu lernen. Es geht nicht um irgendwelche Geldansprüche, die sind mir scheißegal, nein, es geht darum: Wer gehört zu mir? Wo gehöre ich hin?

Es wird nicht leichter, wenn man älter wird, das habe ich unterschätzt. Ich habe geglaubt, es würde sich geben. Es gibt sich nicht. Manchmal fühle ich mich wie ein Alien. Ich habe mich mein ganzes Leben nirgendwo zugehörig gefühlt. Nirgendwo. Diese Enttäuschungen, die Missbrauchsgeschichte mit meinem Stiefvater, der Kontaktabbruch meiner Mutter – das kam ja alles noch dazu.

Ich habe eine völlig andere Blutgruppe als meine Mutter, als mein Stiefvater und als mein Bruder. Meine Kinder haben dieselbe Blutgruppe wie ich. Ich will wissen, mit wem ich blutsverwandt bin. Am liebsten würde ich einen Blut- oder Gentest machen lassen von allen Männern dieser Stadt, die in Frage kommen. Natürlich, es ist gut, dass so was nicht möglich ist, ich bin ja für den Schutz der Intimsphäre, aber …

Mein Gefühl sagt mir, dass der Mann aus dieser kleinen Stadt sein muss. Meine Mutter war berufstätig, war selbständig, fuhr ein eigenes Auto. Ich kann mir alles Mögliche vorstellen, auch dass sie an jenem Abend, als es geschah, zu viel Federweißen getrunken hat. Aber ich kann mir nicht vorstellen, dass sie mit Amerikanern geschlafen hat.

Jetzt hätte ich auch den Mut, diesen Mann daraufhin anzusprechen. Ich möchte ihm noch einmal gegenüber stehen und mich vergewissern, ob er wirklich grüne Augen hat. Die sind mir an ihm sofort aufgefallen. Aber nun bin ich weit weg, ich komme da nicht mehr hin.

Würde ich jetzt nach Hause fahren, würde ich aufräumen, nichts könnte mich mehr stoppen. Ich würde dort auch noch einmal zum Jugendamt gehen und nachfragen. Aber ich bin damit überfordert. Ich habe kein Geld und wüsste nicht, wo ich unterkommen sollte. Meine Mutter ist mit einem anderen Mann verheiratet, sie leben in einer anderen Stadt, haben mir Hausverbot erteilt.

Das ist auch so eine Geschichte: Mein Kind war ein Jahr alt, als die beiden mich in Berlin besucht haben. Meine Mutter hat von früh bis spät auf mich eingeschrien, wie ich so blöd sein könne, ein Kind zu bekommen, ohne verheiratet zu sein. Sie brüllte dauernd: Du wirst schon noch merken, was du davon hast, Kinder sind das Undankbarste, was es gibt, wie kannst du nur Kinder bekommen?! Nach zwei Tagen habe ich zurückgeschrien, und das war das Ende der Beziehung. Sie ist wohl mit ihrer Geschichte auch noch nicht fertig.

Nein, geholfen hat sie mir nie. Ich habe drei Kinder und war nie verheiratet. Als ich wirklich in Not war und meine beiden großen Kinder zu ihrem Vater zogen, sagte meine Mutter: Sollen doch alle Kinder, auch das kleine, zu ihm! Ich finde das krass, verstehe es nicht.

Mein Bruder, der ja eigentlich mein Stiefbruder ist, steht bedingungslos auf der Seite meiner Mutter. Gib endlich Ruhe, Sissy, sagt er, wenn ich das Thema anschneide. Vielleicht war sie damals betrunken, vielleicht waren es drei Männer, hör auf damit.

Erzähl mir keinen Quatsch, sage ich dann, unsere Mutter erinnert sich an Kinder, die mit mir in die erste Klasse gegangen sind, die wird doch so etwas nicht vergessen!

Kürzlich erzählte er mir am Telefon, meiner Mutter ginge es ja so gut – sie habe ihre Vorfahren väterlicherseits gefunden. Einmal im Jahr treffe sie sich mit den neuen Verwandten. Kannst du dir vorstellen, wie Mutti aufgeblüht ist? fragte mein Bruder.

Ich war fassungslos – merkt der denn nichts?

Die Unwissenheit über meinen leiblichen Vater hat mein Verhältnis zu Männern extrem beeinflusst. Zwei Väter standen zur Auswahl: Einer, der mich gezeugt hat, vielleicht bedudelt vom Federweißen, der hat gleich die Fliege gemacht; und mein Stiefvater, der ständig auf der Flucht war, meine Mutter über Jahre betrogen und mich dann missbraucht hat.

Ich bin nur mit Männern zusammen gewesen, die auf dem Sprung waren, die keine Verantwortung übernehmen wollten, in besetzten Häusern lebten. Mit dem Vater meines dritten Kindes möchte ich eine Beziehung aufbauen, aber es ist wieder eine Gratwanderung. Auch er scheint sich eine Hintertür offen halten zu wollen. Das alles ist mir erst in den vergangenen zwei Jahren klar geworden. Ich schreibe regelmäßig Tagebuch, plötzlich fiel es mir wie Schuppen von den Augen: Ich glaube, ich habe die ganze Zeit meinen Vater gesucht.

Meine beiden älteren Söhne leben bei ihrem Vater. Sie haben nur eine Oma, der Kleine hat weder Oma noch Opa. Das finde ich furchtbar. Der Kleine lebt bei mir, ein sehr intelligentes Kind, aber eines, das überhaupt nicht einzuordnen ist. Jetzt suche ich für ihn die richtige Schule, damit er sich gut entwickeln kann.

Mein großer Sohn ist jetzt 16 und macht mir Vorwürfe: Sein Leben sei ein einziges nicht gehaltenes Versprechen von mir. Ich darf nicht ausflippen, darf keine Wut auf ihn haben, soweit habe ich mich in der Gewalt, weil ich mich daran erinnere, wie die Worte meiner Mutter auf mich gewirkt haben. Ich bin die Erwachsene und muss souverän bleiben. Ich sage ihm, ja, du hast Recht; versuche, ihm zu erklären, wie schwer es für mich war und wie weh es mir tut. Ich will ehrlich mit ihm reden und die Vorwürfe aushalten.

Der Mittlere, er ist zehn, sagt als einziger »Mama« zu mir, die anderen nennen mich beim Vornamen. Der ist ganz süß. Bei ihm habe ich sehr gelitten: Ich möchte nie von dir getrennt werden, ich will dich nicht verlieren, hat er vor dem Einschlafen zu mir gesagt. Er hat es vorher gespürt, dass sein Vater und ich uns trennen. Du verlierst mich nicht, habe ich ihm gesagt, und dann bin ich durch die Hölle gegangen. Aus dieser Hölle bin ich noch immer nicht ganz raus.

Mir fehlt die Kraft, meinen Kindern den Platz in meinem Leben zu geben, der ihnen zusteht. Ich kämpfe damit zu überleben.

Ich habe jetzt eine Psychotherapie beantragt, weil ich fühle, suizidgefährdet zu sein. Ich muss wirklich aufpassen. Ich finde das Leben eigentlich so toll, habe nie verstanden, wie sich jemand umbringen kann. Aber jetzt habe ich Angst vor dem Leben.

»Ich habe ein Recht darauf zu erfahren, wer ich bin.«
Charlotte, Berlin, geboren 1971

Alles an Charlotte wirkt hell und klar: Ihre großen Augen, die offenen Gesichtszüge, ihre Stimme, ihre Gedanken, ihr Handeln. Sie ist groß, die langen blonden Haare trägt sie zum Pferdeschwanz gebunden. Charlotte ist Psychologin, verheiratet mit dem Vater ihrer beiden Kinder. Aufgewachsen ist sie in wohlgeordneten Verhältnissen in einer völlig normalen Familie: Mutter, Vater, ein jüngerer Bruder.

Dass irgendetwas nicht stimmte in meiner Familie, habe ich in der Pubertät gemerkt. Aus meiner beruflichen Praxis weiß ich, dass solche Geheimnisse in die Familien wirken: Eine oder zwei Personen kennen es, eine ahnt es. Man kommuniziert ja mit der Sprache und dem Körper – und beides hat man nicht immer unter Kontrolle. Ich begreife es als Schwäche, mit einem Geheimnis zu leben.

Einmal habe ich die Papiere meiner Eltern durchsucht, um herauszufinden, ob mein Vater noch andere Kinder hat. Mein diffuses Empfinden, das ich nicht einordnen, nicht einmal benennen konnte, äußerte sich in Träumen von einem großen Beschützer-Bruder. Nein, mein Vater war damit nicht gemeint. Er hat sich viel mit uns beschäftigt, uns sehr streng erzogen, aber mit emotional belasteten Problemen bin ich nie zu ihm gegangen, bis heute nicht. Die Bezugsperson hierfür war meine Mutter, wenn ich ihr auch Vorwürfe gemacht habe, weil ich mich gegenüber meinem Bruder zurückgesetzt fühlte. Das sei eben so, wenn ein jüngeres Kind da ist, man könne nicht alle gleich behandeln, war die Standardantwort.

Dass ich mit 18 Jahren ausgezogen bin, war meinen Eltern durchaus recht. Ich sollte selbständig leben. Zu einer Zeit, als ich mit meinem ersten Freund noch mit Händchenhalten glücklich war, schleppte mich meine Mutter zum Frauenarzt und ließ mir die Pille verschreiben. Auch eine gute Ausbildung war ihr enorm wichtig. Und sie hat mir – mehr unterschwellig als direkt – vermittelt, dass es gut ist, einen Mann zu haben, der mit für den Alltag sorgt und Sicherheit bietet. Es ist interessant, ein solches Erziehungsmuster in der Rückblende anzugucken: Mir sollte es nicht so gehen wie ihr.

Während des Psychologie-Studiums Anfang der 90er Jahre habe ich begonnen, mit Familien zu arbeiten, und ich fand die Mechanismen, die in einer Familie wirken, sehr spannend. Deshalb gründete ich nach dem Studium einen Verein für Familienberatung. In dieser Tätigkeit bin ich aufgegangen, und weil ich mit solidem Handwerkszeug arbeiten wollte, machte ich eine Familien-Therapie-Ausbildung. Heute weiß ich, dass die Wahl dieses speziellen Bereiches nicht von ungefähr gekommen ist.

Familientherapeuten benutzen Stammbäume, Genogramm-Arbeit nennt sich diese Methode. Während einer Fortbildung sollte jeder Teilnehmer seinen Stammbaum zeichnen. Alle malten weitverzweigte Äste, ich konnte neben meinen Namen nur den meines Bruders, darüber die meiner Eltern und Großeltern schreiben. Familiengeschichte war bei uns zu Hause nie ein Thema. Ich kannte zwar meine Großeltern, aber über deren Berufe, ihr Herkommen, ihre Familien wusste ich nichts. Ich malte ein großes Fragezeichen auf den Bogen, und vergaß ihn erst mal.

Ich war 24, als ich meine Diplomarbeit schrieb, in der es um Erziehungskonzepte jüngerer und älterer Mütter ging. Dazu hatte ich einen Fragebogen erarbeitet: Haben Sie sich Kinder gewünscht? Zu welchem Zeitpunkt sollten sie kommen? Waren Sie ungewollt schwanger? Und so weiter. Meine Mutter, die ich auch interviewte, antwortete auf alles spontan: Ja, sie wollte so früh – mit 20 – ein Kind, also mich, nein, Abtreibung kam für sie nie in Frage, ja, sie habe sich auf das Kind gefreut. Auf die Frage nach der sozialen Situation zum Zeitpunkt der Schwangerschaft gab sie an, sie habe noch bei ihren Eltern gewohnt, weil der Mann studierte.

Einige Zeit später ging ich mit dem Fragebogen zu meiner Tante, der Schwester meiner Mutter. Wir setzten uns auf den Balkon, sie machte eine Flasche Wein auf, wir kamen ins Plaudern, und plötzlich sagte sie: Deine Mutter hat ihr Leben auf Lügen aufgebaut.

Wie bitte, wie meinst du das? Meine Tante wollte erst nicht mit der Sprache raus, aber ich insistierte: Wenn du mir so was an den Kopf knallst, will ich es genau wissen.

84

Und da sagte sie: Du hast einen anderen Vater, als du denkst.

An eine solche Möglichkeit hatte ich natürlich nie gedacht. Was meine Tante dann noch erzählte, konnte ich gar nicht mehr erfassen. Ich muss so durcheinander gewesen sein, dass sie Sorge hatte, mich allein heimfahren zu lassen. Ich konnte nicht mal mit meinem Freund darüber reden, musste allein sein. Ich zündete mir Kerzen an, goss mir einen Cognac ein und holte den Fragebogen mit den Antworten meiner Mutter hervor. Und dann war mir nur noch übel.

Meine Eltern waren verreist, ich konnte sie nicht fragen. Aber ich musste es jetzt genau wissen, und handlungsorientiert wie ich nun mal bin, ging ich am nächsten Morgen zum Jugendamt. Dort sollte ich erst einmal einen Antrag stellen. Da habe ich denen erklärt, ich hätte am Tag zuvor erfahren, dass mein Vater nicht mein Erzeuger sei, und ich müsse sofort wissen, wer mein Vater ist. Und dann suchte die Frau tatsächlich die alten Geburtenbücher raus und fand darin einen Eintrag mit einer Vaterschaftsanerkennung.

Der Name meines jetzigen Vaters wurde mir gegeben, als ich etwa ein Jahr alt war. Bei meiner Hochzeit hätte ich eine Abstammungsurkunde gebraucht – spätestens dann wäre der Tag der Offenbarung gekommen, aber das hatte sich meine Mutter wohl nie klar gemacht.

Mit meiner Geburtsbescheinigung marschierte ich zum Einwohnermeldeamt, um den Wohnort meines Erzeugers zu erfragen. Wieder sollte ich erst einen Antrag stellen, wieder ließ ich nicht locker und erhielt einen Computerausdruck mit einer Adresse in Thüringen. Und was nun?

Erst mal reden. Meine Freundin und mein Freund fielen aus allen Wolken – unsere Familie war ihnen als heile Welt erschienen, und nun so eine Denver-Clan-Geschichte! Für mich aber war das Enttäuschendste, dass ich die Wahrheit, die nur meine Mutter und mich etwas angeht, nicht von ihr, sondern von außen erfahren hatte. Und dass sie bis heute nicht offen mit mir reden kann, tut immer noch weh.

Natürlich konnte ich dieses Wissen nicht für mich behalten. Ich rief meine Eltern an, ging zu ihnen. Nach dem Abendessen zeigten sie mir unbeschwert ihre Urlaubsbilder, ich rutschte auf der Couch hin und her und wusste nicht, wie ich anfangen sollte. Dann legte ich die Vaterschaftsanerkennung auf den Tisch, fragte, was sie dazu zu sagen hätten. Das war zwar nicht sehr rücksichtsvoll, aber Psychologin spielen konnte ich nicht.

Meiner Mutter gefroren alle Gesichtszüge zu einem Eisblock, mein Vater lief rot an und versteinerte. Sie haben nicht mal gefragt, woher ich das wusste.

Was sollen wir dir dazu sagen? fragte meine Mutter nach einer Weile. Für uns war das nie ein Thema.

Das glaube ich nicht. Mein Vater redet zwar nicht über Herzenssachen, ich nehme jedoch an, dass er daran gedacht hat, mir die Wahrheit zu sagen. Aber meine Mutter ist dominant, und vielleicht hat er sich nicht getraut, gegen ihren Willen zu handeln. Geliebt werde ich von beiden, das steht außer Frage. Aber heute kommt mir manchmal in den Sinn: Ich habe noch mit zwölf mit meinem Vater gebadet, er hat gewusst, dass er nicht mein leiblicher Vater ist – was mag er dabei empfunden haben?

Rückblickend fallen mir so viele Gelegenheiten ein, bei denen es sich angeboten hätte, mir die Wahrheit zu sagen. Aber sie blieben dabei: Nie, nie, nie wäre das ein Thema für sie gewesen.

Ich gab mich damit nicht zufrieden: Es ist mein Leben! Ich habe ein Recht darauf zu erfahren, woher ich komme. Das hättet ihr mir sagen können, es ist doch überhaupt nichts dabei!

Deinen Maßstab darfst du nicht an mein Leben anlegen, entschied meine Mutter, und dieser Spruch bereitet mir nach wie vor schlaflose Nächte.

Damals saß ich da und fragte mich, warum ich zulasse, dass sich meine Mutter mir gegenüber so abweisend verhält. Warum bin ich nicht aufgestanden und gegangen? Wahrscheinlich wartete ich auf eine herzliche Geste, auf ein Wort, dass ihr alles leidtue. Stattdessen schlug mir komplette Ablehnung entgegen, Härte und Kälte. Mein Vater saß stumm daneben, aber den konnte und wollte ich nicht mit ins Boot holen, das war eine Sache zwischen meiner Mutter und mir.

Ich wollte wissen, was für ein Mensch mein Erzeuger war.

Willst du jetzt was über meine Liebhaber hören? oder so ähnlich war ihre Antwort.

Da zog ich es vor zu gehen. Allerdings habe ich von beiden verlangt, dass sie es meinem Bruder sagen, das wollte ich ihnen nicht auch noch abnehmen. Zu ihm habe ich seitdem ein viel besseres Verhältnis als früher.

Meine Mutter war eine gutaussehende junge Frau mit großen Träumen, sie wollte etwas Besonderes sein. Später habe ich rausgekriegt, dass sie meinen Erzeuger in einer Disco kennen gelernt hat, dann landeten beide in der Kiste, sie wurde schwanger, und somit waren alle Lebensträume dahin. Über Heirat sprachen sie wohl, aber er studierte, war völlig unreif, und meine Mutter war nicht die Frau, mit der er leben wollte. Sie heiratete einen Schulfreund, der alle Vaterschaftspflichten für mich übernahm.

Es gab später nur noch ein Gespräch zu diesem Thema zwischen meiner Mutter und mir, nämlich als ich sie von meinem Vorhaben wissen ließ, zu meinem Vater Kontakt aufzunehmen.

Was willst du denn von dem? fragte sie. Er wollte dich damals nicht, also will er dich jetzt auch nicht.

Da war sie wieder, diese Härte, die ich nicht ertragen will, weil sie wehtut. Also habe ich das Thema nie wieder berührt. Sie weiß bis heute nicht, dass ich zu meinem Vater Kontakt habe. Das ist jetzt meine Sache. Sie hat mir nichts erzählt, also muss ich ihr auch nichts erzählen. Andererseits würde ich gern mit ihr darüber reden, fürchte aber, auf Ablehnung zu stoßen.

Bis ich den Mut hatte, meinem Vater zu schreiben, vergingen drei Jahre. Ich habe viel mit Freunden darüber gesprochen, die die Geschichte natürlich spannend fanden. Meine beste Freundin hatte ein Jahr zuvor genau das Gleiche erlebt. Auch sie hatte es durch einen blöden Zufall erfahren. Allerdings konnte sie mit ihrer Mutter darüber reden, sie weiß, wo ihr Vater lebt. Durch unsere Gespräche ist ihr das Problem Vater zwar wieder in den Sinn gekommen, aber sie will ihn nicht kennen lernen. Ich aber wollte ihn finden. Ich suchte nach wie vor einen emotionalen väterlichen Part. Ich hatte zwar ein gutes Verhältnis zu meiner Mutter, aber auch die Idealvorstellung, dazu gehöre ein toller Vater. Ja, ich glaube, ich habe ihn eine Zeit lang idealisiert. Ich hatte hohe Erwartungen an ihn.

Zu meiner Therapieausbildung gehört die Auseinandersetzung mit der eigenen Familiengeschichte. Gut, dachte ich, jetzt ist die Zeit gekommen, dass ich mir die Kraft hole, den Kontakt aufzunehmen. Die Therapeutin, die mit uns arbeitete, half mir herauszufinden, was mich bis dahin daran gehindert hatte, einen Entschluss zu fassen. Ich hatte meinem Vater schon viele lange

Briefe geschrieben, sie aber nie abgeschickt. Und auch damals hat es noch drei Wochen gedauert, bis ich einen kurzen, knackigen Brief schrieb: Ich möchte dich kennen lernen, möchte wissen, wo meine Wurzeln sind, möchte dich einmal sehen, dann kann ich die Angelegenheit meinetwegen als erledigt betrachten.

Sehr bewusst habe ich den Brief in den Briefkasten getan: Jetzt fängt ein neues Kapitel an. Seine Antwort kam bald: Er wünschte mir frohe Weihnachten und wollte mich im Januar treffen. Es waren so nette Zeilen, das konnte nur gut werden. Ich war total aufgeregt. Im neuen Jahr schrieb er wieder, schlug ein Treffen vor dem Domhotel vor. Er hoffe, ich würde kommen. Ich war viel zu früh da, habe geraucht, geraucht, geraucht, die Männer beobachtet: Der soll es sein, der soll es nicht sein – und gedacht: Warum tust du dir das an? Mein größter Horror war, dass er so ein Doofi sein könnte, der nichts mit sich anzufangen weiß. Dann kam einer auf mich zu, fragte, ob ich Charlotte sei. Er sah nett aus, intelligent. Im Restaurant unterhielten wir uns problemlos, obwohl ich sehr aufgeregt war und bestimmt viel Quatsch erzählte.

Er gestand mir, dass er sofort gewusst hätte, wer der Absender sei – auf den hatte ich mit Rücksicht auf ihn, dessen Familienverhältnisse ich ja nicht kannte, verzichtet. Für ihn sei sofort klar gewesen, dass er mich auch sehen wolle. Warum er nie die Initiative ergriffen hatte, habe ich bis jetzt nicht herausgefunden.

Er erzählte mir, dass die Geschichte mit meiner Mutter ihn in einen solchen Schockzustand versetzt hatte, dass er zehn Jahre brauchte, um eine Familie zu gründen. Er hat jetzt eine Frau und drei Kinder und das Problem, dass sie nichts von mir wissen. Ich bin ein absolutes Tabu. Vergangene Woche haben wir wieder darüber gesprochen, dass er im Moment eine derartige Eröffnung nicht auf die Reihe bekomme. Er habe viel Stress im Beruf, brauche seine Familie als Rückhalt und könne sich im Moment überhaupt nicht vorstellen, das öffentlich zu machen, obwohl es ihm sehr leidtue. Er hätte es lieber anders, und ich glaube ihm das.

Das Verhältnis zu meinem Erzeuger ist dadurch erschwert, dass nur er Kontakt zu mir aufnimmt – ich soll ihn nicht anrufen, ihm nicht schreiben. Er bestimmt, wann wir uns sehen.

Das macht mich sehr unzufrieden, denn ich denke oft an ihn und möchte ihn auch mal spontan sprechen. Zum Beispiel hätte ich ihn gern angerufen und ihm erzählt, dass wir ein zweites Kind bekommen haben. Aber das ging nicht. Priorität hat seine Familie. Das tut weh, aber ich kann es verstehen. Und ich gehe den Kompromiss ein, um überhaupt Kontakt zu ihm zu haben. Natürlich ärgere ich mich, wenn er sich längere Zeit nicht meldet. Aber sobald er anruft, ist mein Frust vergessen. Ob er, wie er sagt, diesen Zustand wirklich verändern oder seine heile Welt behalten will – was ich verstehen kann, da sind wir uns auch ähnlich, wer will keine heile Welt –, ich weiß es nicht.

Ich erwarte heute nicht mehr, dass er ein Vater für mich wird. Er wird nicht mal ein Freund sein können, denn zu Freundschaft gehört Gleichberechtigung, und die ist nicht da. Für ihn ist es in Ordnung, wie es ist: Wir sehen uns zweimal im Jahr für ein paar Stunden. Er erzählt von seiner Arbeit, redet über Politik, Gesellschaft – Dinge, die ich mit jedem anderen auch besprechen kann. Seine Familie erwähnt er nie. Ich muss seine Kinder nicht unbedingt kennen lernen, mein Interesse gilt ihm.

Merkwürdig ist, dass ich mich mit meinem Erzeuger umarme. In unserer Familie ist Körperkontakt nicht üblich. Als mein Vater nach einem Jahr Auslandsaufenthalt heimkam, habe ich ihm die Hand gegeben. Wenn ich Geburtstag habe oder etwas Besonderes ansteht, drückt mich meine Mutter mal, wobei wir beide ganz verlegen sind. Freundinnen meiner Mutter, die ich einmal im Jahr sehe, umarmen mich, meine Freunde umarmen sie zur Begrüßung, sie lässt es auch zu. Zwischen uns gibt es das nicht. Aber ich kann nicht sagen, dass mir etwas fehlt.

Wie ich meinen Erzeuger nenne? Gar nicht. Seine Briefe hat er mit dem Anfangsbuchstaben seines Vornamens unterschrieben. Ich spreche von ihm als meinem Erzeuger, das entspricht aber nicht dem, was ich für ihn empfinde. Vielleicht ist diese Wortwahl ein Schutz.

Eine Freundin, mit der ich über alles reden kann, sagte mal: Eigentlich erweckst du den Eindruck, nicht seine Tochter, sondern seine Geliebte zu sein. Nicht nur, weil wir uns an öffentlichen Plätzen, in Hotels, Restaurants treffen, sondern weil ich so emotionsgeladen über ihn sprechen würde. Meine Erwartungen kommen dem Eindruck vielleicht auch nahe: Ich hatte gehofft, dass er stolz auf mich ist, mir zuhört, mich versteht – dass er ein Traummann ist. Ja, das sollte er für mich sein.

Wir sehen uns, wenn er dienstlich hier zu tun hat oder durch Berlin kommt. Jedes Mal bringt er mir ein Geschenk mit – Parfum, Schmuck, Bücher, CDs. Zunächst freue ich mich, aber dann, auf dem Heimweg, kriege ich Wut: Verdammt, ich will das alles nicht. Ich würde ihm gern meinen Frust rüberschieben, würde mit ihm reden wollen, wenn ich ihn brauche.

Denn wir haben beide eine gemeinsame Ebene: Er ist ein sehr emotional veranlagter Mensch, der soziale Beziehungen pflegt, ein Helfersyndrom hat – vielleicht habe ich das von ihm. Von meiner Mutter jedenfalls nicht, die interessieren andere Menschen und deren Probleme nicht die Bohne.

Allerdings kann ich mit meiner Mutter über alles reden, sogar über Frauen mit einer ähnlichen Geschichte, über die sie dann abstrakte kluge Sprüche äußert. Spaltet sie das derart von sich ab, dass sie keinen Zusammenhang zu sich herstellt? Oder ist das ein Signal, eine Aufforderung, offen zu sprechen? Ich weiß es nicht. Als Psychologin könnte ich mir einen solchen Fall genau angucken, so aber stecke ich zu tief drin. Ich kriege es einfach nicht hin, noch einmal davon anzufangen. Ich habe wohl Angst, mir wieder eine Abfuhr zu holen.

Dass ich aussehe wie ihr Ebenbild, war ihr Glück. Einerseits hat sie mein Anblick nicht an ihn erinnert, andererseits fiel auch nie auf, dass mein Vater nicht mein Erzeuger ist. Mein Erzeuger sieht aus wie mein Traumprinz: Dunkelhaarig, dunkeläugig. Aber inzwischen habe ich meine Erwartungen heruntergeschraubt. Wenn sich unser Verhältnis nicht weiterentwickelt, kann ich damit leben.

Und jetzt brauche ich auch den Beruf nicht mehr. Vielleicht sehe ich mich nach der Familienpause um, was es noch für Möglichkeiten gibt.

Das Schweigen der Mütter
ist das Leiden der Töchter

Gisela Heidenreich, Paar- und Familientherapeutin, München

Was geht dich überhaupt mein früheres Leben an? Warum soll ich etwas offenbaren, was ich mit gutem Grund tief in mir begraben habe? So könnte eine Mutter antworten, die von ihrer Tochter mit dem Vorwurf bedrängt wird: Warum hast du mich ein Leben lang belogen? Du musst mir die Wahrheit sagen!

»Deinen Maßstab darfst du nicht an mein Leben anlegen«, entschied Charlottes Mutter, als Charlotte, wie viele Töchter, die ihren Vater nicht kennen, ihr vorwarf: »Du hättest es mir sagen müssen! Ich habe ein Recht darauf zu erfahren, woher ich komme!«

Hätten die Mütter der hier zu Wort gekommenen Frauen sagen müssen, was sie über Jahrzehnte verschwiegen haben? Hat eine Tochter das Recht, ein sorgsam gehütetes Geheimnis ergründen zu wollen, hat sie das Recht, ihre Mutter noch einmal mit einem Mann zu konfrontieren, den diese aus ihrer Erinnerung und damit aus ihrem Leben verbannen wollte – aus Scham oder Schmerz, weil er sie verlassen und gedemütigt hat, belogen und betrogen, vielleicht sogar misshandelt oder missbraucht? Oder weil eine große Liebe unerfüllt blieb? Darf eine Tochter Wunden aufreißen, die mühsam vernarbt sind?

Ich meine, eine Tochter hat das Recht – wenn es sich bei diesem Mann um den verheimlichten, verleugneten Vater handelt.

Es steht das Recht der Mutter auf ihr Geheimnis gegen das Recht der Tochter zu wissen, wer ihr Vater ist. Warum muss offenbar die eine Frau eine Wahrheit verleugnen und verschweigen, während die andere genau diese Wahrheit aufdecken muss?

Alle mir bekannten Biographien zu diesem Thema, für die einige exemplarisch in diesem Buch stehen, belegen, dass es sich auf beiden Seiten um eine Existenzfrage handelt: Die eine Frau braucht die Lüge, die andere die Wahrheit wie die Luft zum Atmen.

In diesem Mutter-Tochter-Konflikt prallen zwei menschliche Grundrechte aufeinander: das Recht auf Selbstbestimmung und das Recht, die eigenen Wurzeln zu kennen. Und es geraten zwei seelische Grundstrukturen miteinander in Konflikt: Verdrängung oder Abspaltung als Lebensrettung auf der einen Seite und Identitätsfindung als Lebensnotwendigkeit auf der anderen.

Ein unlösbarer Konflikt?

Warum Mütter lügen

Eine uneheliche Schwangerschaft ist seit Jahrhunderten in vielen Kulturen eine tiefe Schande. Um sie zu vermeiden, schrecken Frauen vor Abtreibung, ja sogar Kindsmord nicht zurück.

Die Mütter, von denen hier die Rede ist, haben einen anderen Ausweg gefunden: die Lüge und das Schweigen. Die Lüge entsteht aus Angst vor der Schande – wie etwa bei Sissys Mutter, die sogar eine Vergewaltigung erfunden hat, um eine wahrscheinlich freiwillige außereheliche und damit »unmoralische« sexuelle Begegnung nicht eingestehen zu müssen. Aus Angst vor der Ächtung in ihrem sozialen Umfeld suchte sie einen Mann, der sie, in Kenntnis der Schwangerschaft oder auch nicht, heiratete – eine elegante Art, der Schande auszuweichen.

Eine ungewollte Schwangerschaft hat massive Auswirkungen auf das Selbstbild der Frau. Meist glaubt sie tatsächlich, einen schweren Fehler oder gar eine Sünde begangen zu haben, somit schuldig geworden zu sein – und sie kann sich diese Schuld oft ein Leben lang selbst nicht verzeihen. Das Kind wirft den gesamten Lebensplan um: Die Schule, das Studium, eine Berufsausbildung müssen möglicherweise abgebrochen werden, Lebensträume zerplatzen wie Seifenblasen. Hinter solchen Tragödien scheint die Freude über das neue Leben völlig zu verschwinden.

Sollte es nicht eigentlich gleichgültig sein, ob ein Kind innerhalb oder außerhalb einer Ehe zur Welt kommt – ist es nicht wichtiger, dass es gesund ist, als dass es einen standesamtlich registrierten Vater hat? Sicher hat sich einiges geändert, viele alleinerziehende junge Frauen wünschen sich ein Kind, aber keine Ehe, und wollen oder können mit dem Erzeuger des Kindes nicht zusammenleben.

Es gibt andere Kulturen, in denen dem Vater ohnehin nicht die Bedeutung zukommt, wie in unserer. Es zählt die Matrilinearität, das heißt, allein Name und Herkunft der Mutter sind für die Identität des Kindes entscheidend, niemand fragt nach dem Namen des Vaters. Vielleicht ist es in einer solchen Tradition nicht ehrenrührig, den Vater nicht zu kennen. Die Sehnsucht nach ihm wird jedoch auch dort eine Rolle spielen.

Durch einen offenen Umgang mit dem Namen bei der Eheschließung wird heute zwar niemand mehr durch den Namen des Kindes sofort auf »die Schande« seiner Unehelichkeit aufmerksam. Aber noch heute lügen Mütter, noch immer ist die Lüge mit ihrer Variante Verleugnen die Antwort auf eine (Pseudo-)Moral, deren gesellschaftliche Zwänge und die daraus resultierende Stigmatisierung: »Als meine Mutter 1960 mit mir schwanger wurde, ist sie Spießruten gelaufen«, beschreibt Sissy die Situation ihrer Mutter mit einem Begriff aus dem Kanon militärischer Bestrafungsrituale.

Die Ursache für die Lüge scheint in erster Linie in der Gesellschaft zu liegen. Hatte also Himmler im Jahr 1935 nicht Recht mit der Einrichtung von Heimen des »Lebensborn e. V.«, dem angeblich sozial-karitativen Verein zum Wohle von unehelichen Müttern und Kindern? Seiner Ansicht nach lag der Grund für die damals erschreckend hohe Zahl an Abtreibungen in der Gesellschaft, die unverheiratete Mütter ächtete und unehelichen Kindern den sozialen Aufstieg erschwerte, ja oft unmöglich machte. Die Strafmaßnahmen bei einer Abtreibung, von Jahr zu Jahr wegen des dramatischen Geburtenrückgangs verschärft, hatten keine nennenswerte Wirkung. Man könne schwangeren Frauen nur wirkliche Hilfe anbieten, wenn man sie der Diskriminierung der Gesellschaft erst gar nicht aussetze und ihnen stattdessen die Gelegenheit gebe, ihr Kind abgeschirmt von der Öffentlichkeit auszutragen und unter Geheimhaltung zur Welt zu bringen. Dieser Grundgedanke und das Satzungsziel, »für Mütter und Kinder zu sorgen«, bewegten die Richter im Nürnberger Prozess wohl dazu, eine SS-Organisation freizusprechen.

Die Bezeichnung »Lebensborn e. V.« war eine reine Camouflage des wirklichen Trägers, nämlich der SS: »Der Lebensborn e. V. wird vom Reichsführer-SS persönlich geführt, ist integrativer Bestandteil des Rasse- und Siedlungshauptamtes der SS«, hieß es intern. Die »Sorge« für Mutter und Kind war letztlich jedoch mit einem menschenverachtenden Ziel verbunden: »die Schaffung einer rassischen Elite bei gleichzeitigem Ausrotten minderwertigen oder unwerten Lebens.« Ausschließlich Mütter, von denen in diesem Sinne »erwünschter« Nachwuchs zu erwarten war, profitierten von dieser, im Urteil des Nürnberger Prozesses sogenannten Wohlfahrtseinrichtung: Es wurden nur »rassisch und erbbiologisch wertvolle werdende Mütter« aufgenommen, »bei denen nach sorgfältiger Überprüfung der eigenen Familie und der Familie des Erzeugers anzunehmen« war, dass sie »gleich wertvolle Kinder zur Welt« brachten.

Mehr als die Hälfte der Frauen, die Hilfe suchten, wurde abgewiesen, auch wenn sie sich in einer verzweifelten Lage befanden. Letztlich wurde die soziale und seelische Notlage von Frauen ausgenutzt, machtpolitisch instrumentalisiert und für die Rassenideologie missbraucht. Die scheinbare Fürsorge (in der Tat waren die Lebensborn-Einrichtungen bestens ausgestattet und medizinisch auf dem neuesten Stand) und die Geheimhaltung haben den in den Heimen Geborenen nicht geholfen, sondern bei ihnen mindestens ebenso viel Leid erzeugt wie bei anderen unehelichen Kindern. Das zeigt der erschütternde Bericht von Astrid. Aus Kenntnis vieler »Lebensborn«-Schicksale, einschließlich meines eigenen, weiß ich leider, dass Astrids Lebensgeschichte nicht einmalig ist. Das Besondere jedoch an ihrem Schicksal ist, dass ihre Mutter noch bis zum Lebensende zu ihrer politischen Überzeugung stand – »sie ist als Nazisse gestorben« – und kein Hehl daraus machte, von dem mörderischen Regime profitiert zu haben: »[...] die Kriegszeit sei ihre schönste Zeit gewesen. [...] Sie hatte nie Hunger wie andere Menschen. [...] Meine Mutter erzählte von ihren handgearbeiteten Lammfellstiefelchen und Pelzmänteln.«

Die meisten anderen Lebensborn-Mütter haben später ihre NS-Überzeugung verleugnet, kam doch zur gesellschaftlichen Schande der im Dritten Reich vergeblich geadelten unehelichen Geburt auch noch die Angst der politischen Ächtung oder gar Verfolgung. Grund genug, erst recht zu lügen, zu verdrängen und das Objekt der Schande schlecht zu behandeln.

»Wir haben überhaupt keine Beziehung zueinander gehabt. [...] Ich kann mich nicht erinnern, dass meine Mutter zärtlich zu mir war«, erzählt Astrid und berichtet von ihrem Versuch, die Mutter mit ihren Lügen zu konfrontieren: »Wir standen wie unter Schock. [...] Mir liefen die Tränen übers Gesicht wie aus einem Brunnen, es hörte gar nicht auf. [...] sie saß da, selig lächelnd wie ein satter Säugling. [...] Auch am nächsten Morgen saß sie am Frühstückstisch, als sei nichts gewesen.«

Solche Aussagen kommen mir vertraut vor, ähnlich berichten viele andere Lebensborn-Kinder über ihre peinigenden Erfahrungen mit ihren Müttern, aber auch jüngere Frauen, die lange nach der NS-Zeit geboren wurden, wie zum Beispiel Charlotte: »Wahrscheinlich wartete ich auf eine herzliche Geste, auf ein Wort, dass ihr alles leidtue. Stattdessen schlug mir komplette Ablehnung entgegen [...] Da war sie wieder, diese Härte, die ich nicht ertragen will, weil sie wehtut.«

Auch Sissys Mutter reagiert mit Eiseskälte. Obwohl Sissy ihre Mutter nicht einmal heftig mit der Frage nach dem Erzeuger konfrontiert, sondern sich in aller Bescheidenheit zu ihrem 42.(!) Geburtstag »die Wahrheit« wünscht, ist die Antwort der Mutter »niederschmetternd«: Sie werde den Kontakt mit der Tochter abbrechen, und sie setzt noch einen Schlag hinterher: »Sie bereut, mich vor 42 Jahren nicht zur Adoption gegeben zu haben, wie sie es vorhatte.«

Kein Wunder, dass Sissy daraufhin an Selbstmord dachte und sich mit 42 Jahren ebenso »ratlos und hilflos« fühlte, »wie mit elf«.

Ich selbst habe, noch älter als Sissy, eine ähnliche Verzweiflung und kindliche Hilflosigkeit erlebt, als ich meine Mutter buchstäblich auf Knien anflehte, mir endlich die Wahrheit zu sagen, und sie mein Benehmen »lächerlich« fand und »überhaupt keine Auskunft« mehr gab. Es war, als ob mich alle alten Gefühle der Verletzung, Verzweiflung und Angst, die ich schon längst im Griff zu haben geglaubt hatte, überschwemmten. Mit meinen mehr als 50 Jahren (und mehr als 20 Jahren Erfahrung als Therapeutin) fühlte ich mich wie ein kleines, verlassenes Kind. Der Schmerz war unerträglich, und ich erschrak vor mir selbst, als ich mich laut sagen hörte: Ich will nicht mehr leben.

Es erscheint verständlich, dass Mütter den eigenen Schmerz nicht erinnern wollen oder tatsächlich nicht mehr können. Entstehen so Kälte und Härte, die absolute Unfähigkeit, den Schmerz der Tochter zu erkennen? Würde man im Gegenteil nicht erwarten, dass jemand, der eigenes Leid kennt, das Leid des anderen umso deutlicher sieht? Warum empfinden diese Mütter kein Mit-Leid mit ihren Töchtern?

Es scheint so, als seien Empfindungen für andere ausgeblendet, als sei es für diese Mütter unmöglich, über ihre frühere Existenz zu sprechen. Was ist passiert mit diesen Frauen, die doch sonst durchaus imstande sind, zu fühlen, zu lachen, ihren neuen Partner und spätere eheliche Kinder zu lieben?

Die Seele kann Unangenehmes und Schmerzhaftes so weit wegschieben, dass es im Unbewussten verschwindet: Es wird verdrängt. Und sie kann Wahrnehmungen und Empfindungen so vollkommen ausblenden, dass es tatsächlich zu einer Spaltung des Bewusstseins kommt.

Ich will noch einmal zurückkehren zu den Lebensborn-Müttern, weil ich in deren Biographien und Verleugnungsmechanismen eine Überhöhung der generellen Verhaltensweisen unverheirateter Mütter zu erkennen glaube:

Lebensborn-Mütter waren in einer gewissen Weise dem Regime verpflichtet – erst recht, wenn sie dafür gearbeitet haben wie Astrids oder meine Mutter. Es scheint mir so, als ob die NS-Ideologie Teile der Seele geradezu infizierte und sie zu Verehrung, Gehorsam und Hingabe an das System befähigte. Andere Anteile aber, die nicht ins System passten, wie Mitgefühl und Empathie für Andersdenkende, waren wie anästhesiert, stumpften ab und wurden abgespalten. So konnten Menschen mit dem Leid und Tod anderer leben, nicht weil sie davon nichts gewusst hätten, wie viele nach dem Krieg behaupteten, sondern weil sie diese nicht *gefühlt* haben.

So konnten dieselben Männer, die Menschen gnadenlos aussortierten, quälten oder erschossen, zärtlich ihre Frauen umarmen und lachend ihre Kinder in den Arm nehmen. Frauen konnten anderen weinenden Frauen ihre Kinder entreißen und unter »die Brause« schicken – und ihren eigenen Kindern die Tränen trocknen und ihnen tröstende Gute-Nacht-Geschichten erzählen, ohne dass diesen Frauen die Schreie der anderen in den Ohren gellten.

Selbst der Urtrieb Mutterinstinkt wurde hier ausgehebelt: Statt Leben zu schützen und zu bewahren, töteten auch Frauen Kinder. So hat Magda Goebbels vermutlich ihre Kinder geliebt und ihnen doch eigenhändig die Giftkapseln in den Mund geschoben, weil sie glaubte, ohne Nationalsozialismus sei das Leben auch für sie nicht lebenswert.

Welche entsetzliche Macht Ideologien und Fanatismus entwickeln können, erfahren wir heute wieder in grauenvoller Weise. Menschen, die ihre Weltsicht für die einzig richtige halten, schrecken noch immer vor Barbarei nicht zurück. Damals konnten solche Menschen Millionen anderer töten, heute ermorden sie Unschuldige vor laufender Kamera.

Ich habe hier das Extrem der Mitleidslosigkeit dargestellt, nicht, weil ich unglückliche Mütter mit Mördern vergleichen, sondern weil ich daran erinnern will, wozu die menschliche Seele fähig ist. Menschen können Teile ihres Lebens abgespalten haben und auf einer anderen Ebene emotional weiterleben, als sei nichts geschehen. Sie können lieben, lachen, auch trauern; nur in dem Bereich, der mit jenem früheren Leben zu tun hat, sind sie empfindungslos.

So lässt sich die jahrzehntelange Un-Erbittlichkeit einer Mutter, die Kälte und Härte, mit der sie ihr Kind zurückweist, erklären. Und freilich haben diese auch mit Ideologie zu tun, einem idealisierten Selbstbild, das erhalten bleiben muss, koste es, was es wolle – vielleicht sogar das Leben des Kindes. Das für den neuen Lebensentwurf mühsam hergestellte Selbstwertgefühl der Mutter könnte sonst vielleicht erneut zerbrechen. Die Mutter lebt jetzt ein »neues Leben«, aus dem Konstrukt ist eine Scheinrealität geworden, die durch die alte Realität zerstört werden würde.

Die Angst davor ist so groß, dass Empfindungen wie Empathie nicht zugelassen werden können, hätte ein solches Gefühl doch mit großer Wahrscheinlichkeit eine Aussprache zur Folge. Aber das, was nicht zum neuen Selbstbild passt, darf auch nicht ausgesprochen werden. Das Aussprechen der Wahrheit wird zu einer Bedrohung, so wie in der Antike der Überbringer schlechter Nachrichten mit dem Tod rechnen musste, oder wie ein Journalist, der einen Skandal aufdeckt, oftmals als Nestbeschmutzer beschimpft wird, ehe der skandalöse Sachverhalt zur Kenntnis genommen wird. Solange etwas verschwiegen wird, erscheint es nicht wirklich, erst durch das Aussprechen gewinnt es an Realität.

Anstatt eine Lüge endlich zuzugeben, wird die Anklage empört zurückgewiesen: Sissys Mutter bricht den Kontakt zur Tochter ab, weil sie es »nicht ertragen« kann, »als Lügnerin bezichtigt« zu werden. Hier wird ein klassischer Projektionsvorgang deutlich: Der eigentlich Unschuldige wird für schuldig erklärt, die vermeintlich angegriffene Mutter dreht den Spieß um, die Tochter ist »herzlos, grausam und gemein« – so betitelte mich meine Mutter in einer ähnlichen Situation. Die Tochter wird zum Sündenbock. Die Schuld am Versagen der Mutter wird ihr aufgebürdet und damit die Mutter entlastet, Hass – der eigentlich Selbsthass ist – wird auf die Tochter projiziert: Wenn ich dich hasse, muss ich mich nicht hassen, wenn ich dich quäle, muss ich mich nicht quälen – eine paradoxe Selbstbestrafung.

Oft ist es auch der Hass auf den Erzeuger, der auf die Tochter projiziert wird, besonders auf Töchter, die äußerlich ihrem Erzeuger ähneln. Die Erinnerung an ihn bleibt so zwangsläufig lebendig, die negativen Erfahrungen der Mutter können schwerer verdrängt werden und stattdessen Gedanken an Rache wecken. Dies wäre auch eine Erklärung für die Beobachtung vieler Frauen, dass es ihren Müttern gut zu gehen scheint, wenn sie als Töchter leiden. Ich erinnere mich an eine sehr beeindruckende Szene in dem Film »Herbstsonate« von Ingmar Bergman: Es kommt zu einer heftigen Konfrontation zwischen der verzweifelten Tochter (Liv Ullmann) und der sie kalt zurückweisenden Mutter (Ingrid Bergman), und sinngemäß sagt die Tochter: »Ist das Leid der Tochter die heimliche Genugtuung der Mutter?«

Ist es für manche Mutter schon schwer, zu einem »illegalen« Kind zu stehen, das von einem geliebten Mann gezeugt wurde, muss es für eine Mutter ungleich schwerer sein, ihr Kind anzunehmen, wenn der Erzeuger sie missbraucht oder sich aus dem Staub gemacht hat, ohne sich zur Vaterschaft zu bekennen. Ist es den Frauen zu verdenken, dass sie in dieser unerträglichen Situation das Kind bei Verwandten lassen oder es zur Adoption freigeben? Sind diese Frauen manchmal vielleicht sogar die besseren Mütter? Denn haben es Kinder bei einer liebevollen Pflege- oder Adoptionsmutter nicht besser, wenn sie dort ohne Lügen aufwachsen?

Die Lüge hat eine fatale Eigenschaft: Sie kann nur im jeweiligen zeitlichen und situativen Umfeld bestehen. Je länger sie aufrechterhalten wird, um so mehr Personen und Sachverhalte müssen einbezogen werden. Am Anfang war es vielleicht nur ein

Wort, ein Satz, schließlich aber entsteht daraus ein ganzes Lügengerüst – zusammen mit dem neuen Lebensgebäude. Das braucht dann um so mehr solcher Stützen, wenn es ins Schwanken gerät – und das passiert jedes Mal, wenn die Tochter Fragen stellt.

Astrids Mutter »hing fast an der Decke vor Empörung«, als die Tochter es wagte, nach der nicht existierenden Taufbescheinigung zu fragen. Die ehrliche Antwort, weshalb es eine solche nicht gibt, hätte das Lügengerüst einstürzen lassen. Um das zu verhindern, wird eine neue Lüge hinzugefügt: »Sie beschrieb genau, welches Kleid sie damals trug.« Schließlich entsteht eine Wechselwirkung aus Lügen, Verleugnen, Verdrängen, Beschönigen und Schweigen. Wahrscheinlich kann man ab einem bestimmten Zeitpunkt in manchen Fällen nicht mehr von Lügen als einem bewussten Vorgang der Tatsachenverdrehung sprechen. Es entsteht etwas, das *Pseudologica phantastica* genannt wird: Lügen, die der Lügner selbst nicht mehr als solche erkennt, sondern für die Realität hält.

Ich habe versucht, einige Erklärungsmodelle zusammenzustellen, warum es Müttern scheinbar unmöglich ist, offen mit ihren Töchtern zu reden. Aber Erklärungen können den lebenslangen Schmerz der Töchter nicht aufwiegen. Bei allem Verständnis für das Leid der Mütter bleibt daneben das Leid der Töchter, solange die Wahrheit verschwiegen wird.

Warum Töchter leiden

Unabhängig von Alter, Bildung, kultureller und sozialer Herkunft wissen viele Mütter offenbar wirklich nicht, was sie ihren Töchtern antun, welche Konsequenzen ihr Schweigen für deren gesamtes Leben hat.

Auf die Tochter aber, die sich seit früher Kindheit das Verhalten der Mutter nicht erklären kann, müssen Schweigen und Verleugnen wie ein Verrat wirken.

In seinem Roman »Der Vorleser« (Zürich 1995) schreibt Bernhard Schlink: »Das Verleugnen ist eine unscheinbare Variante des Verrats. Von außen ist nicht zu sehen, ob einer verleugnet oder nur Diskretion übt, Rücksicht nimmt, Peinlichkeiten und Ärgerlichkeiten vermeidet. Aber der, der sich nicht bekennt, weiß es genau. Und der Beziehung entzieht das Verleugnen ebenso den Boden wie die spektakulären Varianten des Verrats.«

Menschliche Beziehungen sind jedoch die Grundlage der gesamten gesunden psychischen, physischen und sozialen Entwicklung eines jeden Menschen. Von Geburt an basiert diese Entwicklung auf den sozialen Bindungen zu der ersten Bezugsperson und der kleinen Gruppe, in der das Kind heranwächst – den Möglichkeiten zur Kommunikation. Positive und negative Gefühle entwickeln sich, werden eingeordnet. Aus diesem Lernprozess erwachsen die Ich-Findung, das Selbst-Bewusstsein und das Selbstwert-Gefühl. Wenn ein Säugling in den ersten Lebensmonaten in totaler Abhängigkeit nur physisch ernährt wird und nicht erfährt, dass er in zärtlicher Zuwendung angenommen und dass von Anfang an mit ihm gesprochen wird, bedeutet das im Extremfall den Tod. Im 13. Jahrhundert führte der wissensdurstige Kaiser Friedrich II. dazu ein schreckliches Experiment durch: Er ordnete an, Neugeborene zwar zu stillen und zu pflegen, sie aber nicht zu liebkosen und keinesfalls mit ihnen zu sprechen. Die Kinder starben alle nach wenigen Monaten, »denn sie vermochten nicht zu leben ohne das Händepatschen und das fröhliche Gesichterschneiden und die Koseworte der Ammen ...« (Alfred Mühr: »Die deutschen Kaiser«, Frankfurt am Main 1971).

Auch jüngste Forschungsergebnisse der Entwicklungspsychologie bestätigen, dass mangelnde frühe Zuwendung immer schwere psychische Folgen hat. Der Säugling braucht von Anfang an im zugewandten glücklichen Lächeln der Mutter (oder einer anderen ersten Bezugsperson) den Spiegel für sein eigenes, ihm noch nicht bewusstes Gefühl.

So wie Narziss, der sich in sein Spiegelbild verliebt, weil er nicht weiß, dass es das Bild seines eigenen Gesichtes ist, weiß der Säugling noch nicht, dass er ein eigenes Wesen ist. Das Kind muss alle Gefühle und das Bewusstsein, ein eigenes Ich zu sein, in den ersten drei Lebensjahren entwickeln. Wenn es in dieser entscheidenden Phase seine Gefühle nicht in der Reaktion der Bezugsperson gespiegelt sieht, entsteht eine frühkindliche narzisstische Störung mit oft lebenslangen Symptomen wie Unsicherheit und Ängstlichkeit, Verlustangst und mangelndem Selbstvertrauen, Misstrauen, Bindungsunfähigkeit, Depression bis hin zur Suizidgefährdung.

Diese frühe Ver-Störung der kindlichen Psyche verstärkt sich, wenn später die eigenen Gefühle nicht mit dem übereinstimmen, was das Kind erlebt, wenn sie gar zurückgewiesen werden als Phantasie. Kinder sind wie Seismographen, sie spüren die Stimmungsschwankungen der Erwachsenen, fühlen, dass etwas nicht in Ordnung ist, auch wenn das behauptet wird. Wie soll ein Kind Selbst-Vertrauen lernen, wenn es immer wieder erfährt, dass es seinen eigenen Gefühlen nicht trauen kann, weil es sich dabei angeblich um Einbildungen handelt? Es kommt zu »diffusem Empfinden«, wie Charlotte es nennt, andere beschreiben es als »nebulös«, »nicht greifbar«, »schwankender Boden«. Das Ergebnis sind tiefe Verunsicherung, Schuldgefühle und Einsamkeit: »Ich habe mich mein ganzes Leben lang nirgendwo zugehörig gefühlt«, sagt Sissy.

Je nach Veranlagung wird sich ein Kind früh in sich selbst zurückziehen, in einer Phantasiewelt leben wie eine meiner Klientinnen, die aufhörte, mit den Eltern zu sprechen und deren Kommunikationspartner über viele Jahre nur noch ihre Puppen waren. Ein anderes Kind wird seine Phantasien, in denen das Gefühl der Verlassenheit Ausdruck findet, hinausposaunen. Eine Bekannte behauptete als Kind, ihre Mutter sei tot und ihr Vater auf Weltreise, obwohl sie bei ihren Eltern lebte. Dass diese sie belogen, erfuhr sie erst viel später. Eine Kollegin ging erst mit Mitte 30 ihrem lebenslangen Verdacht nach, ihr Vater sei zwar der ihrer Geschwister, nicht aber ihr Erzeuger. Sie fand schließlich gegen den üblichen heftigen Widerstand der Mutter den wahren Vater und erinnerte sich dann, als kleines Kind schon ahnungslos die Wahrheit gesagt zu haben. Als Nachbarn darüber sprachen, dass sie ihren Schwestern gar nicht ähnlich sähe, rief sie lachend: »Ich bin halt ein Kuckucksei!«

Andere werden aufmüpfig und aggressiv, haben häufig unerklärliche Wutanfälle, verhalten sich sogar destruktiv, weil sie nicht wissen, was mit ihnen nicht stimmt.

Wieder andere versuchen zurechtzukommen, indem sie sich anpassen, brav sind, sich so verhalten, wie es von ihnen erwartet wird – aus Angst, ganz verlassen zu werden, und in der Hoffnung, wenigstens dann ein wenig mehr Liebe zu bekommen: »Ich war total angepasst, habe nie etwas getan, von dem ich auch nur vermutete, dass es meiner Mutter nicht gefallen könnte. Ich habe nie etwas in Frage gestellt«, berichtet Astrid und erkennt: »Meine Mutter hat mich nicht erzogen, sondern dressiert.« Ihr Lebensbericht zeigt jedoch, dass das andressierte Wohlverhalten sie ebenso wenig vor den seelischen Schmerzen als Erwachsene schützen konnte wie das »Fehlverhalten« ihrer Leidensgenossinnen.

Die frühe Verstörung führt oft zu Verdrängung schmerzhafter Erlebnisse, manchmal zum Abspalten von Gefühlen in einem ähnlichen Prozess wie bei der Mutter. Die meisten haben aber auch als Erwachsene noch eine hohe Sensibilität für die Gefühle anderer, spüren wie als Kinder Unstimmigkeiten. Das ist sicher eine Eigenschaft, die in der eigenen Familie, im Freundeskreis und im Beruf von Vorteil ist. Die Kehrseite dieser Sensibilität aber ist die leichte Verletzlichkeit, das Gefühl, anders zu sein, immer auf der Hut sein zu müssen oder etwas falsch zu machen. Konfrontiert mit Verständnislosigkeit anderer, ist man immer wieder »fassungslos«, fragt sich wie Sissy: »Merkt der denn gar nichts?« und fühlt sich manchmal »wie ein Alien«.

Eine gesunde psychische Entwicklung ist nur möglich, wenn Kinder die Kongruenz ihrer Gefühle spüren, das heißt, wenn das, was sie fühlen, mit der Reaktion der jeweiligen Bezugsperson übereinstimmt. Dann können sie auch lernen, ihre Gefühle zu zeigen – eine notwendige Voraussetzung für Beziehungen, für die spätere Partnerschaft und Erziehung der eigenen Kinder.

Es ist immer ein schwerer Schlag zu entdecken, von der Mutter belogen worden zu sein, auch und erst recht, wenn die Tochter glaubte, trotz gelegentlicher Verunsicherung eine gute Beziehung zu ihr zu haben. Ein Schock, der nach der ersten Lähmung alle möglichen Gefühle von Übelkeit bis Wut auslöst und erworbene Fähigkeiten und Sicherheiten aushebeln kann, ganz gleich, in welchem Alter. Uralte Gefühle der Verlassenheit aus der frühen Kindheit werden reaktiviert, gestandene erwachsene Frauen fühlen sich hilflos wie Kleinkinder.

Zur lebensnotwendigen Identitätsfindung gehört unumgänglich die Frage: Wer bin ich? Jeder Mensch will, ja muss wissen, woher er kommt, wo seine Wurzeln sind. »Wer gehört zu mir, wo gehöre ich hin? […] Ich will wissen, mit wem ich blutsverwandt bin«, bringt Sissy die verzweifelte Sehnsucht aller um ihren Vater betrogenen Töchter auf den Punkt.

Geht es belogenen Söhnen genauso? Auch sie brauchen die Wahrheit über den Vater. Bei ihnen sind potentiell die gleichen Störungen angelegt, die erwähnten Erkenntnisse der Entwicklungspsychologie und -psychiatrie beziehen sich auf Kinder beiderlei Geschlechts. Der abwesende Vater ist für Söhne ein großes Problem, weil ihnen das gleichgeschlechtliche Vorbild fehlt.

Mädchen hingegen wachsen mit dem mütterlichen Vorbild für ein Leben als Frau und Mutter auf. In der Pubertät findet die Identifizierung mit dem gleichgeschlechtlichen Elternteil statt, bis die Heranwachsenden in den bekannten Kämpfen dieser krisenreichen Zeit ihre eigene Identität gefunden haben. Aber wie kann eine Tochter ihre künftige Rolle annehmen, wenn sie erfährt, dass eine Frau das Leben nur mit Lügen meistern kann? Was muss es für ein Mädchen bedeuten, wenn es die Enttäuschungen und Schmerzen der Mutter erahnt, was, selbst einmal Mutter zu werden? Ist es nicht besser, eine Schwangerschaft zu vermeiden, im Extremfall in die Anorexie zu flüchten und den Körper nicht zum Frausein reifen zu lassen? Das sind die seltenen Fälle. Häufiger passiert genau das Gegenteil: Die Töchter werden selbst früh und unehelich schwanger, wiederholen wie in einem unbewussten Zwang die Geschichte ihrer Mütter und konfrontieren sie so mit deren tiefstem ungelösten Konflikt:

»Meine Mutter hat von früh bis spät auf mich eingeschrien, wie ich so blöd sein könne, ein Kind zu bekommen«, erzählt Sissy, und meine Mutter schrie heulend, als ich ihr meine erste, uneheliche Schwangerschaft beichtete: »Warum tust du mir das an?«

Warum wiederholen viele Töchter die Geschichte ihrer Mutter? Warum lassen sich viele mit Männern ein, die »auf dem Sprung« sind wie der eigene Erzeuger?

In der Familientherapie spricht man vom Gesetz der Transmission: Ungelöste Konflikte werden an die nächste Generation weitergegeben mit dem »Auftrag« zur Lösung. Oft werden sie noch bis in die Enkelgeneration weitergetragen. Es gibt nur einen Weg, der diesen Kreislauf durchbrechen kann: die direkte Konfrontation. Töchter sollen ihr Recht auf Wahrheit einfordern, und Mütter müssen einsehen, dass es für sie selbst eine Erlösung sein kann, wenn sie sich endlich der eigenen Wahrheit stellen.

Wenn »Recht gegen Recht« steht, gibt es die Möglichkeit, das jeweilige Recht einzuklagen und beharrlich zu streiten oder es um des lieben Friedens willen unter den Teppich zu kehren. In beiden Fällen bleiben Wut und Enttäuschung oder Resignation und Trauer. Die einzige Lösung ist ein mediatives Geschehen, das heißt, jede Partei muss bereit sein, ein Stück nachzugeben. Ein wenig Verständnis für die Not der anderen ist dabei Voraussetzung. Dann keimt vielleicht die Einsicht, dass ein solcher Prozess erreichen kann, was beide sich ersehnen: Versöhnung. Die Tochter muss ihre womöglich inquisitorische Haltung aufgeben. Statt der Mutter das Versagen vorzuhalten, sollte sie versuchen, sich einzufühlen und das Positive anzuerkennen, wie etwa, eine gute Ausbildung erhalten zu haben. Und die Mutter muss einen Schritt tun, der unendlich schwer ist, aber möglich: Sie muss erkennen, dass sie sich selbst belogen hat, und Abschied nehmen von ihrem selbstgezimmerten Weltbild.

Allen, die daran nicht mehr glauben, kann ich nur Mut machen. Ich habe 50 Jahre lang um die ersehnte Wahrheit gekämpft, habe immer wieder resigniert und wollte schon aufgeben, bis ich krank wurde und das als Warnsignal wertete. Astrid berichtet von schweren Magenkrankheiten und Gallensteinen, bei mir waren es Hörstürze und Herzprobleme.

Dazu kam die Einsicht aus meiner jahrelangen familientherapeutischen Arbeit: Ich wollte die Heimlichkeiten um meine Herkunft und die damit verbundenen ungelösten Konflikte nicht an meine Kinder weitergeben. Ich habe also recherchiert so gut ich konnte und meine Mutter schließlich mit den Ergebnissen konfrontiert. Es war hart für sie, und sie hat sich immer wieder verweigert, bis sie in einem mühsamen Prozess die Wahrheit preisgab – oder zumindest einen großen Teil davon. Ich habe gespürt, welche Kraft es sie kostete, wie sie mit sich rang. Irgendwann habe ich aufgehört, in sie zu dringen und angenommen, dass sie sich an manches mit bestem Willen nicht erinnert und ihr Respekt gezollt für späte Geständnisse. Als ich sie weinen sah, glaubte ich ihrer Versicherung: »Ich habe es ganz anders gewollt, ich wollte es dir doch nicht schwerer machen, sondern leichter. Jetzt kann ich die Fehlentscheidungen in meinem Leben nicht mehr rückgängig machen.« Ein Gedanke, der Töchtern vielleicht helfen kann, ein wenig Nachsicht mit ihren Müttern zu üben. Viele dachten wohl wirklich, auch der Tochter Schande ersparen zu können, wenn sie ihr die Unehelichkeit verheimlichen.

Am Ende konnte meine Mutter sogar erleichtert sagen: »Ich bin froh, dass die Wahrheit endlich auf dem Tisch ist, es ist, als ob nach Jahrzehnten die Schuld von mir abgefallen wäre.« Es war eine Erlösung für uns beide, wir haben Frieden miteinander geschlossen.

Ich kann nur raten, das Gespräch weiter zu suchen, die Hoffnung nicht aufzugeben, bis sie eines Tages vielleicht sagen kann: »Du hast Recht, ich habe einen schweren Fehler begangen, ich hätte dich nicht so lange belügen dürfen. Lange Zeit musste ich die Vergangenheit geheim halten, weil ich selbst solche Angst hatte, mein Leben nicht in den Griff zu bekommen. Je mehr ich gelogen habe, um so schwerer ist es geworden, die Wahrheit zu sagen, weil ich immer mehr Lügen hätte zugeben müssen. Und ich hatte Angst, alles zu verlieren, was ich mir aufgebaut habe. Das hat mich blind für dein Leiden gemacht, und ich konnte nicht sehen, dass du die Wahrheit für dein Leben brauchst.«

Wie glücklich wären Sissy, Charlotte, Astrid und die vielen Frauen mit ähnlichem Schicksal über ein solches vertrauensvolles Mutter-Tochter-Gespräch. Wie sehr würde es ihnen helfen, von dem Schmerz, von der eigenen Mutter immer wieder belogen zu werden, endlich erlöst zu sein.

Wenn das aber nicht möglich ist, weil die Mutter unerbittlich bleibt oder weil sie nicht mehr lebt, hilft es auch, Frieden mit sich selbst zu schließen. Es ist wichtig, sich selbst zu vergewissern, nicht schuld am Versagen der Mutter zu sein, und es ist sehr hilfreich, ein ähnliches Gespräch im Rollenspiel oder in einem inneren Dialog zu führen.

Das Zauberwort heißt: mein Schicksal annehmen; nicht mehr damit hadern, was sich nicht ändern lässt und stattdessen selbst die Verantwortung für das verlassene und verängstigte Kind in mir übernehmen. Irgendetwas wird immer fehlen – es kommt aber darauf an, wie wir mit dem Verlust umgehen und wie wir lernen, ihn auszugleichen.

Konfrontation mit der Realität: So einfach ist es nicht

»Der Vater meines Lebens war mein Adoptivvater.«
Sigrid, Wiesbaden, geboren 1944

38 Jahre hat Sigrid beim Fernsehen gearbeitet. Sie ist Journalistin: Außenpolitik, Innenpolitik, hat Filme gemacht. Dreimal war sie verheiratet. Von ihrem ersten Mann hat sie einen Sohn, von ihrem zweiten eine Tochter. Zum Abschied vom Sender hat sie sich ein Bild geschenkt: Marilyn Monroe! Lang hingestreckt auf einem Sofa, hinter sich die Skyline. Die Monroe ruht sich aus.

Wie Sigrids Leben ohne Fernsehen aussehen wird? Sie möchte lesen, nachts um drei Musik hören, den Garten umgraben, bis sie todmüde ins Bett fällt, in Kneipen gehen, durch Galerien streifen … Doch als erstes wird sie umziehen.

Als ich geboren wurde, war noch Krieg. Ich bin oft bei meiner Großmutter gewesen. Mein Großvater ist im Krieg gefallen. Über einen fehlenden Vater machte ich mir keine Gedanken. Jedenfalls kann ich mich nicht daran erinnern, merkwürdigerweise aber auch nicht an das Vorhandensein meiner Mutter. Aber ich weiß noch, dass sie mir mal ein richtiges Schwein geschenkt hat, Carola. Carola habe ich sehr geliebt. Ich hatte das Gefühl, Carola versteht mich. Eines Tages kam ich aus dem Kindergarten, Carola war weg. Sie käme auch nicht wieder, hieß es. Meine Mutter wusste von Anfang an, dass sie das Schwein schlachten würden. Sie hatte es mir gar nicht wirklich geschenkt. Sie hatte mich angelogen. Das sind Sachen, an die ich mich erinnere.

Oder daran, dass mich meine Mutter angeschrien hat: Musst du immer das letzte Wort haben?

Worauf ich sagte: Woher soll ich wissen, dass du nichts mehr antwortest?

Meine Mutter empfand das als Provokation. Dabei war meine Antwort einfach logisch. Woher sollte ich wissen, dass sie anschließend schweigen würde? An solche Episoden kann ich mich erinnern. Aber dass ich auch einen Vater hätte haben sollen? Eine Vatergeschichte fing für mich erst mit meinem Adoptivvater an.

Zur Adoption gab es Kaffee und Kuchen, eine Freundin meiner Mutter wurde eingeladen, und ich bekam ein kleines Püppchen im Taufkleid, worauf mein Name stand. Ich war vielleicht viereinhalb.

Ab heute hast du einen neuen Namen, sagte mein Adoptivvater. Das feiern wir! Ich fühlte mich toll und war richtig glücklich.

Ich habe an meinen Adoptivvater merkwürdigerweise keine einzige negative Erinnerung. Er war ein Vater wie aus dem Bilderbuch. Einer, der mit mir Drachen baute, von dem ich lernte, auf den Fingern zu pfeifen. Der mir immer vermittelt hat, dass ich etwas Besonderes sei und einfach um meiner selbst willen geliebt werde. Der mir immer die Sicherheit gegeben hat: Du bist richtig. Während mir meine Mutter bis heute nur das Gefühl vermittelt, nicht richtig zu sein.

Mein Adoptivvater hat mich verstanden, auch meinen riesengroßen Freiheitsdrang. Ich durfte barfuß laufen, und er hat mir zu verstehen gegeben, ich könnte laufen, laufen, laufen, und wann immer ich zurückkäme – er sei da. Ich sehe mich auch heute noch, wie ich meine Hand in seiner halte und neben ihm herhüpfe.

Plötzlich aber war er weg. Ich hatte gar keine Anzeichen dafür bemerkt. Ich war furchtbar traurig und habe mich völlig abgeschottet; mich in Büchern vergraben und meine ganze Liebe unserem Hund geschenkt. Sauer war ich auf meinen Adoptivvater nicht. Aber ich war innerhalb der Familie, so weit ich mich erinnern kann, auch nie wieder zärtlich zu jemandem. Einmal lief ich mit einer Kinderfrau die Straße entlang, plötzlich sagte sie: Da vorne kommt dein Papa, der darf dich nicht sehen.

Dann musste ich in einen kleinen Bach springen. Ich war neun und hatte das Gefühl, ich mache diesen Zirkus jetzt mit, aber irgendwann löst sich das auf, und alles wird gut.

Meine Mutter hat immer sehr schlecht über meinen Adoptivvater gesprochen. Sie konnte ihn mir aber trotzdem nicht ausreden. Wenn sie mir erzählte, er habe sie betrogen und Schulden gemacht, die sie beglichen habe, hat mich das überhaupt nicht berührt, meine Mutter tat mir auch nicht leid. Ich habe sie und meinen Adoptivvater sowieso nie als Paar gesehen. Auch habe ich nicht begriffen, dass mein Adoptivvater der leibliche Vater meiner Schwester ist, dieser Vater gehörte einfach mir. Ich denke, das hat auch zu dem Bruch zwischen meiner Schwester und mir geführt. Das kann ich heute mit Logik nachvollziehen, aber in meinem Herzen ist er immer noch mein Vater, und außer mir sehe ich niemand anderen bei diesem Menschen.

Als ich 15 war, hatte ich einen Tanzstundenfreund, dessen Vater im Justizministerium arbeitete. Um mit mir mal ein ernstes Wort zu reden, weil sein Sohn in der Schule so abgesackt war, bestellte er mich in sein Büro. Ich kam also ins Regierungsgebäu-de, er hat mir eine Predigt gehalten und mir das Versprechen abgenommen, mit seinem Sohn sonntags unregelmäßige englische Verben zu lernen. Dann wurde ich in das Büro seines Kollegen, meines leiblichen Vaters, geführt. Gut, ich wusste schon, dass es meinen leiblichen Vater gab, aber als ich in die Regierung ging, wusste ich nicht, dass ich dort auf ihn treffen würde. Ich hatte nie das Bedürfnis, ihn zu sehen oder kennen zu lernen, und ihn auch nie vermisst, weil ich ihn gar nicht als Vater gesehen habe. Ich hatte ja einen Vater. Von meinem leiblichen Vater habe ich als meinem »Macher« gesprochen, zu dem ich keine Beziehung hatte. Meine Mutter hat auch immer so ein Geheimnis darum gemacht. Heute denke ich, dass sie da einen sehr großen Fehler begangen hat, weil sie sich nicht mit mir hingesetzt und mit mir in aller Ruhe diese Familienverhältnisse geklärt hat. Ich wusste nicht einmal, wie mein leiblicher Vater aussah.

Als ich ihn dann in diesem Büro zum ersten Mal sah, fand ich ihn sehr arrogant und hatte auch eine gewisse Aversion ge-gen ihn. Das Einzige, was mich neugierig machte, war, dass ich unentwegt dachte: Der hat irgendwas von mir. Er bewegt sich wie ich, oder er lacht wie ich – also irgendwie meinte ich, eine Ähnlichkeit zu sehen. Er fragte mich, was ich in der Schule und sonst so mache.

Das geht Sie eigentlich gar nichts an, sagte ich, worauf er mich aufforderte, ich solle ihn nicht siezen, weil er mein Vater sei.

Das behaupten Sie, habe ich gesagt. Ich weiß es nicht, und ich kenne Sie auch nicht.

Darauf wurde er sehr ungehalten, aber ich blieb dabei, ihn zu siezen, und wollte mich auch nicht mit ihm treffen.

Irgendwie hatte er sich in mein Leben gedrängt, aber sich nicht um mich gekümmert. Er hätte ja auch fragen können: Brauchst du Hilfe oder brauchst du mich? Stattdessen hat er mich reglementiert und mich im Grunde genommen, so habe ich es empfunden, verkauft, indem er meiner Adoption zugestimmt hatte. In dieser Einschätzung habe ich mich auch nicht umstimmen lassen. Außerdem war ich damals sicherlich ein ganz niedliches Mädchen, und ich hatte das Gefühl, wenn ich nicht so niedlich gewesen wäre, hätte er gar kein Interesse an mir gehabt. Also war das eine weitere Lüge, die er mir auftischte, und da für mich Lügen etwas Unverzeihliches sind, war meine Aversion gegen ihn auch entsprechend groß. Außerdem fand ich es schrecklich und habe mich auch sehr dafür geschämt, dass er allen Menschen erzählte, dass er mein Vater sei.

Aber irgendwann war es mir auch egal. Ich hatte andere Sorgen und habe nicht mehr so an meine Väter gedacht. Das heißt, mein Adoptivvater hat eigentlich immer eine Rolle gespielt, ich hatte große Sehnsucht nach ihm, auch körperliche Sehnsucht nach meiner Hand in seiner Hand. Diesen Händedruck spüre ich heute noch. Dieses Weglaufen, Zurückkommen und es ist jemand da – das wollte ich eigentlich immer … Heute denke ich, diese kurze Zeit mit meinem Adoptivvater von vier bis neun oder neuneinhalb hat mich so stark gemacht, dass ich alle Widrigkeiten in meinem Leben irgendwie ertragen habe. Aber ich habe ein Leben lang – und das hat wohl auch die Beziehungen zu meinen Männern, Freunden oder Ehemännern geprägt – darauf gewartet, dass dieser Vater wieder auftaucht.

Nach dem Abitur sollte ich Schreibmaschineschreiben, Steno und Kochen lernen und dann heiraten. Das wollte ich aber nicht. Mit acht Jahren hatte ich »Bettina, die rasende Reporterin« gelesen. Bettina trug eine rote Baskenmütze, hatte immer einen Fotoapparat dabei, fuhr ein offenes VW-Cabriolet und hat mit unheimlich vielen Menschen geredet. Schon während der Schulzeit habe ich für die Schülerzeitung und auch für die Zeitung geschrieben. Schriftstellern, die ich gelesen hatte, habe ich geschrieben und, wenn es ging, sie aufgesucht. Ich war mindestens so neugierig auf Menschen wie Bettina und wollte Reporterin werden.

1964 habe ich dann beim Fernsehen als studentische Aushilfskraft angefangen. Musste im Archiv und in der Graphikabteilung arbeiten, habe Filmbüchsen herumgetragen und durfte Nachrichten für den Papierkorb verfassen. Und dann habe ich meine erste Nachricht geschrieben, die auch gesendet wurde: Der Besuch von Bundeskanzler Erhard bei Präsident Johnson in den USA.

Beim Fernsehen fühlte ich mich zum ersten Mal nicht als Außenseiterin. Die Leute dort verstanden mich und fanden toll, was ich machte. Ich bin richtig aufgeblüht, hatte keine Angst mehr, eine verrückte Idee oder eine eigene Meinung zu haben. Alles, was zu Hause verboten war, was sich nicht gehörte, wurde beim Fernsehen als gut empfunden, ich wurde unterstützt. Drei Jahre war ich in Berlin, dann in Hannover und in Hamburg. Ich wurde sehr politisch, habe gelernt, was man mit Bildern machen, wie man mit ihnen manipulieren kann.

Meine ersten Chefs beim Fernsehen waren alle viel älter als ich, sie hätten meine Väter sein können. Es waren Menschen, die durch sehr viele Höhen und Tiefen gegangen sind, einer war im KZ, ein anderer im Widerstand. Es waren ungewöhnliche Menschen, die mich darin bestärkt haben, neugierig zu sein; die meine Art, quer zu denken, mochten. Vielleicht habe ich deshalb auch meinen Beruf so wichtig genommen, weil ich dort zum ersten Mal wieder erfahren habe, dass man gewisse Verrücktheiten eben auch kreativ nennen kann und sie nicht gleich abwerten muss. Ich fühlte mich beim Fernsehen angenommen. Ich hatte zwar nicht die Hand meines Adoptivvaters, aber im übertragenen Sinne haben die mich dort auch an die Hand genommen.

Ich erinnere mich an einen Redakteur in Berlin, der eine ganze Nacht lang einen Film mit mir durchgegangen ist, der dann für den Jakob-Kaiser-Preis eingereicht wurde und ihn auch bekommen hat. Beim Fernsehen waren Menschen, die mich akzeptierten und die mich in meinem schnellen oder Anders-Denken förderten. Das hatte ich vorher eigentlich nur bei meinem Adoptivvater erlebt. Der traute mir auch einfach alles zu. In seiner Nähe hatte ich niemals Angst, und die hatte ich auch bei meiner Arbeit nicht.

Wenn ich es genau überlege, war meine Arbeit über lange Jahre meine Familie, und dank der vielen Väter im Beruf ist es mir wohl gelungen, beruflich eine Kontinuität herzustellen, die ich im Privatleben nicht hingekriegt habe. Vielleicht, weil ich da zu sehr gemaßregelt und in eine Schablone gepresst wurde. Schon als Kind hat man mir ständig gesagt, ich sei unmöglich. Hat mich gefragt: Warum musst du immer rote Schuhe tragen? Beim Fernsehen wäre das gar keine Frage wert gewesen. Dort war ich ein normaler Mensch unter normalen Menschen. Aber in meiner Familie und meiner sonstigen Umgebung fühlte ich mich immer als Außenseiterin.

Wenn ich mich ständig erklären soll für Dinge, bei denen ich mich fragen muss, was ich falsch gemacht habe, werde ich rebellisch und ungenießbar. Vielleicht bin ich in meinen Ehen daran gescheitert, dass man in einem normalen Alltags-Eheleben eben erklären muss, warum man irgendetwas und warum man es so tut. Mein erster Mann beispielsweise hat mir immer vorgeworfen, ich sei zu sprunghaft: Sag mir jetzt mal ganz genau, wie du zu diesem Gedankensprung gekommen bist. Das hat mich in den vielen Redaktionen, in denen ich gearbeitet habe, nie ein Mensch gefragt. Nie. Wie bin ich dahin gekommen? Ganz einfach, ich habe gesagt, was ich gesehen habe. Was ist daran sprunghaft? Wenn mir dazu noch eine Geschichte einfiel, fand ich das ganz logisch. Mein Adoptivvater hat auch so gedacht, und im Beruf ist mir das wieder begegnet.

Als ich ungefähr 30 und mein Sohn gerade geboren war, haben sich beide Väter, also mein leiblicher und mein Adoptivvater, noch einmal gemeldet. Als mein leiblicher Vater kam, hatte er eigentlich nur Augen für mich, meine Familie interessierte ihn überhaupt nicht. Zu der Zeit war ich im Fernsehen schon mit Namen auf dem Bildschirm. Aha, dachte ich, das ist es: Er hatte keine Schwierigkeiten mit mir, musste nichts bezahlen, jetzt will er sich mit mir – dem Fertigprodukt, das ihm äußerlich gefällt – schmücken. Er hatte seinem ersten Enkelkind noch nicht mal eine Tafel Schokolade mitgebracht oder gefragt: Wie geht es ihm? Was macht er? Stattdessen schlug er vor, wir könnten uns doch ab und zu mal treffen.

Sie haben bis heute nichts für mich getan, habe ich zu ihm gesagt und ihn wieder gesiezt, weil er mir total fremd vorkam und ich auch wollte, dass er mir fremd bleibt. Deshalb sehe ich auch keine Veranlassung, mich mit Ihnen zu treffen, und lege auch nicht den geringsten Wert darauf.

Die Replik war, dass in seinem Testament stand, er wünsche nicht, dass irgendetwas an seine Tochter Sigrid gehe, was mich in meiner Einschätzung von ihm eigentlich nur bestätigt hat.

14 Tage später kam mein Adoptivvater. Er schlug mir vor, ich solle mir vorstellen, er sei im Krieg gewesen und würde jetzt wiederkommen, und bot mir an, dass wir uns wiedersehen könnten. Klipp und klar habe ich ihm gesagt, dass ich so sehr gelitten und um ihn geweint hätte, dass ich mir das nicht mehr antun könne und ihn auch nicht mehr sehen wolle.

Heute tut es mir sehr leid, dass ich ihn damals weggeschickt habe. Aber es war wirklich so, dass ich die ganzen Jahre so voller Schmerz war, dass ich mich nicht anders verhalten konnte. Ich hatte sicherlich auch große Angst davor, dass alles noch mal aufbricht. Das hätte ich mit 30 nicht verkraftet. Ich kann ja bis heute den Schmerz um meinen Adoptivvater nicht vergessen. Die Zeit mit ihm war die wichtigste in meinem Leben, und die Trennung von ihm hat mir wirklich das Herz gebrochen.

Als ich vor drei Jahren schwer krank war, hatte ich eine Nacht, in der ich über mein Leben nachdachte. Ich war gerade geschieden, meine Kinder waren aus dem Haus. Ich war allein und sehr verletzt, weil sich meine Geschwister und meine Mutter nicht um mich kümmerten, obwohl sie wussten, wie schlecht es mir ging. Irgendwo muss es doch jemanden geben, der zu mir steht oder zu dem ich gehöre? Hätte mein Adoptivvater noch gelebt, ich hätte ihn angerufen. So wollte ich einfach, bevor ich von dieser Welt ginge, noch einmal eine Familie haben, wollte, was ich all die Jahre abgelehnt hatte: jemandem ähnlich sehen und auch ähnlich sein. Früher habe ich immer behauptet: Ich bin mir selbst genug. Quatsch, den man aufgrund von Verletztheit oder Unsicherheit manchmal so sagt. Jetzt wollte ich, dass jemand sagt: Ich hab dich lieb. Du gehörst zu uns. Du siehst ja aus wie dein Vater.

In dieser Zeit fing ich eine Gesprächstherapie an und hatte dann den Mut, die Witwe meines leiblichen Vaters anzurufen. Sie hat toll reagiert, fand es gar nicht merkwürdig, dass ich sie anrief, und hat mir viel von meinem leiblichen Vater erzählt. Aber ihre Erzählungen über ihn haben nicht bewirkt, dass ich mich ihm näher fühlte, eher dachte ich: Wie gut, dass ich nicht mit ihm aufgewachsen bin, er hätte alles in mir unterdrückt, was mein Leben schwierig, aber auch bunt gemacht hat.

Die Witwe meines leiblichen Vaters sagt, er sei seinen anderen Kindern ein sehr guter Vater gewesen. Mir gegenüber war er es nicht. Ich fühle mich, was ich ganz schrecklich finde, völlig familienlos, und dafür gebe ich auch ihm eine große Schuld. Vielleicht hat es meine Mutter auch verhindert, dass er Kontakt zu mir hatte, das kann ich nicht beurteilen, aber selbst wenn sie es verhindert hat – hätte mein leiblicher Vater gewollt, dann hätte er mich jederzeit erreichen können. Und wenn er wirklich an mir interessiert gewesen wäre, hätte er mir auch eingeräumt, dass es für mich schwierig mit ihm war, und hätte mir Zeit gelassen.

Stattdessen war er weg, als ich sein erstes Kontaktangebot ablehnte. Er hätte sich schon ein bisschen mehr um mich bemühen müssen, zumal er wusste, dass ich mich scheiden ließ und mit meinem Sohn alleine dastand. Wenn er in dieser Situation nur angerufen und gefragt hätte, ob er mir irgendwie … – ach, mir fällt gar nichts ein, was er hätte sagen können. Ich war sowieso immer sehr selbständig.

Aber ich bin meinem Vater für seine Frau, die ein großherziger Mensch ist, und für meinen Halbbruder, mit dem ich mich sehr gut verstehe, dankbar. Auch wenn ich nicht nachvollziehen kann, wie diese tolle Frau es all die Jahre mit meinem Vater, der in seinem Notizbuch jeden Briefwechsel und jede Kleinigkeit vermerkte, ausgehalten hat. Mich als Frau hätte das gestört, aber ich kann es auch nur von außen betrachten. Als Tochter jedenfalls ist mir das zuwider. Und jetzt, wo ich so viel von ihm weiß, vermisse ich ihn eigentlich noch weniger, falls das überhaupt geht, da ich ihn ja sowieso nie vermisst hatte. Ich habe auch nicht mehr das Bedürfnis, sein Grab aufzusuchen. Das, was er mir hinterlassen hat und was vielleicht auch eine Art Fügung ist und mein Leben reicher macht, sind die Menschen, mit denen er lebte und die zu ihm gehörten.

Bis heute habe ich nicht das Gefühl, meinem leiblichen Vater irgendetwas bedeutet zu haben. Umso mehr hat mich die Suche nach ihm darin bestätigt, dass der ewige Student der Architektur, mein Adoptivvater, der Vater meines Lebens war.

Aber durch die Suche nach meinem leiblichen Vater habe ich Selbstsicherheit gewonnen, gerade weil ich nicht so bin wie er. Und zum ersten Mal in meinem Leben bin ich frei, weil ich so schwach sein kann, wie ich mich fühle, und um mein verlorenes Leben weinen kann, das ja gar nicht verloren ist. Ich muss mich niemandem gegenüber mehr rechtfertigen und bin zum ersten Mal glücklich.

Ich hätte nie gedacht, dass ich so glücklich alleine leben kann, und bin jetzt, wo ich von meiner Familie befreit bin und mich von meinen Vätern gelöst habe, so neugierig auf das Leben, dass ich mit 60 das Gefühl habe, ich sei noch mal 25.

»Ich habe kein Familiengefühl.«
Theresa, Frankfurt, geboren 1955

Theresa hat einen Sohn und arbeitet als Fundraiserin und Öffentlichkeitsarbeiterin einer gemeinnützigen Organisation in Frankfurt. Ursprünglich wollte sie Tierärztin werden. Nach ihrer Ausbildung zur veterinärmedizinisch-technischen Assistentin und dem Besuch des Abendgymnasiums interessierte sie sich jedoch mehr für politisch-sozialwissenschaftliche Themen und studierte Kulturanthropologie. Ihre Magisterarbeit erschien als Buch und handelt davon, wie sich die 68er vom Ideal des Kollektivs verabschiedet haben.

Säße Theresa jetzt nicht in ihrem Wohnzimmer am Esstisch und gäbe das Interview, wäre sie vielleicht mit ihrem Sohn im Fußballstadion. An der Wand hinter dem Esstisch hängen »Tausend rote Rosen«. Müßig, darüber nachzudenken, ob es wirklich tausend Rosen sind, Theresa liebt rot!

Kurz nach meiner Geburt haben sich meine Eltern scheiden lassen. Ich kann aber weder etwas über ihr Liebesverhältnis noch über ihre Scheidung sagen, weil ich darüber nichts weiß. Später habe ich erfahren, dass mein Vater nicht viel tauge und meine Mutter nachts heulend mit mir im Kinderwagen durch Frankfurt gelaufen sei, weil er sie verlassen hatte. Das war's. Mehr wurde über meinen Vater nicht erzählt.

Bis heute hat mir auch niemand etwas über mich erzählt. Nur einmal gab es eine Meinungsverschiedenheit mit meiner Mutter, weil ich behauptete, ich hätte meine ganze Kindheit bei meiner Großmutter am Niederrhein verbracht, während sie meinte, es seien nur anderthalb Jahre gewesen. Dabei weiß ich, dass ich bei meiner Großmutter in den Kindergarten und auch in die Grundschule ging. Erst nach der Kommunion kam ich zu meiner Mutter, bis dahin lebte ich im Haushalt meiner Großmutter. Nur ihre Töchter und ich. Also bin ich, bis ich neun war, nicht nur vaterlos, sondern auch »männerlos« aufgewachsen.

Als ich fünf oder sechs war – ich wurde zum ersten Mal an meinen Augen operiert –, hat mich mein Vater nach Brügge gebracht, dann ist er erst wieder zu meiner Kommunion in Erscheinung getreten. Aber über ihn oder seine Abwesenheit habe ich mir keine

Gedanken gemacht. Eher darüber, dass meine Mutter so weit weg war. Denke ich an meine Kindheit, sehe ich vor mir, wie ich am Gartentürchen stehe und auf meine Mutter warte. Ich habe mich immer gefragt, ob meine Mutter mich liebt und warum sie eigentlich nicht kommt. Ich glaube, ich war ziemlich alleine.

Mein Vater hatte auf Föhr ein kleines Hotel mit Restaurant. Als ich 13 oder 14 war, hat er mich und die beiden Kinder, die er mit der Frau nach meiner Mutter hatte, dorthin eingeladen. Er hat mir ein schönes Kleid mit ganz vielen Knöpfen gekauft. Die Tage verbrachte ich bei einem Bauern, zum Schlafen bin ich ins Haus meines Vaters. Für mich war das wie eine ganz normale Ferienfreizeit.

Später kam mein Vater dann einmal im Jahr auf der Fahrt nach Föhr in Frankfurt vorbei und hat mich und meine Stiefschwester in irgendein Restaurant zum Essen eingeladen. Er spielte sich als Vater auf, was ich völlig inadäquat fand, schließlich war er sonst nie da. Ich verhielt mich ihm gegenüber sehr reserviert. Außerdem wollte ich auch nicht von ihm angefasst werden.

Es gab eine Zeit, da habe ich meinen Vater richtig verleugnet, und in der Pubertät wollte ich, dass mich mein Stiefvater adoptiert, was mein Vater aber nicht zugelassen hat. Trotzdem habe ich mich in privaten Zusammenhängen so genannt wie mein Stiefvater. Für mich gab es eine eindeutige Identifizierung mit meinem Stiefvater. Bei ihm fühlte ich mich gut aufgehoben. Er war sehr nett, hat mich gemocht, hat was mit mir unternommen und war eben auch täglich da. Meinen Stiefvater habe ich als Vater akzeptiert, weil ich ihn so erlebt habe – meinen Vater nicht.

Zu meinem 18. Geburtstag hat mir mein Vater ein Sparbuch überreicht. Von dem Geld habe ich mir für das Zimmer in der Wohngemeinschaft, in der ich mit meinem damaligen Freund und einem weiteren gemeinsamen Freund wohnte, einen Teppich gekauft. Irgendwann, ich war vielleicht 20, besuchte mich mein Vater, setzte sich zu uns in die Küche und hat mit den Jungs gesoffen. Er war sehr sympathisch und witzig, wie er da mit den beiden Jungs gesessen und gesoffen hat. Ich glaube, das war die erste menschliche Begegnung, die ich mit ihm hatte.

Eigentlich habe ich meinen Vater erst kurz vor Ende meines Studiums wieder getroffen, Mitte der 80er, ich war schon über 30. Mein Vater wusste, dass ich über den zweiten Bildungsweg das Abi gemacht hatte und studierte. Irgendwann sagte er, es sei schlecht, während des Studienabschlusses zu arbeiten, und hat mir monatlich einen Betrag überwiesen, damit ich den Abschluss machen konnte. In dieser Zeit habe ich ihn auf der Bühler Höhe im Schwarzwald getroffen. Das war sehr spannend. Ich habe ihn da eigentlich das erste Mal bewusst gesehen und gemerkt, dass wir den gleichen Humor haben, über dieselben Dinge lachen, die gleichen Hände haben, mit den gleichen Gesten argumentieren.

Das Treffen auf der Bühler Höhe war ganz von diesen Eindrücken beseelt. Es war ein richtiges Aha-Erlebnis, weil es mir gezeigt hat, dass es nicht nur Sozialisation gibt, sondern auch so etwas wie eine biologische Familie. Seitdem habe ich meinen Vater als Vater angenommen und nehme ihn auch gegenüber meiner Mutter in Schutz, wenn sie irgendwelche Biestigkeiten gegen ihn loslässt oder mich anfährt: Lass dir das doch von deinem Vater bezahlen, hoffentlich hat er dir mal wieder ein dickes Scheinchen zugesteckt ... Was mein Vater macht oder nicht, geht meine Mutter gar nichts an, er macht genug, das ist okay so.

Gelernt hat mein Vater Landwirt. Nach dem Krieg hatte er einen Verlag und gab eine Weinzeitschrift heraus. Irgendwann spezialisierte er sich auf Damenmoden und hatte mehrere Boutiquen. Im Alter hat er sich dann auf sein Kochgenie besonnen und ein Hotel mit Restaurant auf Föhr eröffnet. Heute sitzt er als Präsident einem Verein von Hoteliers und Gastronomen vor und kümmert sich um die Kunst des Lebens. Keine Frage, mein Vater ist ein Lebenskünstler. Ein Mann mit sehr viel Charme, der auch mit 85 noch sämtliche Frauen um den Finger wickelt, Frauen seines Alters natürlich. Außerdem ist er ein Patriarch, der sehr viel Wert auf seine adlige Herkunft legt. Er ist nämlich das uneheliche Kind einer Freifrau, die einen bürgerlichen Apotheker heiratete, der meinen Vater adoptierte, wodurch er seinen Adelstitel verlor. Nach dem Krieg hat mein Vater alles dafür getan, seinen Adelstitel zurückzubekommen, damit er sich wieder Freiherr nennen durfte, was er auch geschafft hat. Früher dachte ich, mein Vater habe sich den Freiherrn ausgedacht, aber seine Großmutter steht im Genealogieführer.

Natürlich ist mein Vater auch ein Luftikus, der sich mehr schlecht als recht durchs Leben gemogelt und viele Frauen geschwängert hat. Allein väterlicherseits habe ich sechs Geschwister, mütterlicherseits nur eine Schwester. Mein Vater war nie sehr sesshaft, wohl auch nicht sehr beziehungsfähig, am längsten ist er mit seiner jetzigen Frau zusammen, 25 Jahre schon.

Äußerlich wurde die Familie, die ich durch meinen Vater dazugewonnen habe, immer größer, trotzdem sind wir keine Familie. Mit manch einem meiner Halbgeschwister wäre ich im normalen Leben nie befreundet. Den Anspruch habe ich aufgegeben: alles, was Bruder oder Schwester ist, sympathisch zu finden oder in mein Leben zu integrieren. Meine Halbgeschwister sind wildfremde Menschen, die irgendwann im Leben meinen Weg gekreuzt haben und denen gegenüber ich mich nicht verpflichtet fühle, familiäre Kontakte zu pflegen. Das einzige, was ich ganz pragmatisch sehe, ist, dass ich vor der Beerdigung meines Vaters mindestens einmal alle Halbgeschwister getroffen haben will. Ich möchte nicht irgendwelchen fremden Menschen am Grab meines Vaters begegnen und erfahren: Das ist ein Halbbruder von mir. Deshalb kümmere ich mich jetzt darum. Einen Halbbruder kennen meine Halbschwester in Arizona und ich noch nicht. Wenn sie das nächste Mal in Deutschland ist, werden wir Nägel mit Köpfen machen und uns mit ihm treffen.

Ich glaube, was für andere ganz selbstverständlich ist, dass sie Teil einer Familie sind, sich besuchen, am Geburtstag aneinander denken und sich zu Festen einladen, entwickelt man nicht, wenn man so wie ich in einem losen Haufen aufgewachsen ist. Uns alle, auch meine Tanten und meine Mutter, deren Vater im Krieg gefallen ist, vereint, dass wir kein Familiengefühl haben. Meine Großmutter hat noch versucht, so etwas wie einen Familienzusammenhalt herzustellen, aber nachdem sie tot war, ist keiner mehr an den Niederrhein gefahren.

Ich glaube nicht, dass der Vater für das Familiengefühl entscheidend ist, entscheidend sind Menschen, die sich einander verpflichtet fühlen, die verbindlich und verantwortlich miteinander umgehen. Trotzdem ist ein Vater wichtig für eine Familie. Meinen Sohn und mich würde ich zum Beispiel nicht als Familie sehen. Zwei sind zu wenig, es gehört mindestens noch eine Person dazu, und eigentlich stelle ich mir unter Familie einen großen Esstisch vor, an dem zwei Erwachsene und viele Kinder sitzen.

Wie nennt man diese Neuformungen von Zusammenleben, diese Konglomerate heutzutage? Allein in unserer Familie gibt es die unterschiedlichsten Lebensformen. Meine eine Halbschwester ist lesbisch, hat sich »verlebenspartnert«, und ihre Lebensgefährtin hat jetzt per künstlicher Befruchtung ein Kind bekommen. Alle begreifen dieses Kind als Familienzuwachs, aber mein Vater hat damit ein Problem. Dass seine Tochter lesbisch ist, hat er irgendwie akzeptiert, aber mit ihrer Lebenspartnerschaft tat er sich schwer und schob zur Hochzeit irgendwelche Krankheiten vor, nur um nicht hingehen zu müssen. Jetzt tut er sich noch schwerer mit diesem Enkel, der zwar seinen Namen trägt, aber eigentlich nichts mit ihm zu tun hat. Ich kann meinen Vater verstehen, auch für mich ist der Junge kein Verwandter. Nichts gegen moderne Zusammenlebensformen, aber ist das noch Familie? Offensichtlich ist die Gesellschaft momentan in einem Umbruch, aber auch in meiner Familie gab es die traditionelle Vater-Mutter-Kind-Familie nicht.

Meinem Vater hatte ich das Vatersein abgesprochen, und bei meiner Mutter habe ich mich nie als Kind gefühlt. Dieses Kind-von-Mutter-oder-Vater-sein-Gefühl, das mein Sohn ganz klar hat, hatte ich nie. Einmal im Jahr fahre ich mit meinem Sohn zu meinem Vater, damit sich auch Enkel und Großvater sehen. Es ist schon wichtig, wenn mein Sohn ohne familiäre Bindungen groß wird, ihm wenigstens punktuell zu vermitteln, dass es außer Mutter und Vater noch so etwas wie Großmutter und Großvater gibt.

Vielleicht wäre ich, wenn ich mit meinem Vater aufgewachsen wäre, jetzt verheiratet und hätte mit meinem Mann ein Haus in Stadtnähe. Wir hätten einen Hund, und ich als Ehegattin mein Auskommen ... Aber denke ich über müßige Geschichten nach? Nicht wirklich. Bestimmt hatte ich als Kind auch Wünsche. Ich wollte Tierärztin werden, wollte ein Pferd haben, einen Hund. Ich wollte, dass meine Mutter kommt. Das war bestimmt ein sehr inniger Wunsch von mir, den ich aber, glaube ich, nie formuliert habe. Und natürlich wollte ich auch immer eine Beziehung haben und mit einem Mann zusammenleben, Liebe eben.

Ich dachte auch, der Vater meines Sohnes wäre es, als ich mich mit 37 Jahren erwachsen genug fühlte, um die Verantwortung für ein Kind zu übernehmen. Er wollte zwar nicht so recht, war aber davon in Kenntnis gesetzt, dass ich die Verhütung aussetzte. Ja, und dann passierte es. Er freute sich auch über die Schwangerschaft, regredierte aber selbst zum Kind, als der Kleine dann da war. Plötzlich hatte ich zwei Kinder. Es gibt aus dieser Zeit nur Fotos von einem Vater, der sich auf Augenhöhe mit seinem Sohn bewegt und irgendwo herumliegt. Ich hatte einen Mann an meiner Seite, der nicht in der Lage war, nachts auch mal das Kind zu übernehmen, sich aber die Nächte mit Doppelkopfspielen um die Ohren schlug. Vom Vatersein war er furchtbar erschöpft und immer müde, dabei ging er nicht mal arbeiten. Da ich den Idealen von der wahren Liebe, dem gegenseitigen Helfen und Unterstützen nachhänge und meinen Sohn gemeinsam mit meinem Partner großziehen wollte, aber den Eindruck hatte, der Vater meines Sohnes würde nur noch aus reiner Bequemlichkeit bei mir sein, habe ich mich von ihm getrennt.

Mittlerweile glaube ich, dass durch diese Trennung für den Vater meines Sohnes so etwas wie Vatersein überhaupt erst möglich wurde. Wollte er seinen Sohn sehen, musste er ihn zu sich nehmen, musste zumindest für die überschaubare Zeit, in der er seinen Sohn bei sich hatte, Verantwortung übernehmen. Solange ich da war, konnte er das nicht. Vielleicht müssen Männer in die Vaterrolle ja auch erst hineinwachsen.

Und da ich bei meinem Kind alles besser machen wollte, gehörte dazu auch, dass ich ihm den Kontakt zu seinem Vater ermöglichte. Außerdem wusste ich, dass dem Vater meines Sohnes etwas an ihm liegt. Ich wollte ja mit diesem Mann ein Kind, warum sollte ich nach der Trennung plötzlich irgendeinen Racheengel auspacken? Heute ist unsere Beziehung sehr moderat, und mein Sohn weiß, dass er Vater und Mutter hat und beide für ihn da sind, wenn auch zu unterschiedlichen Zeiten.

Manchmal überlege ich, ob noch mal ein Mann in mein Leben treten wird. Ich gucke mich dann in meiner Wohnung um, stelle mir vor, hier liefe einer rum, und frage mich, ob mir das so recht wäre. Ein Mann neben mir hätte überhaupt keinen Raum. Der könnte seinen Beschützerinstinkt gar nicht ausleben. Wollte er mich beschützen, müsste er Sachen machen, die ich nicht kann. Da ich aber bis jetzt fast alles selbst gemacht habe und auch ohne Mann ganz gut durchs Leben gekommen bin, täte sich ein Mann schon schwer mit dem Mich-beschützen-Wollen.

Die Kehrseite ist – mich rettet auch keiner. Die Männer denken, ich käme schon alleine klar. Und wahrscheinlich ist es auch so.

Wenn ein Prinz käme und mich auf seine starken Arme nähme, ich wollte sofort runter, weil ich das nicht ertragen könnte. Ich hatte mal so was, das war schrecklich. Alles, was ich mein Lebtag selbst gemacht hatte, sollte ich plötzlich nicht mehr machen. Sofort wurde mir der Hammer aus der Hand genommen, wenn ich irgendwo einen Nagel einschlagen wollte.

Ich glaube, wenn man in einer Familie aufwächst, lernt man von klein auf, Konflikte auszutragen. Vater, Mutter, viele Kinder, alle an einem Tisch, natürlich wird gezofft, jeder muss um seine Geschichten kämpfen, kriegt nicht immer seinen Willen und muss Kompromisse eingehen. Das ist etwas, was ich nie hatte. Ich war immer alleine, habe immer für mich selbst entschieden, musste mich mit niemandem auseinandersetzen. Aber genau diese Qualität des Sichauseinandersetzens lernt man in Familien, ist sogar darauf angewiesen. Man kann in einer Familie nicht einfach gehen und sich eine neue suchen, man muss sich zusammenraufen. Und dieses Sichzusammenraufen, das ich nie mitbekommen habe, fehlt mir in Beziehungen. Wenn mir was nicht gepasst hat, bin ich gegangen: Mit uns beiden geht's wohl nicht – und tschüss!

»Selbst im Sterben konnte er das Lügen nicht lassen.«

Sandra, Wien, geboren 1955

In London geboren und in Sydney aufgewachsen, kam Sandra mit 14 Jahren nach Wien, die Heimatstadt ihrer Mutter. Sie sprach kein Wort Deutsch und hatte Heimweh nach Australien. Englisch ist Sandras Vatersprache. Am Royal College of Art in London, dem Oxford der Künstler, hat Sandra Malerei studiert. Sie war zweimal verheiratet und hat eine Tochter. Heute lebt sie in Wien, hat dort auch ihr Atelier und malt. Sandra greift oft historische, aktuelle oder biographische Themen auf, die sie künstlerisch bearbeitet und damit bewahren möchte.

Meine Mutter war zehn, als sie 1938 mit dem letzten Kindertransport von Prag nach England kam. Ihr Vater hatte sie noch zum Zug gebracht. Kurze Zeit später wurde er deportiert. Sie haben ihn im Konzentrationslager umgebracht. Die Mutter meiner Mutter war bis zum Kriegsende in einem Wiener Gefängnis interniert.

Mit anderen traumatisierten jüdischen Kindern lebte meine Mutter, bis sie 18 war, in der Barbican Mission of the Jews, zuerst in London, später in Devon. Geleitet wurde die Mission von einem zum Protestantismus konvertierten jüdischen Ehepaar, das versuchte, die jüdischen Kinder, die es nach England geholt und gerettet hatte, zu christianisieren.

Mit 18 Jahren, 1945, ging meine Mutter nach London und hat dort nach acht Jahren ihre Mutter zum ersten Mal wiedergesehen. Beide waren staatenlos und furchtbar arm. Meine Großmutter heiratete einen 14 Jahre jüngeren Londoner und überredete meine Mutter, Lehrerin zu werden. Zu der Zeit war meine Mutter in einen Schweizer Juden verliebt, der sie aber nicht heiraten durfte, weil seine Mutter es nicht wollte. Todunglücklich hat sie sich dann nach der Lehrerinnenausbildung auf meinen Vater eingelassen.

Meine Eltern wohnten in London über einer Bäckerei. Nachdem sie schon ein Jahr verheiratet waren, wurde ich geboren. Weil mein Vater die Miete nicht bezahlte, wurden sie rausgeschmissen, und er hat südlich von London ein Haus gekauft. Während meine Mutter unterrichtete, war ich in einer Art Krabbelstube untergebracht. Mein Vater war ein Spieler, hatte keine Arbeit, aber zwei Hypotheken auf dem Haus, die er nicht ablösen konnte. Er dachte, wenn er nicht da wäre, bekäme meine Mutter Sozialhilfe, und haute ab.

Ich machte mir Sorgen um ihn, wollte wissen, wo er war. Bei der Arbeit, hat meine Mutter gesagt.

Ich habe mir dann eine Halle mit vielen Betten vorgestellt, und in einem schlief mein Vater. Aber hin und wieder hat er auch bei uns in einem kleinen Zimmer auf einer Matratze auf dem Boden geschlafen. Wenn er da war, habe ich mich zu ihm gelegt, bis er geschnarcht hat, dann bin ich wieder gegangen.

Meine Mutter wollte unbedingt ein zweites Kind, was ich unter solchen Umständen ganz unverständlich finde. Als sie schwanger war, kam mein Vater eigentlich kaum noch zu uns. Ich habe nur noch eine ganz vage Erinnerung an ihn. Ein Buch zum Bildereinkleben war das Letzte, was ich von ihm bekam. Da war ich drei.

Kurze Zeit später holte meine Großmutter meine Mutter, meine Schwester und mich nach Australien, wo sie schon mit meinem Stiefgroßvater lebte. Auf dem Schiff bin ich vier geworden, meine Schwester war neun Monate alt.

In Australien wohnten wir in einer alten Armeebaracke aus Wellblech, in einer Siedlung für mittellose Australier und Emigranten, *edge of the bush*, am Rande von Sydney. Die Baracken waren in der Mitte unterteilt, davor war ein kleiner eingezäunter Garten.

Während meine Mutter in der Emigrantenschule unterrichtete, passte meine Großmutter auf meine Schwester auf. Mich hat meine Mutter in eine Schule für australische Kinder geschickt, die relativ weit weg war und in die ich alleine gehen musste. Oft habe ich die Schule einfach nicht gefunden und bin herumgestrolcht. So habe ich den Busch kennen gelernt. Diese Herumstrolcherei dauerte nur drei Wochen, aber für mich war es wie immer und ewig. Danach bin ich in die Schule meiner Mutter gegangen.

Als ich 13 war, wollte meine Großmutter mit meiner Schwester nach Europa fahren, ihre Geschwister besuchen. Meine Mutter hat sie vor die Wahl gestellt: Entweder nimmst du beide mit oder gar keine. Sie hat uns beide mitgenommen.

Zuerst waren wir in England. Wohnten in Southampton bei meinem Taufpaten, einem Freund meines Vaters. Er erzählte mir, dass mein Vater sehr intelligent sei und dass es schade wäre um ihn. Das war das erste Mal, dass es mich ein bisschen interessiert hat, wer mein Vater überhaupt war. Wo er sich zu der Zeit aufhielt, wusste keiner, er war untergetaucht, um keine Alimente zahlen zu müssen.

Mein Taufpate hatte vier Töchter. Als ich sah, wie seine Töchter auf seinem Schoß saßen, jemanden hatten, der sich um sie kümmerte, bekam ich irgendwie so eine Sehnsucht und dachte: Wieso habe ich so was eigentlich nicht? Ich saß dann auch auf dem Schoß meines Taufpaten. Ich glaube, ich hätte gerne einen Vater gehabt, aber nicht meinen, eher so einen kuscheligen wie meinen Taufpaten.

Von England sind meine Großmutter, meine Schwester und ich nach Wien gegangen. Meine Mutter hatte in der Zwischenzeit dort eine Arbeit gefunden und beschlossen, aus Australien zurückzukommen. Für meine Großmutter war das eine Katastrophe, weil sie nun wieder alleine zu meinem Stiefgroßvater nach Australien musste. Für mich war es eine Katastrophe, weil ich wieder nach Australien zurückwollte und hier bleiben musste. Europa fand ich scheußlich. Klein, dunkel und voller Menschen. Ich konnte kein Deutsch und verstand nichts. Ich habe Australien sehr vermisst: das offene Meer, das Wetter, den legeren Lebensstil.

Irgendwann besuchte uns mein Patenonkel in Wien. Wenn ich groß sei, würde ich die Männer unglücklich machen, das sehe man in meinen Augen, hat er mir gesagt. Ich habe mir das gemerkt, weil es zum ersten Mal in meinem Leben ein männlicher Kommentar von außen war. Außer meinem Patenonkel und meinem Stiefgroßvater hatte ich ja bislang keinen männlichen Spiegel.

Als ich mit 17 in England am Meer Urlaub machte, lernte ich einen zehn Jahre älteren Keramiklehrer kennen, der mein Zeichentalent entdeckte. Ostern darauf besuchte ich ihn wieder. Wenn ich in Wien bliebe, ginge ich unter, meinte er. Besser wäre, ich heiratete ihn. Ich war gerade in sämtlichen Fächern durchgefallen, also dachte ich: Alles ist besser als zu Hause und alles ist besser als Wien. Bin nach England, habe den Keramiklehrer geheiratet, die Schule fertig gemacht und Kunst studiert.

Noch als ich klein war, hatte mir meine Mutter die Adresse der Schwester meines Vaters in London gegeben. Mit 21 Jahren, ich wohnte und studierte zu der Zeit in Birmingham, habe ich zu einem Freund gesagt: Gehen wir meinen Vater in London besuchen!

Als meine Tante die Tür öffnete, hat sie mich angeschaut, als käme ich vom Mond. Typisch englisch hat sie uns – *I make you a cup of tea!* – reingebeten, uns auf dem Sofa platziert und die Familienalben rausgeholt.

Wo ist mein Vater? habe ich sofort gefragt.

Er sei nicht da, behauptete meine Tante.

Oh, ja er ist da! – Ich war mir ganz sicher.

Und da stand er auch schon in der Tür.

Warum lügst du mich an? war das Erste, was ich zu ihm gesagt habe.

Er hat am ganzen Körper gezittert und mich umarmt, was ich total ekelhaft fand. Wir sind zu dritt essen gegangen. Während des Essens hat mein Vater unentwegt Geschichten erzählt. Kein Wort einer Entschuldigung, nur Rechtfertigungen. Es war schon eine komische Begegnung.

Mein Vater war sehr schlank, sehr muskulös und sehr fit, obwohl er irrsinnig viel geraucht hat. Er war protestantisch und richtig irisch; war witzig, hat Geschichten erzählt, von denen man nie wusste, ob sie stimmten oder nicht, ein richtiger Angeber. Und er hat gelogen. Er war zwar kein Alkoholiker, dafür hat er gewettet, was er aber als guter Puritaner nicht durfte und deshalb immer abstritt: Das sei eine Lüge, behauptete er. War es aber nicht, ich hatte ja die Wettscheine bei ihm gefunden, und der Mann meiner Tante hatte es bestätigt, er und mein Vater gingen nämlich zusammen wetten. Als Ehemann oder Vater konnte man meinen Vater vergessen, völlig unbrauchbar, absolut verantwortungslos.

Wenn er gewonnen hatte, war er sehr großzügig und hat das Geld zum Fenster rausgeworfen. Seinen Lebensunterhalt verdiente er in der Zentrale eines Taxi-Services. Nicht viel. Entsprechend ärmlich hat er auch in einem Zimmer unterm Dachboden gelebt.

Ich übernachtete damals öfter bei ihm, weil ich ihn kennen lernen wollte. Wir hatten sehr lange Gespräche, bei denen meist ich redete und er fast alles schrecklich fand, was ich ihm erzählte. Er hat mich kritisiert und versucht zu erziehen, woraufhin wir gestritten und ich ihm einen bösen Brief geschrieben habe: Nur weil ich eine zufällige Ejakulation von dir bin, hast du kein Recht, über mein Leben zu urteilen. Du kannst es dir anhören, aber sonst auch nichts!

Nach diesem Brief hatten wir uns ziemlich entfremdet.

Weil ich keinen Vater hatte und meine Mutter immer sehr selbständig war, griff bei mir der Prinzessinnenmythos nicht: Wenn ich als Kind *fairy tales* oder Mythen las, war ich nie die Prinzessin. Ich war immer der Held, was ich viel spannender fand. Diese Identifikation mit dem Helden ist mir später am College sehr zugute gekommen, als mir meine Professoren ständig sagten, ich sei schlecht, aus mir würde nichts. Da ich von meiner Mutter gelernt hatte, Männer sind blöd und man kann sowieso nicht glauben, was sie sagen, und im Hinterkopf die Erfahrung hatte, dass mein Vater lügt, war für mich ganz klar: Männer nimmt man nicht ernst.

So gesehen war es gut, dass ich ohne Vater aufgewachsen bin, weil ich mich gegen Männer und auch speziell gegen meine Professoren wehren konnte. Ich war selbst ein Held! Es gab auch keine innere Vaterstimme, die mich zur Räson gerufen hätte. Meine inneren Stimmen waren Frauenstimmen, meine Großmutter und meine Mutter, die immer davon überzeugt waren, ich würde was, und auch immer wollten, dass ich was tue. Entwertungen von Männern habe ich nie auf mich bezogen, fühlte mich nie persönlich angesprochen.

In London habe ich mit drei Männern in einem Atelier gearbeitet; als eine weitere Studentin dazukam, hatten sie die sehr schnell rausgeekelt. Wieso ich bleiben durfte, wollte ich wissen. *You are one of us!* Ich sei wie sie, haben sie gesagt. Was bedeutete, dass ich sehr gut saufen konnte. Wie ich mich sonst benahm, war ihnen wurscht.

Weil ich den Streit mit meinem Vater blöd fand, habe ich ihn zu meiner Bachelor-of-Fine-Arts-Abschlussprüfung eingeladen. Er kam, und wir haben uns wieder angenähert. In seinem Haus war ein Zimmer frei. Ich könne dort wohnen, er würde die Miete zahlen, schlug er mir vor. Wenn ich da wohne, muss ich irgendetwas mit ihm tun, außer Fernsehen und rauchen, dachte ich.

Mein Vater konnte kein Deutsch, aber es interessierte ihn, also haben wir zusammen Rilke gelesen und übersetzt. Es war ein Vergnügen, mit ihm zu arbeiten. Mein Vater war eine echte Bereicherung für mich. Er hatte viel Humor, wir haben richtig viel gelacht. Er ist sehr genau an die Texte herangegangen, hat nicht lockergelassen. Wir hatten ein altes Wörterbuch aus dem 19. Jahrhundert. Ich musste ihm genau erklären, was das Wort oder der Text meiner Meinung nach bedeutete. Dann haben wir unsere Übersetzung mit Steven Spenders verglichen und geschaut, wie wir es anders machen könnten.

Ein Jahr lang haben wir so Rilkes Elegien übersetzt, und ungefähr fünf Jahre habe ich bei ihm gewohnt. Intellektuell haben wir uns immer sehr gut verstanden, aber emotional oder körperlich waren wir uns fremd.

Später hat mir meine Tante erzählt, dass man meinen Vater im Krieg, da war er 14 Jahre alt, zu einer Familie aufs Land geschickt habe. Irgendwas muss dort passiert sein, worüber er nie gesprochen hat. Als er zurückkam, war er verstört, sehr fahrig, hat irrsinnig viel geraucht und eine Mauer um sich gebaut. Tragisch für meinen Vater war auch, dass die Deutschen seinen Bruder, ein Flieger und sein großes Vorbild, abgeschossen hatten. Dessen Tod hat mein Vater nie wirklich überwunden. Und mit 18 Jahren haben die Briten ihn dann nach Palästina geschickt, was sicher auch sehr gefährlich war. Ich nehme an, er hat dort schreckliche Dinge gesehen.

Nach dem Studium, 1984, bin ich zurück nach Wien und habe meine Tochter bekommen. Mein Vater hat mich besucht. Überall lagen seine Zigarettenstummel herum. Er hat die Füße auf den Tisch gelegt, um sieben in der Früh rauchte er schon. Wenn man ein Kleinkind hat, nervt das.

Wieder in London hat er mir dann ellenlange Briefe, fast Bücher geschrieben. Am Schluss ein Satz über mich, der Rest nur englische Politik und seine Meinung dazu. Völlig uninteressant. Ich habe die Briefe nie gelesen, weil sie so langweilig waren, was meine Schwester ihm gesteckt hat. Dann hat er mir Fangfragen gestellt, und als er merkte, dass ich die Briefe wirklich nicht gelesen hatte, hörte er auf, welche zu schreiben.

Am Anfang hatte ich bestimmt mehr Kontakt zu meinem Vater. Später, als meine Schwester mit ihrem Sohn, den sie alleine erzog, in London lebte, war mein Vater so eine Art Ersatzvater für den Jungen. Mein Vater ist oft zu meiner Schwester gefahren und hat ihr geholfen. Ich würde sagen, mein Neffe ist der Einzige, der eine wirklich schöne Beziehung zu meinem Vater hatte. Er ist ihm vom Körperbau sehr ähnlich.

Er war auch dabei, als sich meine Mutter und mein Vater nach 30 Jahren für einen kurzen Augenblick begegneten. Mein Vater war zu Besuch in Wien, mein Neffe war damals acht, war bei meiner Mutter und sollte wieder zu mir kommen. Beide, Vater und Mutter, hatten ganz klar gesagt, sie wollten sich unter keinen Umständen begegnen. Mit meiner Mutter hatte ich ausgemacht, dass und wann wir uns im Café treffen, wo sie mir meinen Neffen übergibt, derweil sollte mein Vater im Prater spazieren gehen. Ich habe ihm genau gesagt, wie er gehen sollte. Ich hatte alles so arrangiert, dass sie sich gar nicht hätten begegnen können. Aber meine Mutter war, was sie sonst nie ist, 20 Minuten zu früh, und mein Vater hatte sich verirrt. Mein Neffe, an der Hand meiner Mutter, zeigte auf die gegenüberliegende Straßenseite und rief:

Look, look, there is granddaddy!

Als ich meine Mutter im Café traf, sagte sie als Erstes: Ich habe deinen Vater gesehen. Er schaut aus wie eine alte Eidechse.

Zu Hause hat mich mein Vater angefahren, ich hätte es absichtlich so arrangiert, dass sie sich begegneten. Die sind doch beide deppert, dachte ich. Wirklich. Nach 30 Jahren!

Eines Tages bekam ich eine Postsendung von meinem Vater. Romantische Schwarzweiß-Lithographien aus dem 19. Jahrhundert. Ein bisschen vergilbt, schwarzer Rahmen. Wenn der Frühling kommt, lieg' ich dort unter den Steinen, war an den Rand einer Lithographie geschrieben, auf der ein alter Mann mit einem Stock vor einer alten Dame stand. Auf allen Lithographien waren solche kryptischen Anmerkungen über Abschied und Krankheit. Wieso schickt er mir das, dachte ich und rief meine Schwester an. Er hatte Lungenkrebs. Für einen kurzen Moment war ich irgendwie unglücklich. Er wollte nicht, dass ich komme, aber ich bin trotzdem hingefahren.

Es sah schrecklich aus bei ihm. Wie in einer Dickens-Novelle. Wie auf den Lithographien, die er mir geschickt hatte, das ganze Zimmer war vergilbt. Überall auf dem Fußboden klebte *complain*, ein weißes Pulver, das man mit Wasser mischte und in dem er herumpickte, weil er nichts Richtiges mehr essen konnte. Damit er weicher lag, hatten sie ihm ein Fell ins Bett gelegt. Es roch grausig. Nachts kam immer jemand und hat bei ihm gesessen.

Als mich mein Vater sah, hat er mich angefaucht: *Can't you see, I'm dying.*

Gut, habe ich gedacht, mache ich eben bei ihm sauber. Danach hatte ich richtig Muskelkater.

Meine Schwester und ich schafften es, dass er in ein Hospiz kam. Als wir mit dem Krankenwagen hinfuhren – er konnte kaum sprechen –, hat er dem Krankenpersonal erzählt, was er früher war. Nichts davon stimmte. Selbst im Sterben konnte er das Lügen nicht lassen.

In dem Hospiz war es sehr schön und ganz still. Mein Vater liebte Jazz und Oper. Meine Schwester versuchte, ihm die Kopfhörer einzustellen, damit er Musik hören konnte. Das irritiere ihn, er wies sie zurück. Da habe ich ihn – mitten hinein in diese Hospizstille – angeschrien: Wenn sie dich irritiert, dann bist du wirklich selber schuld! Woraufhin er weinte. Weil er mir leidtat, wollte ich ihn umarmen. *Don't touch me!* krächzte er mich an. Dann bin ich gegangen.

Er ist gestorben, als ich wieder in Wien war. Meine Mutter hat geweint, meine Schwester war auch unglücklich. Ich nicht. Für mich war sein Tod eine große Erleichterung, wie ein Abschluss. Ich war überhaupt nicht unglücklich. Ich weiß nicht mal, wo er begraben ist. Es hat mich nicht interessiert.

Heute sehe ich, dass mein Vater auch positive Seiten hatte und ich von ihm profitiert habe. Durch ihn kann ich meine englische Seite besser verstehen. Und ich kann nachvollziehen, dass für ihn alles Außernatürliche wirklich war. Ich konnte gut mit ihm über abstrakte Dinge reden, das Wesen von Gott, Philosophie. Er war Existenzialist, bewegte sich immer auf diesem schmalen Grat existenzieller Seinserfahrung. Eine Grenzgängerei, die ich verstanden habe und noch immer verstehe. Die ich künstlerisch bearbeiten kann, aber nicht leben muss.

Manchmal habe ich Träume. In einem Traum war ich in einem kleinen Zimmer unterm Dachboden. Alles war vermodert und dreckig. Ich habe nicht verstanden, wieso ich dort so lange verweilte. Ich hätte jederzeit rausgehen können, das ganze Haus gehörte mir, was ich aber nicht gesehen habe.

Ich merke, dass ich Schwierigkeiten habe, Verantwortung zu übernehmen, das tue ich ungern. Auch finanziell über die Runden zu kommen, ist ein Problem für mich. Im Unterschied zu meiner Mutter habe ich, genau wie mein Vater, keine regelmäßige Arbeit. Und habe wohl auch ein bisschen Angst, so zu leben und zu enden wie er. Sicher war das ein Grund, weshalb ich unbedingt aus England weg wollte. Das Leben in London ist unerträglich teuer. Wenn man kein großes Erbe hat, lebt man einfach fies, und wenn man so lebt, endet man auch mit der Zeit so. Nach diesen Träumen denke ich immer, ich muss versuchen, damit umzugehen, ich muss ja nicht so leben wie mein Vater.

»Eventuell lebt dein Vater noch.
Du kannst ihn ja suchen.«

Pia, Mallorca, geboren 1959

Aufgewachsen ist Pia mit ihrer Oma, ihrer Tante und zwei Brüdern in einem kleinen Dorf in Unterfranken. Während ihr großer Bruder darunter litt, schwarz zu sein, wäre Pia es gerne gewesen. Mit 18 Jahren hat sie ihren Vater in Amerika gefunden und ein Jahr in den USA gelebt. Mit 20 Jahren hat sie geheiratet, mit 21 eine Tochter geboren. Vier Jahre später verlor sie ihren Mann bei einem Autounfall, sie selbst war schwer verletzt. Heute lebt die gelernte Hotelfachfrau, Köchin und Taxifahrerin mit ihrer Freundin in Mallorca. Sie selbst beschreibt sich als Stehaufmännchen. Eine, die weiß, dass es im Leben niemals so läuft, wie man es gerne hätte, dass es aber trotzdem immer weitergeht.

Meine Mutter hat mir von Anfang an gesagt, dass mein Vater Amerikaner ist. Er war auch ganz in unserer Nähe stationiert, hat als Sergeant First Major eine Kaserne geleitet und uns manchmal besucht. Aber ich habe nie Vater, Papa oder Daddy zu ihm gesagt. Er war vom ersten Tag an der James. Es war auch nicht so wichtig, dass der James mein Vater ist. Viel wichtiger in der Familie war meine Oma. Die war das Oberhaupt der Familie. Sie hatte das Sagen. Sie war es auch, die immer sehr viel über meinen Vater gesprochen hat. Von ihr wusste ich, dass ich meinem Vater sehr ähnlich bin.

Du hast dieselbe Art wie er, denselben Kopf, hat sie mir immer gesagt. Oder: Wenn das dein Vater wüsste ... Dein Vater war immer so stolz auf dich, nicht auf deinen Bruder, auf dich.

Das war natürlich was, weil die übrige Familie immer auf meinen älteren Bruder stolz war. Ich war ja »nur ein Mädchen«.

Ich weiß noch, als ich eingeschult wurde, hat uns mein Vater in einem offenen Cadillac Cabriolet zur Schule gefahren und allen Kindern Kaugummi geschenkt. Damals war ich natürlich der Mittelpunkt in dem kleinen Dorf, und auch meine Mutter war bei den Dorfbewohnern ganz beliebt, weil sie von ihr Kaffee, Kaba und Marshmellows bekommen haben. In unserem Dorf wusste natürlich jeder, dass ich das zweite uneheliche Kind von dem schwarzen Ami bin. Marshmellows haben sie gerne von uns genommen, aber spielen durfte mit mir keiner. Wenn sie mich gefragt haben: Wer bist du denn? und ich meinen Namen sagte, kam sofort: Oh Gott, nee, du brauchst nicht mehr zu kommen.

Aber ich hatte ja meine Familie, und meine Oma hat uns eingebläut: Egal, was die anderen denken, was sie sagen, egal, was ihr anstellt, die Familie steht immer hinter euch.

Nach meiner Einschulung ist der Kontakt zu meinem Vater abgebrochen. Er ist in Vietnam gefallen, hat man uns erzählt. Damit war mein Vater für mich, als ich sechs Jahre alt war, tot. Ich war gar nicht traurig darüber, weil mir immer ganz deutlich vor Augen stand, wie er meinen Bruder wegen einer Lappalie im Hof mit dem Gürtel windelweich geschlagen hat. Ich weiß noch, dass ich damals dachte: Was will der von meinem Bruder? Die Kinder schlagen dürfen hier nur meine Oma, meine Mutter und meine Tante.

Als ich dann zehn oder elf war, sind wir mit Bolle, dem festen Freund meiner Mutter, nach Ulm gezogen. Meine zwei Brüder haben diesen Bolle abgöttisch geliebt, ich habe ihn nicht gemocht. Dieser Bolle war für mich kein Vater. Der hat darauf bestanden, dass meine Mutter Geld heimbringt. Viel Geld.

Zigmal sind wir innerhalb der Vororte von Ulm umgezogen. Nirgends war ich lange genug, als dass man mich in einer Klasse vermisst oder ich dazugehört hätte. Ich war immer eine Außenseiterin. Das Leben in Ulm bedeutete: heute viel Geld, morgen gar kein Geld, Bolle ständig zu Hause, meine Mutter immer auf Achse. Ich kam damit nicht zurecht.

Mit 14 bin ich von der Schule und zurück zu meiner Oma, habe eine Lehre als Friseuse angefangen, wieder abgebrochen. Bin dann in die Schneiderei, habe Akkord gearbeitet und nebenbei in einem Lokal bedient. Das Mädchen hinter dem Tresen verkehrte häufiger in Ami-Clubs, ihr habe ich erzählt, dass mein Vater auch ein Ami war. Ich müsse mal mit in die Clubs und meine Wurzeln kennen lernen, hat sie gesagt. Also bin ich mit und habe einen Schwarzen kennen gelernt, der mich unbedingt heiraten wollte, aber ich wollte nicht. Wir waren vielleicht ein Jahr zusammen. Eines Nachts, ich kam von der Arbeit nach Hause, lag der Wohnungsschlüssel, den ich ihm gegeben hatte, auf meiner Blumenbank. Der Arsch war weg, ohne mir Bescheid zu sagen. Dass er gegangen war – okay. Aber man hat sich zu verabschieden.

Ich habe dann mit einer Freundin – mein Englisch war unter aller Sau – versucht herauszukriegen, wo er sein könnte. Wir haben uns alle Telefonnummern in Dallas mit seinem Namen geben lassen und angerufen, aber natürlich nichts rausbekommen. In der Kaserne haben sie uns seine Adresse auch nicht gegeben. Also hab ich beschlossen: Ich bin volljährig. Dallas kann nicht so groß sein, den werde ich garantiert finden. Da fliege ich hin. Das habe ich meiner Oma erzählt. Vorher solle ich noch mal mit meiner Mutter reden, hat sie gemeint.

Habe ich auch gemacht. In dem Gespräch hat mir meine Mutter gesagt: Eventuell lebt dein Vater noch. Du kannst ihn ja suchen. Dann hat sie mir seine ID-Nummer gegeben und gesagt, wo er geboren ist. Mehr wusste sie nicht.

Bei der Pan Am habe ich mir ein Flugticket besorgt: Berlin – Huston / Texas für 800 Mark. Rückflug ein Jahr offen. Die ganze Zeit während des Flugs war ich mir sicher, das schaffe ich. Als ich dann aber in Huston ankam, habe ich zum ersten Mal Angst bekommen. Auf diesem Flughafen war die Hölle los. Ich stand da total verloren rum, als mich ein älterer Schwarzer direkt auf Deutsch ansprach:

Was suchst du?

Ich suche meinen Vater.

Das wird wahrscheinlich nichts, hat er gemeint und mir dann erklärt, wie ich ein Hotel finde und dass ich schnellstens zum Konsulat müsse.

Mir war klar, ich darf im Konsulat auf gar keinen Fall sagen, dass ich meinen Freund suche. Also habe ich denen die ID-Nummer von meinem Vater hingelegt und gesagt: Das ist mein Vater. Den suche ich.

Die haben sofort abgewunken: Ohne eidesstattliche Erklärung, dass er wirklich mein Vater sei, ginge gar nichts. Wie ich überhaupt nach Amerika gekommen sei? Damit war die Sache mit der Scheinadresse für das Visum natürlich aufgeflogen. Anstatt mir zu helfen, meinen Vater zu suchen, wollten sie mich in den nächsten Flieger verfrachten und zurückschicken. Da war ich natürlich ganz schnell wieder aus diesem Konsulat draußen. Ein Angestellter kam mir nachgelaufen, drückte mir einen Zettel in die Hand. Mobile/Alabama und eine PO Box Number standen darauf. Da findest du deinen Vater, hat er gesagt.

Solange mein Vater offiziell tot war, war er für mich ein Held, der im Vietnamkrieg gestorben ist. Als ich erfahren habe, dass er lebt, fand ich es irgendwie interessant und wollte ihn unbedingt kennen lernen. Von mir haben sie immer gesagt, ich hätte zwar nicht die Hautfarbe meines Vaters, aber sein Wesen. Ich sei wie er. Und genau das wollte ich überprüfen. Ich wollte meinen Vater wenigstens einmal bewusst sehen.

Am billigsten kommt man mit den Greyhound-Bussen durch Amerika. Der Hotelangestellte hat mir ein Ticket gelöst und dafür gesorgt, dass ich immer im richtigen Bus sitze: Pass auf die Kleine auf. Die ist Deutsche, spricht kein Englisch. Sucht ihren Vater und will nach Mobile/Alabama. Die Busfahrer haben mich von Bus zu Bus weitergereicht. Das lief wunderbar. Ich war drei Tage unterwegs. Danach konnte ich mir in Englisch einen Hamburger bestellen.

Der Busbahnhof in Mobile/Alabama lag an einem riesigen Highway, außerhalb der Stadt. Zwei Tage vorher war ein bitterböser Hurricane durchgefegt, die Spuren davon hat man noch gesehen. Ich stand an diesem Highway, hatte das Gefühl, ich bin ganz allein auf dieser Welt, und habe einfach nur geheult. Hielt ein Auto neben mir mit einem alten Mann drin. Was machst du hier? Was ist los? fragte er mich.

Mit meinen fünf Wörtern Englisch habe ich ihm erklärt, dass ich meinen Vater suche und ihm den Zettel mit der PO Box Number gezeigt.

Das ist ein Postfach. Steig erst mal ein und komm mit nach Hause.

Das habe ich auch gemacht. Er und seine Frau waren sehr nett zu mir, haben mir ein Zimmer gegeben und gesagt: Schlaf dich erst mal aus.

Als ich aufgewacht bin, stand eine Polizistin neben mir, Heidi, die war ursprünglich aus Nürnberg. Postfachnummern kriegen sie nicht raus und dürfen sie auch nicht, hat sie mir erklärt. Außerdem hätte ich niemanden, der für mich bürgt, und müsse deshalb wieder zurück. Das Ehepaar hat dann für mich gebürgt und gesagt, ich könne so lange bleiben, wie ich will.

Irgendwann kam die deutsche Polizistin wieder. Wir sind zu

einem McDonald's gefahren. Da war die Hölle los. Ich weiß es noch ganz genau, der Schuppen war rappelvoll. Rechts ein Polizist, links 'ne Polizistin und in der Mitte Pia. Kommt eine Angestellte auf mich zu, fängt an zu heulen und schreit: Pia, Pia!

Ich wusste gar nicht, wer die Frau war.

Ich denke, du kennst hier niemanden, hat mich die Polizistin angefahren und war stinksauer. Dann hat sie mich weggeschickt und mit der Frau gesprochen. Als sie wiederkam, hat sie gesagt: Dein Vater ist tot.

Das habe ich schon mal gehört, habe ich gesagt, das glaube ich nicht.

Dann hat sie mir erzählt, mein Vater würde auf einem Schiff arbeiten und sei irgendwo unterwegs. Das konnte gar nicht sein. Erstens wäre mein Vater dafür viel zu alt gewesen, und zweitens wusste ich von meiner Mutter, dass mein Vater dreimal schwerste Malaria überlebt hat. So einer arbeitet nicht auf einem Schiff. Es wäre besser, ich ginge wieder zurück, meinte die Polizistin. Nein, habe ich gesagt.

Am nächsten oder übernächsten Abend hat mich die Frau aus dem Hamburger-Shop besucht, Nadine. Sie sei eine gute Freundin von meinem Vater und habe Kinderbilder von mir gesehen, sie habe mich sofort erkannt, hat sie gesagt. Dann hat sie mir für 10 000 Dollar Travellerschecks hingelegt: Von deinem Vater. Damit du dir wenigstens das Land angucken kannst. Es tut ihm leid, aber er kann dich nicht treffen.

Nö, habe ich gesagt, ich will das Geld nicht. Ich will wissen, was los ist.

Nadine hat mich dann mit zu sich nach Hause genommen. Ihr Mann, ihre Kinder, alle kannten meinen Vater. Ich habe mit Händen und Füßen geredet, und weil ich keine Ruhe gegeben habe, hat Nadine mir einen Zettel mit einer Adresse in Augusta/Georgia in die Hand gedrückt: Okay, da meldest du dich. Sollen die dir alles erklären. Dann musst du selbst entscheiden, was du willst.

Ich also wieder in den Greyhound-Bus und von Alabama rüber nach Georgia. Die Travellerschecks hatte ich natürlich doch genommen. Die habe ich auch gebraucht. In Georgia habe ich mich ins erstbeste Taxi gesetzt und erklärt, ich bräuchte ein Hotel, wo irgendjemand Deutsch versteht. Der Taxifahrer hat mich in ein kleines Motel gefahren, in dem Shirley gearbeitet hat. Shirley war etwas älter als ich und konnte ein bisschen Deutsch. Der habe ich erzählt, dass ich meinen Vater besuchen will. Das fand sie ganz toll. Der Taxifahrer konnte auch etwas Deutsch und sagte, er hole mich am nächsten Tag ab und fahre mich zu meinem Vater. Okay. Als Shirley sich die Adresse anguckte, wurde sie jedoch ganz komisch.

Das ist das Gefängnis, hat sie gesagt. Ich habe morgen frei, wenn du willst, fahre ich mit. Vielleicht brauchst du jemanden, der dolmetscht.

Am nächsten Tag sind wir mit dem Taxi ins Gefängnis gefahren. Beim Pförtner habe ich meinen Ausweis abgegeben, dann sind wir direkt zum Direktor. Der hat lange mit Shirley gequatscht. Ich habe kein Wort verstanden und hatte auch keine Ahnung, worum es geht. Zwischendurch hat mir Shirley immer gesagt, es wäre besser, wir gingen wieder. Das wollte ich natürlich auf gar keinen Fall. Endlich war ich da. Ich wollte wissen, was los ist. Dann haben sie einen offiziellen Dolmetscher geholt und mir erklärt, dass mein Vater im Hochsicherheitstrakt sitze. Aber auch, dass er rausgehen könne, wie er will und einen Straßenzug weiter ein Haus habe, wo er nachts schläft, was aber inoffiziell sei.

Ich wollte natürlich wissen, warum mein Vater im Gefängnis ist. Weil er seine Frau umgebracht hat, war die Antwort. Für mich war in diesem Moment klar, mein Vater ist ein Amischwein. Ich kannte ja auch viele Besatzungskinder, in meinem Alter gibt es einige, da hat keines besonders gut über den Vater gesprochen, und das Einzige, was ich bis dahin von Amerika wirklich kannte, waren die Filme im Fernsehen, Krimis. Natürlich waren da die Amis auch die Mörder, und mit einem Mörder wollte ich nichts zu tun haben. Ich wollte wieder nach Hause. Aber weil Shirley viel mit mir geredet hat, ist das Interesse, diesen Mann kennen zu lernen, der eventuell jemanden umgebracht hat und mein Vater ist, wach geblieben.

Bis ich dachte: In meinem Blut fließt das Blut von einem Mörder. Wie kann das sein? Werde ich vielleicht auch mal so? Shirley hat mich bequatscht: Jetzt hast du es so weit geschafft. Red mit ihm. Und meine Oma hat gesagt: Guck ihn dir an, die Chance hast du nie wieder.

Bin ich also wieder zurück ins Gefängnis. Dort haben sie mir die komplette Akte meines Vater gedolmetscht. Im Endeffekt stand drin, dass mein Vater nur aufgrund der Aussage seiner Tochter verurteilt worden war, die angeblich den Mord an ihrer Mutter gesehen hat. Unmittelbar nach dem Urteil soll diese Tochter aber noch im Gerichtssaal gesagt haben, jetzt habe sie ihn so weit, wie sie ihn haben wollte. Er sei es gar nicht gewesen. In der Akte stand auch, dass mein Vater selbst schwer verletzt war und seine Frau gar nicht hätte umbringen können. Aber nach amerikanischem Gesetz ist verurteilt verurteilt. Das Wiederaufnahmeverfahren lief schon. Und in dem Gefängnis gingen alle davon aus, dass mein Vater freigesprochen wird. Deshalb sind sie wohl auch so locker mit ihm umgegangen.

Okay, habe ich gesagt, ich bin bereit, ich möchte meinen Vater sehen. Im Gefängnis waren sie der Meinung, es sei besser, wenn sie ihm nicht sagen, dass ich da bin. Ich sollte einfach abends zu ihm hingehen und klingeln.

Also bin ich mit Shirley hin und habe geklingelt. Mein Vater macht die Tür auf, sieht mich und kippt um. Er hatte einen extremen Asthmaanfall. Wir mussten erst mal einen Notarzt holen, das weiß ich noch. Sobald er wieder atmen konnte, ging es los: Meine Pia! Ich wusste immer, meine Pia wird kommen! Er hatte auf mich gewartet. Das hat mir später auch seine Freundin Nadine erzählt.

Ich war seine Pia hinten und vorne. Er wollte sehr viel über meine Mutter wissen und sprach auch von meiner Oma. Wenn ich es genau bedenke, habe ich eine Menge mit diesem Mann geredet, im Gefängnis, in seinem Haus. Wir haben auch über die Mördersache geredet. Ich bin dann zu dem Schluss gekommen, dass er seine Frau nicht umgebracht hat. Ich hätte es ihm auch nicht zugetraut. Er sitzt zwar im Gefängnis, aber das kann dir in Amerika ganz schnell passieren, deshalb musst du noch lange nicht schuldig sein.

Nach den vielen Gesprächen mit meinem Vater habe ich verstanden, warum er damals gegangen ist. Er wollte, dass meine Mutter mitkommt nach Amerika. Aber sie wollte nicht. Sie wollte lieber einen jungen Mann. Meine Mutter war ja damals erst 20 und mein Vater 23 Jahre älter als sie, der war ein gestandener Mann. Weil sie meinen Vater nicht loswurde, hat sie schnell den Vater von meinem kleinen Bruder geheiratet, meinem Vater die

Heiratsurkunde geschickt und ihm gesagt, sie möchte nicht mehr, dass er sich um uns kümmert.

Mein Vater ist ein stolzer Mensch, also hat er sich zurückgezogen und den Kontakt eingestellt. Aber er hat immer gewusst, was wir machen. Er kannte mein Geburtsdatum, obwohl wir keinen Kontakt hatten. Er kannte auch das Geburtsdatum meines großen Bruders. Er wusste, wann wir zur Kommunion gegangen sind. Der konnte mir genau sagen, wann wir in Ulm waren, wann wir umgezogen sind, welche Lehre ich angefangen hatte, was mein Bruder gemacht hat. Er wusste alles. Im Nachhinein denke ich, meine Oma hat ihm das gesteckt, weil sie ihn gerne als Schwiegersohn gehabt hätte. Trotzdem, ein Mensch, der kein Interesse an seinen Kindern in Deutschland hat, weiß so was nicht.

Mit der Hilfe meines Vaters habe ich auch meinen Ex-Freund gefunden und auf einer richtigen Verabschiedung bestanden. Ich hatte mir zwischenzeitlich auch einen Job gesucht und von meinem Vater ein Leihauto vor die Tür gestellt bekommen. Ich weiß nicht, ob mein Vater reich war. Er hatte das Geld von der Army, und weil er im Vietnamkrieg abgeschossen wurde und Malaria hatte, auch eine gute Abfindung bekommen. Aber ich glaube, richtig Kohle hat er mit seinem Harley-Davidson- und Wohnmobil-Vertrieb gemacht. Für amerikanische Verhältnisse ging es ihm, glaube ich, extrem gut.

Wenn ich nicht jobbte, guckte ich mir mit Shirley Amerika an oder besuchte Verwandte. Es war sehr interessant, diesen ganzen Mischmasch kennen zu lernen. Ich fühlte mich zum ersten Mal richtig zu Hause. Jeder hat mir erklärt, du kannst in Georgia nicht durchs Schwarzenviertel laufen, schon gar nicht als Weiße mit allen Travellerschecks in der Tasche! Aber ich hatte keine Angst. Ich lief durch die Straßen, rief mir einer zu: Komm rein, trink 'n Kaffee mit uns! Dabei haben die selber kein Geld. Bin ich rein, habe mit denen auf dem Boden gesessen und Kaffee getrunken. Obwohl ich nicht schwarz bin, gehörte ich dazu.

Während der Zeit, die ich mit meinem Vater zusammen war, habe ich festgestellt, dass er ein Mensch ist, mit dem ich nie hätte zusammenleben wollen. Er war sehr egoistisch. Was mein Vater sagte, war Gesetz. Du kommst mich am Mittwoch um drei besuchen, hieß auch um drei, nicht halb drei, nicht um fünf nach drei. Mein Vater hat mir zwar alles erlaubt, aber ich musste ihn fragen. Wenn ich ihn gefragt habe: Darf ich rauchen? war es kein Problem. Ohne ihn zu fragen, durfte ich jedoch gar nichts.

Einmal habe ich ihn abends besucht, danach wollte ich noch mit Shirley in die Disco und war schon entsprechend geschminkt, da hat er mich einfach an den Haaren geschnappt und mich unter den Wasserhahn gehalten: Du hast mich zu fragen, ob du dich schminken darfst. Ich glaube, so hat er meine Mutter auch behandelt.

Natürlich habe ich von meinem Vater Kohle gekriegt, wenn ich welche brauchte, aber dafür musste ich auch was tun. Ich glaube, mein Vater hat versucht, mich zu kaufen: Pia, bleib hier. Ich biete dir alles. Du weißt, ich habe genug Geld.

Nach einem Jahr hatte ich von Amerika die Schnauze voll. Das Land war mir zu groß und das Leben mit meinem Vater zu eng. Als ich wieder zu Hause war, hat mir meine Mutter sehr viel Positives über meinen Vater erzählt, was für ein toller Mann er gewesen sei, wie sehr sie ihn geliebt habe. Trotzdem hat sie sich strikt geweigert, mit ihm zu reden. Wenn ich den noch einmal am Telefon habe, fliege ich sofort hin, hat sie gesagt, obwohl sie da schon mit Willi zusammen war.

Mir war ganz schnell klar, als ich wieder hier war: Ich will ein Kind. Den ersten blonden, blauäugigen Deutschen, der mich heiraten will, nehme ich. Und so war's auch: Am 1. Mai lief mir mein Mann, blond, mit blauen Augen, über den Weg. Am 17. Mai haben wir uns verlobt, am 21. August geheiratet, und im Winter war ich schwanger. Mein Vater hat einen Riesenaufstand gemacht, dass ich einen heirate, der ihn nicht um Erlaubnis gefragt hat. Aber am schlimmsten war für ihn, dass es so ein richtiger blonder, blauäugiger Deutscher war.

Trotzdem hat er uns eingeladen. Im August habe ich eine Tochter bekommen und sie Nadine, wie die beste Freundin meines Vaters, genannt. Weihnachten sind wir zu dritt rübergeflogen. Das Wiederaufnahmeverfahren meines Vaters war durch. Er war freigesprochen, vollständig rehabilitiert, hatte sogar Geld gekriegt für die Zeit im Gefängnis und lebte in Detroit. Dafür, dass mein Vater meinen Mann am Telefon eigentlich total doof fand, war er sehr begeistert von ihm. Er hatte ihm sogar schon einen Job gesucht und uns ein Haus in Aussicht gestellt. Mein Mann wäre auch wahnsinnig gerne dort geblieben, zumal mein

Vater ihm als absolutem Motorradfan die Teilhaberschaft an seinem Geschäft angeboten hatte, aber ich wollte nicht.

Mein Vater hat immer mich, meine Tochter, meinen Mann und meinen großen Bruder eingeladen. Aber mein großer Bruder wollte nichts mit ihm zu tun haben, er ist nicht mal ans Telefon gegangen, wenn sein Vater anrief.

Als mein Vater uns das Ticket für die dritte Einladung schickte, sagte er, er habe eine Überraschung für uns. Er holte uns vom Flughafen ab und hatte eine Frau dabei, die ein Jahr jünger war als ich und schon zwei Kinder hatte. Sie war seine neue Frau. Das fand ich einen Hammer. Die Oma meiner Tochter war jünger als die Mutter!

Beim vierten Besuch hatte mich mein Vater so weit bequatscht, dass ich bereit war, auszuwandern. Wir waren gerade ein paar Tage wieder hier, ich versuchte, alles klarzumachen, da ist mein großer Bruder tödlich verunglückt. Mein Bruder hat als Kind immer sehr darunter gelitten, keinen Vater zu haben. Er hat es gehasst, schwarz zu sein, ist verspottet und verprügelt worden. Mit der Wurzelbürste hat er sich geschrubbt, weil er gedacht hat, die Farbe ginge ab. Für mich war es schrecklich, dass ich kein schwarzes Kind war. Ich wäre so gerne schwarz gewesen. Aber vielleicht hat mein Bruder seinen Vater auch gehasst, weil er von Anfang an die Lücke füllen und den Mann im Haus spielen musste. Ich weiß nicht. Aufgrund der Gespräche mit mir hat er sich überlegt, dass mein Vater ja vielleicht nicht alleine Schuld daran hatte, wie alles so war, und war bereit, mal mit ihm zu reden. Am Muttertag ist mein Bruder verunglückt, am Dienstag darauf wollte er mit seinem Vater telefonieren.

Ich habe dann meinen Vater angerufen und es ihm gesagt. Er kam sofort her. Das war nach fast 20 Jahren das erste Wiedersehen meiner Eltern. Nach der Beerdigung haben die beiden sehr viel miteinander geredet. Ich habe gedacht, meine Mutter geht mit ihm mit. Hat sie aber nicht gemacht. Ich behaupte heute, der schwerste Schritt meines Vaters war der, als er nach der Beerdigung meines Bruders wieder ohne meine Mutter zurück nach Amerika ist. Was ich aber wirklich krass fand, als ich die beiden so beobachtet habe, war, dass mein Vater und meine Mutter 20 Jahre aus gekränkter Eitelkeit ein Leben gelebt haben, das sie gar nicht wollten. Das zu sehen, hat richtig wehgetan.

Sechs Wochen, nachdem mein Bruder beerdigt war, hatte ich dann meinen eigenen Unfall. Mein Mann war tot, ich schwer verletzt. Shirley, die mittlerweile in Deutschland lebte, hat meinen Vater angerufen und ihm gesagt, dass ich einen schweren Unfall hatte.

Er wolle nichts mehr mit mir und der Familie zu tun haben, hat er gesagt. Dann legte er auf. Er hat nicht gefragt, ob Nadine mit im Auto gewesen, ob ihr was passiert sei. Nichts. Ich hatte für sein Verhalten absolut keine Erklärung. Als ich aus dem Krankenhaus kam, habe ich selbst versucht, ihn anzurufen. Er hat sofort aufgelegt.

Ich habe mich oft gefragt, warum mein Vater gerade in einem Moment, da man einen Vater braucht, den Kontakt abgebrochen hat. Shirley hatte ihm gesagt: Wir wissen nicht, ob Pia überlebt. Wenn sie überlebt, wird ihr wahrscheinlich der linke Arm abgenommen, vielleicht ist sie auch gelähmt.

Vielleicht hat er einfach Schiss gekriegt, dass er für mich aufkommen müsste, obwohl er mir in Amerika doch ständig Geld angeboten hatte. Ich weiß es nicht. Er hat auch nie etwas für das Grab seines Sohnes bezahlt. Nichts. Keine müde Mark.

Ich war damals erst 25 Jahre alt. Alle haben gesagt, klage die Alimente ein. Wenn's nicht für dich ist, dann mach's wenigstens für deine Tochter. Alimente kann man bis zum 30. Lebensjahr einklagen, dafür muss aber in der Geburtsurkunde der Name des Vaters stehen oder man muss einen Bluttest machen lassen. Also bin ich nach Frankfurt zum amerikanischen Konsulat und wollte, dass ein Bluttest gemacht wird. Mein Vater hat sich geweigert. Ohne Bluttest keine Alimente. Ganz einfach. Ich hätte das wahrscheinlich mit einem guten Anwalt in Amerika weiterverfolgen können, aber das war mir zu blöd. Mein Vater hat einfach nicht mehr mit sich reden lassen.

Ich hörte nichts mehr von meinem Vater, bis mich 1996, kurz vor Weihnachten, meine Mutter, völlig aufgelöst, heulend anrief: Dein Vater ist tot! Komm bitte vorbei! Irgendeine Frau mit amerikanischem Akzent hatte meine Mutter im Auftrag meines Vaters, der im Militärkrankenhaus im Sterben lag, angerufen. Er wollte wissen, ob ich lebe, ob Nadine lebe, wie ich den Unfall überstanden habe, ob ich wieder verheiratet sei. Er wollte sich für alles entschuldigen und in Ruhe sterben.

Ich war sauer, richtig sauer. Was will der? In Ruhe sterben? Will sich in der letzten Minute noch ein reines Gewissen verschaffen. So nicht!

Meine damalige Lebensgefährtin hatte gerade ihr Motorrad für 10 000 Mark verkauft, unser Startkapital für Mallorca. Dieses Geld hat sie mir gegeben, damit ich nach Detroit fliege. Ich erkundigte mich beim Konsulat, wo es in Detroit überall Militärhospitäler gibt. Es gibt viele. Meine Mutter war sich gar nicht mehr sicher, ob die Frau gesagt hatte, sie sei aus Detroit. Ich habe mir dann vorgestellt, wie ich nach Detroit fliege, ein Krankenhaus nach dem anderen aufsuche, während mein Vater wahrscheinlich schon tot ist. Nee, habe ich gedacht, ich schließe jetzt einfach ab. Ich war dann zwar noch lange sauer auf meinen Vater, aber irgendwie war die Geschichte für mich auch vorbei.

Im Nachhinein denke ich, ich habe keinen Vater verloren. Ich habe einen Menschen verloren, den ich ganz nett fand, der mir ermöglicht hat, nach Amerika zu fliegen, und der mir dort viel Geld gegeben hat. Ich bin mit einer Corvette die Route 66 entlang, das hätte ich nicht gekonnt, wenn dieser Mensch nicht gewesen wäre. Aber ist das schon ein Vater?

Ich gebe zu, in vielen Dingen hatten wir eine Wellenlänge. Ich verstehe teilweise, warum ich so bin, wie ich bin. Das Besitzergreifende habe ich von meinem Vater. Auch den Kampfgeist. Ich fliege nach Amerika, finde meinen Vater und komme gesund wieder zurück. Mein Vater war nie besonders auf Sicherheit bedacht, der ist einfach drauflosgelaufen. So bin ich auch. Dass ich das kennen gelernt habe, fand ich wichtig. Darauf bin ich auch verdammt stolz. Aber wenn ich ehrlich bin, weiß ich gar nicht, wie ein Vater ist. Vielleicht ist das einer, der die Familie ernährt, sie leitet? Aber das haben ja bei uns auch immer die Frauen gemacht.

Wenn ich mir vorstelle, ich wäre mit meinem Vater groß geworden – ich glaube, ich hätte keine Chance gehabt, ich selber zu werden. Er war Ausbilder bei der Army, so hätte er auch seine Familie behandelt. Er, der Herrgott, der das Sagen hat. Gegen den wäre ich nie angekommen. Wahrscheinlich wäre ich heute eine ganz kleine unterdrückte amerikanische Hausfrau. Hätte einen Vertreter geheiratet, säße im eigenen Häuschen mit Garten, hätte drei Kinder oder mehr und würde machen, was mein Mann sagt.

Ich hätte mich mit Sicherheit nicht als Lesbe geoutet. Wenn ich es mir richtig überlege, bin ich meinem Vater eigentlich dankbar dafür, dass er nicht da war. Dadurch habe ich erfahren, wie stark eine Frau sein kann.

»Ich fühle mich immer noch allein gelassen.«
Julia, Berlin, geboren 1965

Sie passt in die Zeit: arbeitet erfolgreich in der Medienbranche, läuft Ski, Marathon, tanzt Salsa; kennt Berlins Kultur, Berlins Szene und tausend Leute. Sie tritt sicher auf, ist redegewandt und hat ihren Stil gefunden: puristisch, klar. So wie sie sich gibt, könnte man annehmen, dass ihr Leben geordnet, ihre Gefühlslage ausgeglichen ist.

Voriges Jahr zu Ostern war ich bei meiner Freundin in Dresden, wo ich aufgewachsen bin. Deren Eltern haben zwar gelegentlich Stress miteinander, dennoch ist das Verhältnis zwischen ihnen und den drei Geschwistern sehr herzlich. Und mir ist wieder mal deutlich geworden, wie anders es bei mir ist.

Meine Mutter habe ich ewig nicht gesehen. Vielleicht hatte ich deshalb nach meiner Rückkehr das dringende Bedürfnis, wieder einen Kontakt zu meinem Vater herzustellen. Wir hatten etwa fünf, sechs Jahre nichts voneinander gehört. Ich wollte die Gemeinsamkeit suchen, die uns beide in irgendeiner Weise verbinden musste, so glaubte ich jedenfalls. Ich rief ihn an, er wusste sofort, dass ich es bin, und wir haben lange miteinander telefoniert. Dann rief auch er mich einmal an, sagte: Hallo, hier ist dein Papa Michael! Das fand ich total lustig, ich schickte ihm eine SMS, aber dann war wieder Funkstille.

Ein halbes Jahr nach diesem Anruf fuhr ich zum Klassentreffen nach Dresden und verabredete mich mit ihm in einem Café. Ich hatte kein besonders gutes Gefühl, die Euphorie vom Frühjahr war verflogen, sie hatte ja auch keine weitere Nahrung bekommen.

Kurz vor dem Treffen telefonierte ich mit meiner Großmutter, der Mutter meiner Mutter. Sie fand diese Verabredung überhaupt nicht gut, warnte mich: Lauf ihm nicht nach, Julia, er hat sich nie um dich gekümmert! Aber sie hat mit ihren 81 Jahren kapiert, dass ich ihn treffen musste, und das finde ich toll. Mit ihr kann ich über alles reden.

Als ich meinen Vater das erste Mal bewusst gesehen habe, war ich Anfang 20 und begeistert von ihm. Mir haben seine hohe Stirn und sein klarer Blick gefallen, seine markanten Gesichtszüge. Ich fand, dass ich ihm sehr ähnlich sehe. Er ist nicht sehr groß, und das bin ich ja auch nicht. Jetzt, 15 Jahre später, schien er noch kleiner geworden zu sein. Seine Schultern hingen nach vorn, dadurch war der Rücken halbrund; man sah kaum den Hals. Die Lider lagen schwer über den Augen, sein Blick war glasig.

Wir haben uns schweigend umarmt und sind in das Café gegangen, aßen Eierschecke, eine sächsische Spezialität, und machten Small Talk. Wir wurden nicht richtig warm. Er ließ mich seine Enttäuschung spüren: dass ich während meines Aufenthaltes bei meiner Freundin wohnte und nicht bei ihm, dass ich mich so selten gemeldet und dass ich erst eine Stunde später als vereinbart angerufen hatte. Er fragte mich nach meiner Mutter, ich sagte ihm, dass ich keinen Kontakt zu ihr habe. Und ich fragte ihn, warum meine Mutter ihn noch heute so hasst. Er lehnte sich zurück: Das weiß ich auch nicht, ich habe doch immer noch mit ihr geredet.

Machst du dir das nicht ein bisschen einfach? habe ich gefragt.

Da hat er erzählt: Wir haben uns während der Schulzeit kennen gelernt und kurz danach geheiratet, und wir wünschten uns beide unbedingt ein Kind. Deine Mutter wollte dafür sogar auf ein Studium verzichten. Dieses Wunschkind bist du. Ich studierte, deine Mutter blieb zu Hause. Ihrem Vater passte das alles nicht, er sagte, ich solle arbeiten statt studieren. Er wollte also lieber einen Arbeiter als Schwiegersohn.

Das glaube ich nicht! habe ich gesagt. Er war Direktor eines Betriebes, meine Großmutter hatte studiert, ihm war sicher wichtig, dass du für die Familie sorgst. Ihn störte wohl, dass du tatest, was du wolltest und meine Mutter mit dem Kind und ohne Beruf sitzen gelassen hast.

Da guckte mich mein Vater erstaunt an, schwieg lange. Schließlich sagte er: Das war ja nicht alles. Deine Mutter war kurze Zeit darauf wieder schwanger, behauptete, das Kind sei von mir, dessen war ich aber nicht sicher. Als deine Schwester auf der Welt war, ließ ich einen Vaterschaftstest machen, der negativ ausfiel. Deutliche Zeit später hat deine Mutter diesen Test wiederholt, und der fiel positiv aus. Ich bin sicher, sie hat dich statt deiner Schwester zu diesem Test mitgenommen, um mir eins auszuwischen.

Es war ein unerfreuliches Gespräch. Ich erinnerte ihn noch daran, dass mein Großvater viel vorhatte mit seiner Tochter. Sie sprach Französisch, war begabt, sollte in Berlin studieren. Mit zwei Kindern ging das alles nicht mehr. Sie gab mich zu meinen Großeltern und lernte wenigstens einen Beruf, Maschinenbauzeichnerin, was überhaupt nicht ihr Traum war.

Dass mein Vater immer noch behauptete, mein Großvater habe einen Arbeiter als Schwiegersohn gewollt, zeigte mir, dass er nicht kapiert hatte, worum es meinem Großvater eigentlich gegangen war. Ich kann eine solche Haltung nicht leiden: Ich hätte ja, aber die anderen wollten nicht ... Die Schuld immer auf andere schieben – diese Art treffe ich häufig bei Männern an: Du meldest dich ja nicht ... Wenn ich den Wunsch habe, mit jemandem zu reden, rufe ich ihn an. Und wenn er zu mir einen Kontakt herstellen will, kann er mich anrufen.

Meine Mutter hatte mir erzählt, mein Vater sei kein schlechter Mensch, habe aber total unter der Fuchtel seiner Mutter gestanden; dass er aber auch feige gewesen sei und nicht zu meiner Mutter gestanden habe.

Meine Eltern hatten keine gemeinsame Wohnung, angeblich habe sich mein Vater nicht getraut, mit meiner Mutter in der Villa ihrer Eltern zu wohnen, seine Eltern seien dagegen gewesen. Er sei nachts heimlich zu seiner Frau gegangen und gegen Morgen in die Wohnung seiner Eltern geschlichen.

Als ich ein Jahr alt war, ließen sich meine Eltern scheiden, ich lebte die ersten sechs Lebensjahre bei meinen Großeltern. Meine Mutter heiratete bald wieder und zog mit ihrem Mann in eine eigene Wohnung. Da hatte sie schon meine Schwester. Ich führte ein Superleben bei meinen Großeltern, aber mit der Einschulung musste ich zu meiner Mutter und dem Stiefvater. Ich wollte nicht weg von meiner Oma in diese Neubauwohnung. Meine Mutter war auch sauer, weil ich meine Oma Mutter nannte, es ist dann Großmutter daraus geworden.

Mit meinem Stiefvater, von dem mir gesagt wurde, dass er mein Vater sei, bin ich nie warm geworden. Wir hatten einfach nicht die gleiche Wellenlänge. Wenn ich mit irgendeiner Erkenntnis stolz aus der Schule kam, tat er das ab: Ach, du Neunmalkluge! Liefen wir uns in der Stadt über den Weg – wenn ich zum Einkaufen ging und er von der Arbeit kam –, sagten wir Guten Tag und gingen aneinander vorbei. Ich hätte gern mit ihm geredet, aber ich wusste nicht, worüber. Es ging irgendwie nicht. Und dann dieser komische Geruch … – nein, kein Gestank, ein schwerer, unangenehmer Geruch, den er ausströmte, der wirkte auf mich beklemmend. Wenn ich nach Hause kam, habe ich am Geruch ausgemacht, ob er da war.

Irgendwann, ich war vielleicht zehn, bekam ich mal meinen Impfausweis in die Hände. Da stand zwar mein Familienname, aber auf einem Klebestreifen. Natürlich löste ich den ab, weil ich wissen wollte, was darunter stand: ein mir völlig fremder Name. Ich fragte meine Mutter. Ach, die haben sich in der Klinik verschrieben, war ihre Antwort.

Ich war etwa 14, als ich mit meinem Uropa bei einem meiner Besuche alte Fotoalben anguckte. Plötzlich zeigte er auf das Foto eines Mannes und sagte: Das ist dein Vater.

Quatsch, das ist nicht mein Vater, der sieht ganz anders aus.

Doch, sagte er, das ist dein Vater, denn der Dietrich ist nicht dein Vater. Deine Mutter hat allen verboten, den Namen deines leiblichen Vaters zu erwähnen, sie gibt überall den Dietrich als deinen Vater aus.

Ich war zwar geschockt, aber nicht richtig traurig. Vielleicht war ich eher froh, dass es so war. Als ich nach Hause kam, verkündete ich: Der Papi ist gar nicht mein Vater!

Wenn du das noch einmal im Leben sagst, werde ich nie wieder mit dir reden, sagte meine Mutter. Dein Vater ist hier.

Aber das kann doch nicht sein, der Name meines richtigen Vaters ist genau der, der in meinem Impfausweis überklebt ist!

Der Papi hat mich geheiratet mit zwei kleinen Kindern, er arbeitet für euch – sie sagte nicht: für uns, sondern: für euch –, damit ihr in Urlaub fahren könnt. Der andere ist ein Betrüger, der hat mich sitzen gelassen, als ich schwanger war, dein Vater ist hier.

Zunächst fand ich doof, was sie mir da erzählte; und dann total gemein, dass sie mir nicht zutraute zu differenzieren. Abends im Bett erzählte ich alles meiner Schwester, was meine Mutter mir streng verboten hatte. Aber die hatten ein Tonband unter das Bett gestellt und alles mitgeschnitten. Der Dietrich hat mich fortan gar nicht mehr angeguckt, meine Mutter warf mir Undankbarkeit vor: Ich würde nicht schätzen, was sie alle für mich tun, meinetwegen würde sie krank werden, und ich könne ja gleich zu ihm gehen, wenn ich schon seinen Namen erwähnte.

Im Haus eines Schulfreundes entdeckte ich eines Tages den Namen meines Vaters auf dem Klingelschild – ich habe oft auf das Schild gestarrt, aber nie gewagt zu klingeln. Ich hätte meinen Vater gern mal gesehen, so von weitem, hatte aber Angst vor meiner Mutter.

Meine Schulzeit war superschön, das Problem geriet in den Hintergrund. Ich wollte eigentlich Sprachen studieren, bekam aber keinen Studienplatz, also entschied ich mich für Maschinenbau in Chemnitz. Das hat mir auch Spaß gemacht. Damals wusste ich nicht, dass mein leiblicher Vater Maschinenbau-Ingenieur ist. Ich nahm ein paar Sachen und zog ins Studentenwohnheim.

Meine Eltern räumten gleich mein Zimmer aus, so dass ich kein Bett mehr in ihrer Wohnung hatte. Ich bekam 80 Mark, etwas später ein Leistungsstipendium. Meine Mutter erhielt aber noch Alimente für mich, um diese Summe bat ich sie. Das Geld bekommst du nur, wenn du es vor Gericht einklagst, sagte sie.

Vor Gericht wäre ich natürlich nie gegangen, aber ich wollte endlich ein Ende dieses Spiels. Also suchte ich die Telefonnummer meines Vaters raus und rief ihn an. Ich hatte keine Ahnung, was ich sagen sollte, sagte nur: Hier ist Julia, und er wusste sofort, wer ich bin und freute sich sehr. Dann kam er nach Chemnitz. Wir haben uns gleich erkannt, uns umarmt. Ich habe ihn nie Vater genannt, immer beim Vornamen: Michael.

Er war glücklich, mich zu sehen. Meine Mutter hatte ihm jeglichen Kontakt zu mir untersagt. Aber nun würde sich alles ändern. Ich war 22 und verheiratet, er lud meinen Mann und mich zu sich ein, wir lernten seine Frau und meine Halbgeschwister kennen. Es war alles sehr nett.

Ich habe meine Mutter nie angelogen, also erzählte ich ihr auch das. Und was passierte? Sie lud alle meine Sachen, die noch in ihrer Wohnung waren, ins Auto, kippte sie in Chemnitz vor die Tür des Wohnheimes und sagte über die Fernsprechanlage Bescheid. Dann habe ich meine Bücher, Klamotten und Sportsachen mit meinem Mann reingeräumt. Er tröstete mich, borgte ein Auto von Freunden, und wir brachten meinen Kram zu seinen Eltern nach Schwerin.

Mein Vater versprach, im Souterrain seines Hauses in Dresden zwei Zimmer einzurichten, für die ich den Schlüssel bekäme, dann könne ich jederzeit kommen. Seine Frau fand die Idee wohl nicht so gut, denn das zog sich fast ein Jahr lang hin, und plötzlich wohnte seine Tochter in diesen Räumen. Mein Vater fand tausend Erklärungen dafür, meinte, ich sei trotzdem willkommen, aber das überzeugte mich nicht. Ich war sehr enttäuscht.

Eigentlich wollte ich nach dem Studium nach Berlin, aber mein Mann wollte nach Schwerin, und da seine Familie nun auch meine war, ging ich mit. Dann bekam ich mein Kind, die Mauer fiel, und plötzlich tauchte mein Vater mit einem neuen Auto auf. Was ich früher an ihm hasste: Er war in der Partei und konnte stundenlange Reden mit Schachtelsätzen ohne irgendeinen Inhalt halten. Wir hatten heftige Diskussionen über die Zukunft des Sozialismus', die Wirtschaft – er stand kritiklos für seine Partei. Und kein halbes Jahr, nachdem die Mauer gefallen war, kam er mit einem Westwagen angerauscht, hatte seine Überzeugungen über Bord geworfen. Ist das ein Schlappschwanz! dachte ich damals. Warum hatte meine Mutter nur solche Angst davor, dass ich ihm begegne?

Plötzlich rief meine Mutter an, von der ich seit dem Rauswurf nichts mehr gehört hatte. Sie und Dietrich hatten Ende der 80er Jahre einen Ausreiseantrag gestellt und waren nach Hamburg gegangen. Nun lud sie uns für Weihnachten ein. Darüber habe ich mich so gefreut, dass wir hingefahren sind. Das war 1990, mein Sohn war ein Jahr alt.

Ich nehme an, sie war glücklich, uns zu sehen. Meine Mutter ist sehr enthusiastisch, sie beschenkte meinen Sohn großzügig, dennoch war die Atmosphäre beklemmend. Und als wir auf Politik zu sprechen kamen, war es ganz aus. Meine Mutter fand uns zu rot. Außerdem lehnten sie und Dietrich meinen Mann ab, er passe nicht zu mir.

Dass ich 1994 die Scheidung einreichte, hatte nichts mit dem Urteil meiner Mutter über Olaf zu tun. Ich lernte bald darauf einen Mann kennen, er war die große Liebe meines Lebens, aber leider verheiratet. Als meine Mutter das erfuhr, brach sie wieder jeden Kontakt zu mir ab, dafür suchte sie plötzlich den zu meinem Ex-Mann. Heute feiern sie mit ihm und seiner neuen Frau alle Familienfeste.

Seitdem hat sich das Verhältnis zu meiner Mutter nie wieder erholt. Vor ein paar Jahren rief ich mal an, Dietrich war am Apparat. Ich kann ihn nicht mehr Papi nennen, sage Dietrich zu ihm. Daraufhin bekam ich einen Brief von meiner Mutter mit dem alten Lied: Damit würde ich alles ignorieren, was er für uns getan habe, und das würde sie mir nie verzeihen. Ich telefonierte noch mal mit Dietrich. Ich glaube nicht, dass er so viel Wert darauf legt, von mir mit Papi angeredet zu werden. Ich versicherte ihm, dass ich sehr wohl seine Leistung als Stiefvater anerkenne, aber wir müssten uns nichts vormachen – er ist nicht mein Vater, ich fühle mich nicht als seine Tochter. Wir seien erwachsene Menschen und müssten miteinander reden können, schließlich haben wir lange Zeit miteinander verbracht.

Er erzählte mir, dass meine Mutter ihm meine Existenz verschwiegen habe. Als sie heirateten, gab es nur meine Schwester, ein süßes Baby von drei, vier Monaten. Erst nach der Hochzeit sei ich aufgetaucht. Dass es ihm total schwer gefallen sei, ein Verhältnis zu mir zu finden, ist ja nur zu verständlich, das würde wohl jedem so gehen. In dem Moment habe ich seine Abwehr mir gegenüber begriffen. Ich habe viel von meinem Vater, bestimmt erinnerte ich meine Mutter und auch ihn immer an Michael.

Wir haben uns gut zwei Stunden am Telefon unterhalten, ich glaube, mit Dietrich ist jetzt alles okay. Von wem meine Schwester ist, weiß ich immer noch nicht, sie sieht Dietrich ähnlich, aber eigentlich interessiert es mich nicht. Zu ihr habe ich auch keinen Kontakt. Meine Mutter hat es gut verstanden, uns zu Konkurrentinnen zu erziehen.

Vorigen Sonntag hat mich mein Vater angerufen, gestern wieder. Er will mich jetzt öfter sehen. Seine Tochter studiert in Greifswald. Ich habe gesagt, schön, dann komm doch vorbei, wenn du sie besuchst. Ach nein, das wäre schlecht, weil ja dann seine Frau und sein Sohn dabei seien.

Das finde ich schon wieder mies: Entweder will er mich sehen, dann gehen die beiden eben inzwischen spazieren, oder er lässt es. Ich habe überhaupt keine Lust mehr, darauf zu warten, dass er mal kommt. Er muss endlich entscheiden, was er will.

Ich habe die Schnauze voll von meinen Eltern, fühle mich immer noch allein gelassen. Wenn ich darüber nachdenke, bin ich traurig. Sie haben ihr Leben ziemlich versaut und meins damit nicht gerade günstig beeinflusst. Auf meinen Vater bin ich wütend. Und meiner Mutter kann ich nicht verzeihen, dass sie mir kein Verständnis für sie zutraut und mich belogen hat. Das tut weh. Ich weiß nicht, was passieren müsste, ehe ich meinem Sohn das Vertrauen entziehe. Vertrauen ist doch die Basis. Das Schönste für sie wäre wohl, wenn sie eines Tages die Zeitung aufschlagen würde und eine Riesenanzeige fände: Liebe Mami, ich liebe dich, deine Julia. Und verzeih mir, dass ich Michael angerufen habe, er ist ein Arschloch, du hattest Recht.

Aber das wäre unehrlich, das kann ich nicht.

Meine Mutter musste immer um Liebe kämpfen, ihre jüngere Schwester wurde wohl von meinen Großeltern mehr geliebt als sie. Vielleicht bin auch ich eine Konkurrentin um die Liebe ihrer Mutter. Denn meine Großmutter liebt mich sehr, am Ende habe ich mit ihr jedes Jahr Weihnachten gefeiert, wir haben immer zueinander gestanden. Vielleicht erklärt sich damit alles.

Ich werde nicht mehr um meine Mutter und meinen Vater kämpfen. Ich muss die Situation hinnehmen. Was sollte ich sonst tun?

Vom Intellekt her sind beide gleich stark. Hätten beide studiert und wären zusammengeblieben, hätte ich wohl in einer ausgeglichenen Familie gelebt. Mit Dietrich ist meine Mutter einen Kompromiss eingegangen. Außer meinem Großvater habe ich in meiner Familie keinen starken Mann kennen gelernt. Ich glaube, dass ich mir deshalb immer wieder die Falschen aussuche. Damit werde ich nicht glücklich.

Ich will nicht sagen, dass meine Ehe ein Fehler war, aber es wäre anders gekommen, hätte ich ein Zuhause gehabt. Olaf sah sehr gut aus, war kein Wendehals, der perfekte Ehemann. Er war sehr häuslich, so häuslich, dass es mir schon zu viel war; leider in seinen Interessen total einseitig. Er war nicht neugierig auf das Leben. Wir hatten einen wunderschönen Bungalow am See. Donnerstags wurde ein Tortenboden geholt, der freitags mit Obst belegt wurde, und Olaf hat immer noch zusätzlich einen Kuchen gebacken. Jedes Wochenende saßen wir mit der Riesenfamilie da, aßen Kuchen, grillten abends. Ich war 25 und hatte echt andere Sachen vor! Ich habe es gehasst. Und sie waren alle so lieb zu mir.

Ein Freund sagte mal zu mir: Du suchst dir die Männer nicht richtig aus, sondern nimmst den, der kommt. Und das sind dann viel zu schwache Männer.

Oder die, die mir Zuwendung bieten, die ich als Kind nicht erfahren habe? Aber was ist der Unterschied? Was gibt's denn sonst noch?

In meiner letzten Beziehung war ich oft unglücklich. Lars ging sehr häufig ohne mich aus, wollte allein wohnen, zeigte mir seine Zuneigung nur wohldosiert. Er verlangte, ich solle mich ändern. Eine ganze Weile habe ich das ausgehalten. Bis ich ihm verklickerte: Ich ändere mich überhaupt nicht mehr, ich bin jetzt so wie ich bin. Ich habe mich von ihm getrennt.

Letzten Sommer traf ich wieder einen Mann, der inkonsequent war und sich nicht zwischen seiner Freundin und mir entscheiden konnte. Furchtbar eifersüchtig, behauptete er, sich nicht auf mich verlassen zu können, ich hätte schon so viele Männer gehabt, daraus könne er genug schlussfolgern ... Er war herzkrank und setzte seine Krankheit gezielt ein, um mich zu erpressen. Und anstatt zu sagen, hau ab und lass mich in Ruhe, rechtfertigte ich mich. Warum habe ich mich überhaupt damit auseinandergesetzt? Er war sehr intelligent, und ich dachte, wenn er das mit seiner Freundin klarkriegt, könnte es was werden mit uns. Aber es wurde nichts.

Es ist wie mit meinem Vater: Ich soll mich ändern. Ich soll mich melden. Ich habe nie gedacht, dass ich – Julia, die alles kann und alles weiß und über alles nachdenkt – auf solche Typen reinfalle. Nein, auf das Spiel habe ich überhaupt keinen Bock mehr.

Konfrontation mit der Realität:
Es war so einfach

»Ich bin das Kind einer großen Liebe.«
Stefanie, Heidelberg, geboren 1945

Sie hat Psychologie studiert, als Lehrerin gearbeitet und zwei Kinder großgezogen, heute arbeitet sie mit in der Arztpraxis ihres Mannes. Wir treffen uns dort an einem späten Freitagnachmittag, im Aufenthaltsraum hat sie auf einem Glastisch Tee und Gebäck bereitgestellt. Stefanie ist klein, schlank und unaufdringlich freundlich. Ihre Sprache, leise, akzentuiert und überlegt, lässt auf Selbstsicherheit schließen. Sie weiß genau, was sie will.

In den ersten Jahren meines Lebens hatte ich von meiner Mutter nichts, gar nichts. Ich wuchs liebevoll behütet bei meinen Großeltern auf. Meine Mutter wohnte zwar ebenfalls im Haus, arbeitete aber sehr engagiert in ihrem Beruf, und ich sah sie selten.

Ich bin das Kind einer großen Liebe. Und ich glich dem geliebten Freund meiner Mutter, einem Franzosen, sehr. Ich habe vier Geschwister in Frankreich, keines gleicht unserem Vater so wie ich. Weil sie diesen Mann sehr geliebt hat und ich ihm so ähnlich sah, war ich immer etwas Besonderes für sie. Er aber war verheiratet, und weil das Paar ein behindertes Kind hatte, kam für ihn eine Trennung nicht in Frage. Auch er hat meine Mutter sehr geliebt, aber er wollte seine Frau nicht mit diesem Kind allein lassen. Er wollte jedoch für mich sorgen, hat auch nach dem Krieg Pakete geschickt, aber meine Mutter brach den Kontakt ab, sie fand die Situation für beide Seiten unerträglich.

Nein, ein Foto kannte ich nicht von ihm, aber sie hat mir von ihm erzählt: Er sei sehr lieb, sehr intelligent, sehr musisch veranlagt.

Bis zum fünften, sechsten Lebensjahr habe ich nichts vermisst – ich kannte es ja nicht anders, hatte auch kaum Kontakt zu Kindern meines Alters. Erst als ich in die Schule kam, merkte ich, dass bei mir etwas anders war als bei anderen Kindern.

Ungefähr zu dem Zeitpunkt heiratete meine Mutter, sie zog in eine eigene Wohnung, und ich lebte bei ihr und ihrem Mann. Meine Mutter, eine sehr weltoffene, moderne Frau, hat mich über die Situation aufgeklärt: Das ist zwar nicht dein Vater, aber er ist wie ein Vater, hat sie gesagt. Allerdings war dieser Mann gestört – ein Kriegsheimkehrer, der lange Jahre in russischer Kriegsgefangenschaft verbracht hatte. Er muss in Sibirien fürchterliche Sachen erlebt haben. Es stellte sich bald heraus, dass er süchtig war, drogen- und alkoholabhängig, er machte eine Entziehungskur nach der anderen. Ich habe meine Mutter unendlich bedauert und sie unterstützt, wo ich konnte, bis zu ihrem Lebensende. Ich habe mich bei ihr nie als Kind gefühlt, sondern immer als Erwachsene. Dennoch habe ich von meiner Mutter viel gelernt, sie hat mir bei schulischen Dingen geholfen und immer darauf geachtet, dass ich zurechtkam.

Ihr Mann fungierte in der Familie wohl als Vater – ich hatte inzwischen zwei Geschwister bekommen –, aber wir hatten ein recht indifferentes Verhältnis zueinander. Irgendwie war er kein richtiger Vater, das wurde mir in der Pubertät klar. Und zu meiner Mutter passte er auch nicht, der intellektuelle Abstand zwischen ihnen war zu groß. Sie lebten in einem unglaublichen Spannungsverhältnis, stritten sich oft, schrien sich an – ich saß dann auf der Treppe, war hilflos und heulte.

Ich hatte also eine Mutter, die mit sich selbst und ihren Problemen nicht klarkam und einen Stiefvater, der total zerrissen war. Bei meinen Klassenkameradinnen im Gymnasium sah ich Familien, die relativ intakt waren. Irgendetwas ist nicht richtig, die Empfindung wuchs in mir, als ich 13, 14 Jahre alt war. Ich wollte mehr über mich wissen. Wo komme ich her? Wer bin ich?

Mir half ein glücklicher Zufall. Ich war knapp 15, da machten wir mit unserem Französischlehrer eine Klassenfahrt nach Paris. Paris ist das Zentrum für alles, dachte ich und erzählte diesem Lehrer, dass ich gern meinen Vater finden würde. Von meiner Mutter wusste ich seinen Namen und die Region, in der er lebte.

Der Lehrer war so nett und ging mit mir in ein Institut – ich weiß nicht mehr wohin –, jedenfalls haben wir in alten Akten gesucht und einen Anhaltspunkt gefunden. Dann hat er für mich telefoniert und geforscht, bis ich den Namen des Wohnortes hatte. Ich habe an den Bürgermeister dieses Ortes geschrieben: Ich suche einen Mann dieses Namens, möchte wissen, wer er ist. Und eines Tages kam wirklich die Antwort des Bürgermeisters mit der Adresse meines Vaters.

Meine Mutter wusste von meinen Aktionen, und ich habe sie auch wissen lassen, dass ich meinem Vater einen Brief geschrieben hatte. Er hat mir dann sehr lieb zweisprachig geantwortet – mein Französisch war damals noch nicht so gut – und mich für die Ferien eingeladen. Ich hatte einen Sprachkurs gebucht, zwar nicht in seiner Region, aber in Frankreich; da lud er die gesamte Familie ins Auto und besuchte mich dort. Das war so toll – ein Erlebnis für alle, sie haben mich mit offenen Armen aufgenommen. Es ist unglaublich, ich habe bis heute die herzlichste Beziehung zu dieser Familie. Er hatte inzwischen vier Kinder, alle ungefähr in meinem Alter, auch seine Frau war mitgekommen. Und am faszinierendsten fand ich, dass diese Frau mich akzeptiert hat. Sie kam mir ganz herzlich entgegen, obwohl sie ja vier eigene Kinder hatte und ich während ihrer Ehe entstanden war. Sie stand intellektuell sehr unter meinem Vater – also das umgekehrte Verhältnis dessen, was ich zu Hause erlebte –, aber menschlich war sie großartig. Ihr Verhältnis zu mir hatte Größe. Das war Herzensbildung. Und die Geschwister, die inzwischen ebenfalls Kinder haben, akzeptieren mich als Schwester, auch in deren Familien bin ich zu Hause.

Wie ich meinen Vater nenne? Papa.

Sogar mein Mann, der auch kein glückliches Verhältnis zu seinem Vater hatte, sieht in ihm einen zweiten Vater. Und für meine beiden Kinder, 27 und 23 Jahre alt, ist er der Opa, sie lieben ihn ebenso innig. Es liegt so viel Herzlichkeit in diesem Verhältnis – eine bessere Lösung hätte es nicht geben können. Wir sehen uns zwei-, dreimal im Jahr.

Meine Mutter und mein Papa haben sich nie wieder gesehen. Ich wollte es nicht, es hätte keinen Zweck gehabt. Es lagen Welten zwischen ihnen, und wahrscheinlich wäre meiner Mutter noch deutlicher geworden, in welch schrecklicher Situation sie gelebt hat. Ich konnte immer mit ihr darüber sprechen, aber eine Begegnung hätte auf beiden Seiten zu große Probleme mit sich gebracht. Meine Mutter war glücklich, dass ich eine so gute Situation gefunden hatte, wusste auch, wann ich wie lange bei meinem Vater war. Ich habe meine Sommerferien bei ihm verbracht.

Sicher war es schmerzlich für sie, andererseits war sie sehr beschäftigt mit dem schwierigen Mann und dem Alltag. Sie hat sich viel zu spät von ihrem Mann scheiden lassen, ihr ganzes Leben hat sie geopfert, um ihm zu helfen. Das gesamte Familienvermögen ist durch seine Krankheit, für seine vielen Entziehungskuren draufgegangen. Und dann hatte er plötzlich eine Freundin. Das war zu viel.

Im Alter, als meine Mutter allein lebte, hat sie eine kleine Geschichte über die Zeit mit meinem Vater geschrieben. Ihr Leben lang hat sie diese Begegnung berührt. Es muss sehr schlimm für sie gewesen sein.

Ich habe daraus etwas ganz Wichtiges gelernt: Der Mann, mit dem ich leben wollte, durfte nicht dümmer sein als ich und nicht egoistisch, und er musste empfindsam sein. So wie meine Mutter wollte ich es später nicht haben, ich wollte eine intakte Familie aufbauen, mich dafür einsetzen, dass das funktioniert. Ich wollte eine Liebe leben. Das ist mir gelungen, wir sind jetzt 30 Jahre verheiratet.

Ich habe schon immer viel gelesen, wie meine Mutter. Heute ist es nicht mehr Belletristik, mein Mann und ich beschäftigen uns mit Philosophie, Geschichte, Rechtsphilosophie, mit sprachlichen und medizinischen Schriften.

Die Begegnung mit meinem Vater hat mich verändert: Ich bin mir selbst stärker bewusst geworden, habe gemerkt, was mir eigentlich gefehlt hat. Er war der ideale Familienvater. Als Architekt war er zwar ziemlich viel auf Großbaustellen in ganz Frankreich unterwegs, aber wenn er zu Hause war, scharten sich abends die Kinder um ihn, besprachen mit ihm ihre Probleme, die kleinen und die großen. Wir haben an seinem Bett gesessen, und er hat uns aus der Bibel vorgelesen – er ist sehr religiös –, hat mit uns über Dinge gesprochen, die uns wichtig waren. Das habe ich alles während der Ferien bei ihm erlebt, und das hat mich sehr geprägt. Lernen, fleißig sein, sich konzentrieren, sich nicht abhängig machen von Leuten, die nicht zu einem passen, Freunde gut auswählen – das habe ich von ihm gelernt, und so lebe ich.

Ich war viel allein, hatte nie Leute gleichen Alters, mit denen ich sprechen konnte, ich habe nachgedacht und beobachtet. Als ich mit 19 in eine andere Stadt zum Studium kam, dort zunächst völlig allein war, hätte ich durchaus an die falschen Freunde geraten können. Ich habe aber sehr früh empfunden, wer oder was nicht zu mir passt.

Die Rückkehr von den Ferien in mein kühles Elternhaus war jedes Mal schwer, ich musste mich immer überwinden und sehr diplomatisch vorgehen, um meiner Mutter nicht meine Abwehr zu zeigen und es ihr damit noch schwerer zu machen. Häufig floh ich mit der Ausrede, bei meiner Großmutter besser lernen zu können, weil sie eine große Wohnung hatte. Bei uns war es beengt.

Mein Stiefvater empfand meinen Weggang immer als Strafe. Nicht, weil ich zu meinem richtigen Vater fuhr, sondern weil er fürchtete, etwas falsch gemacht zu haben. Er war glücklich, wenn ich wieder zu Hause und die Familie komplett war. Er war nicht unsensibel, jedenfalls nicht, wenn es ihn betraf.

Ob mein Leben anders verlaufen wäre, hätten meine leiblichen Eltern heiraten können? Wie soll ich das wissen?

»Ja, das ist unser Blut!«
Katharina, Leipzig, geboren 1946

Einen Termin für ein Gespräch mit Katharina zu finden, war schwer. Vor der Wende war sie in einem Architekturbüro fest angestellt, wo sie Industriebauten projektierte. Jetzt arbeitet sie frei für Kommunen und die Denkmalpflege. Selten ist sie länger als ein paar Tage in ihrer Wohnung in Leipzig. Für das Gespräch hat sie sich dennoch ein paar Stunden Zeit genommen. Sie ist eine schöne Frau, groß und schlank, mit dunklen, vollen Haaren – wie ihr Vater.

Meine Mutter hat häufig und voller Liebe von meinem Vater gesprochen: Er war Jugoslawe, war groß, dunkel, schön und fröhlich. Ich habe Hochachtung vor dieser Liebe. Meine Mutter hat zwei uneheliche Kinder bekommen, dennoch ist sie für mich eine sehr anständige, unverdorbene, moralisch absolut integre Frau.

Obwohl ich einen Stiefvater hatte, stand mein leiblicher Vater immer im Raum. Ich habe ein Foto, auf dem er mit zwei anderen Männern in Uniform zu sehen ist. Meine Mutter hat mir erzählt, dass deutsche Soldaten ihn 1941 von der Straße weggeschnappt und zur Arbeit nach Deutschland verschleppt hätten. Da war er 20 oder 21, also etwas älter als meine Mutter. So kam er ins Eichsfeld auf den Bauernhof meiner Oma. Meine Mutter und er arbeiteten zusammen auf dem Feld. Er sprach Deutsch, und sie verliebten sich ineinander. Es war für beide die erste Liebe, eine ganz besondere, schöne Liebe, so habe ich es nach den Erzählungen meiner Mutter empfunden. Erst kurz bevor er wegging, muss es zum ersten und einzigen Mal passiert sein, da bin ich entstanden. Sie hat sofort gewusst, dass sie schwanger war.

Ein Kind von einem Zwangsarbeiter! Das war schwer für meine Mutter in diesem Nest im streng katholischen Eichsfeld. Meine Großmutter war entsetzt, hat ihrer Tochter das Bett weggenommen und sie richtig misshandelt, weil sie die Familie in Schande gebracht hatte. Meine Mutter wollte sich das Leben nehmen, aber als sie dann auf einer Brücke stand, konnte sie doch nicht springen.

Ihre Mutter hat sie auch nicht in dem katholischen Krankenhaus besucht, wo sie mich zur Welt brachte. Dennoch ging sie zurück zu ihr, wo sollte sie auch hin?

Ich war vom vollendeten ersten Lebensjahr bis zum dritten in einem katholischen Kinderheim. Meine Mutter musste zur Ausbildung und Geld verdienen. Sie litt sehr unter der Trennung.

Als ich etwa zwei Jahre alt war, heiratete meine Mutter einen Piloten, der im Krieg ein Bein verloren hatte. Die Leute im Dorf hatten ihr eingeredet, sie solle ihn heiraten, einen anderen bekäme sie ohnehin nicht. Die Ehe hielt nur zwei, drei Jahre, der Mann trank, und meine Mutter ließ sich scheiden. Sie ist Erzieherin, bekam Arbeit in Leipzig und zog mit mir dorthin. Sie bekam meinen Bruder, wofür meine Oma sie noch mehr verachtete. Aber ich verlebte immer die Ferien bei meiner Oma, ich war gern dort, wir beide haben uns geliebt, und die schöne Landschaft des Eichsfelds hat mich sehr geprägt.

Dann heiratete meine Mutter wieder, ich war zehn. Der Mann, der mein Stiefvater wurde, ließ sich wegen meiner Mutter – einer Frau mit zwei Kindern – scheiden. Davor hatte ich Achtung, denn damals, Mitte der 50er Jahre, achtete die Partei noch streng auf die Moral. Er bekam deshalb eine Parteistrafe, musste seine leitende Tätigkeit aufgeben und eine Zeitlang als Wachmann in einem Betrieb arbeiten.

Besonders mochte ich ihn nicht. Ich erinnere mich, ich sollte ihn einmal unbedingt küssen. Da habe ich mich auf ihn gestürzt und ihn wieder und wieder geküsst – ich habe wie ein Specht auf einen Baum eingehackt.

Die Ehe lief nicht gut. Das war für mich ein Problem, weil es für meine Mutter ein Problem war. Er hat gegeben, was man nur geben kann, aber Verantwortung für die Familie übernehmen oder Entscheidungen fällen, davon hielt er nichts. Nur seine Parteizugehörigkeit spielte er als Macht in der Familie aus. Meine Mutter war nicht in der Partei. Es gab ständig Krach, der sich an mir entzündete, ich glaube aber, dass das Stellvertreterkämpfe waren. Dauernd gab es politische Auseinandersetzungen – über die Probleme in der DDR konnte man sich nie richtig unterhalten. Eigentlich war es mit ihm überhaupt nicht möglich, mal ein Gespräch zu führen. Er konnte nie ein ernstzunehmender oder glaubwürdiger Partner sein. Ich glaube, meine Mutter und mein

Stiefvater, den ich nie so nannte, haben sich gegenseitig krank gemacht.

Ich habe auch sehr unter dieser Engstirnigkeit gelitten. Ich wollte weg aus diesem Leben. Aber vielleicht war ich zu sensibel.

Natürlich habe ich auch gute Erinnerungen: Meine Mutter hat viel für mich genäht, wir haben oft gesungen, er klimperte auf der Gitarre. Durch meine Eltern habe ich Schubert- und Schumann-Lieder kennen gelernt, bin in die Oper gegangen. Mein musikalisches Interesse schreibe ich meinem Stiefvater zu.

Zu meiner Mutter habe ich ein gutes Verhältnis. Aber noch mit 30 hatte ich vor ihr Angst. Sie hat was Autoritäres an sich. Einerseits ist sie liebevoll, andererseits sehr streng. Ich hatte schon meine Tochter, als ich meiner Mutter ein Problem, das zwischen ihr und mir stand und mit dem ich mich rumschlug, in einem Brief schrieb, weil ich nicht mit ihr reden konnte. Den gab ich ihr, und sie hat ihn vor meinen Augen zerrissen.

Früher schlug sie mich auch. Ich musste mich ausziehen und kriegte was hintendrauf, mit dem Stock oder mit der Hand. Ich biss ins Kissen, um nicht zu weinen, dazu war ich zu stolz, aber da bekam ich noch mehr Schläge. Und hinterher hat sie es immer bereut, und dann tat sie mir leid. Ich habe schon als Kind viel Mitgefühl mit ihr gehabt und verstanden, dass sie überlastet war. Sie hat ihr Leben lang hart gearbeitet, wurde zu Hause sehr streng behandelt, musste immer diszipliniert sein. Mit 16 Jahren hat sie schon einen Kindergarten leiten müssen.

Ich wollte nicht, dass sie für mich Geld ausgab. Lass das, wir haben doch nicht genug, habe ich gesagt. Heute bin ich anders, heute leiste ich mir ab und zu mal was.

In jener Zeit, als wir mit dem Mann meiner Mutter zusammengelebt haben, dachte ich viel an meinen Vater. Ich wusste ja nicht, dass er tatsächlich noch lebte, in mir hat er immer gelebt. Ich fand ihn in meinen Träumen. Und in diesen Träumen wollte ich weg. Auf meinem langen Schulweg habe ich mich mit ihm unterhalten und mir ein Leben mit ihm in Jugoslawien ausgemalt. Diese Träume waren wohl eine Flucht vor der Wirklichkeit.

Hätten wir drei von Anfang an zusammengelebt, hätte ich sicher mehr Zärtlichkeit erfahren, auch meine Mutter und er wären zärtlicher miteinander umgegangen als meine Mutter mit meinem Stiefvater. Ich hätte dann vermutlich nicht das Gefühl gehabt, da sei etwas im Haus, gegen das ich mich wehren müsste. Ich habe ja bei anderen gesehen, wie wichtig der Vater für sie war, dass sie mit ihrem Vater geschmust haben. Ich hätte jemanden gebraucht, den ich hätte um Rat fragen können, dem ich mich hätte anvertrauen können, der mir Lebensschritte gezeigt hätte. Das fehlte mir am meisten, als ich zur Oberschule ging und nicht wusste, was ich werden sollte.

In der Oberschule sollten wir mal über unser Leben, über unsere Gefühle schreiben. Ich habe gebockt und nichts geschrieben. Der Lehrer fragte mich nach dem Grund, ich habe gesagt, ich möchte nicht über mein Leben schreiben. In so einem jungen Leben hat man noch nicht viel zu schreiben, demzufolge kann man Wichtiges auch nicht weglassen, und mein Vater war wichtig.

Ich hätte eine sehr gute Schülerin sein können, aber ich war verträumt und deshalb unstet. In den Zeugnissen ab der 6. Klasse stand im Wechsel: Katharina ist zerstreut. Ist wieder konzentrierter. Es ging hoch und runter.

Ich muss 16 gewesen sein, als ich mich während der Ferien im Dorf meiner Oma bei anderen Familien umhörte, die jugoslawische Zwangsarbeiter beschäftigt hatten. Ich bekam auch eine Adresse, an die ich schrieb. Und mir hat tatsächlich ein Mann geantwortet: Er kannte meinen Vater, wusste, dass er noch lebte, teilte mir die Anschrift mit. Ich schrieb dorthin. Und eines Tages kam ein Brief von der Schwester meines Vaters, die ihren Besuch ankündigte. Wir haben sie herzlich aufgenommen, auch mein Stiefvater freute sich für uns. Sie sah mich und sagte spontan: Ja, das ist unser Blut!

Sie erzählte, dass Bogdan, mein Vater, nach seiner Rückkehr lange nichts von seiner Liebe in Deutschland sagen durfte, unter Tito waren solche Verhältnisse geächtet. Und dass er getrunken habe und keiner wusste, was mit ihm los war. Er war kein Alkoholiker, aber anders hat er das Erlebnis wohl nicht verarbeiten können. Und er hat ebenso spät wie meine Mutter geheiratet und Kinder bekommen – sie haben beide lange gebraucht, um den Verlust zu verkraften. Er hat Schneider gelernt und später noch was Kaufmännisches. Aus politischen Gründen hat er eine leitende Position aufgegeben und wieder als Schneider gearbeitet, er wollte sich vor keinen fremden Karren spannen lassen.

Diese Schwester, meine Tante, ging mit mir zum Fotografen, um Fotos für Bogdan machen zu lassen. Wir haben auch selbst viel fotografiert und noch mehr erzählt, was etwas schwierig war, denn wir sprechen nicht Jugoslawisch, und sie spricht nicht gut Deutsch. Ich erfuhr also, dass mein Vater lebt, dass ich zwei Schwestern und einen Bruder, Tanten und Onkel habe, dass das Kind der ältesten Schwester – die etwa so alt ist wie mein jüngerer Bruder hier – Katharina heißt wie ich.

Von Bogdan bekam ich keinen Brief, er hatte die deutsche Sprache vergessen. Aber mit meiner Schwester, die in Belgrad lebt, korrespondierte ich auf Englisch. Hinfahren konnte ich ja nicht – ich zählte nicht zu dem Personenkreis in der DDR, der dort Urlaub machen durfte.

Ich studierte, heiratete, bekam mein Kind, ließ mich scheiden. Und dann war ich 41 und hatte das starke Gefühl, einmal im Leben meinen Vater sehen zu müssen. Es ergab sich 1987 die Gelegenheit, mit einem befreundeten Fotografen einen Architekturband über Griechenland zu machen. Der Kollege, ein bekannter Fotograf, war älter als ich, galt als politisch zuverlässig, und ich durfte ihn begleiten. Ihm hatte ich meine Geschichte anvertraut, und so beschlossen wir, über Jugoslawien zu fahren.

Die Genehmigung und Pässe bekamen wir erst ein paar Tage vor Reiseantritt. Ich habe mich nicht angemeldet bei meinem Vater aus Angst, dass mein wahrer Grund den Behörden bekannt werden könnte und ich dann den Pass nicht bekomme. Wir fuhren mit einem in der DDR lebenden griechischen Kollegen, der den Text schreiben sollte; hinterher stellte sich raus, dass er für die Staatssicherheit gearbeitet hat. Die Stasi wusste also doch alles.

Damals sagte meine Mutter: Jetzt habe ich dich verloren, jetzt bist du nicht mehr allein meine Tochter. Natürlich hat sie sich für mich gefreut, aber es tat ihr auch weh.

Wir fuhren mit dem Auto über die ČSSR nach Österreich, übernachteten in Wien bei einer Professorin, die ich bei einem Architekten-Kongress kennen gelernt hatte, von da aus rief ich Bogdan an und avisierte unseren Besuch.

Es war ein seltsames Gefühl, das erste Mal jugoslawischen Boden zu betreten. In Belgrad standen wir drei vor Bogdans Haus, einem dreistöckigen Mietshaus, hinter den Fenstern im Hochparterre sah ich Licht und viele Menschen, und ich wusste:

Nur dort kann es sein. Und plötzlich wollte ich nicht reingehen – ich hatte Angst.

Wir klingelten, alle kamen raus auf den Flur, ich hatte das Gefühl, sie hielten mich, weil ich gar nicht mehr stehen konnte. Sie führten mich in die Wohnung, und ich sah meinen Vater. Da umarmte mich kein fremder Mensch, sondern ein sehr vertrauter. Ein bisschen fremdländisch sah er aus, er hatte noch sein dichtes, schwarzes Haar, aber er war mir sehr nah. Der Empfang war überwältigend. Die Familie hatte eine Torte gebacken, eine längliche, auf der stand: Herzlich willkommen, Katharina.

Ich erfuhr die Familiengeschichte: Bogdan war Serbokroate, er kam aus der Krajina, wo sich Serben und Kroaten bekriegt haben; deshalb war sein Vater vor dem Ersten Weltkrieg nach Amerika ausgewandert, kehrte aber aus Patriotismus zurück, um mitzukämpfen. Als Bogdan drei Jahre alt war, sind sie aus der Krajina weggegangen Richtung Banat; sie haben vom Staat Land bekommen und sich dort angesiedelt. Nach dem Krieg ist Bogdan von Deutschland nach Belgrad gezogen, hat geheiratet und drei Kinder bekommen.

Sie freuten sich alle sehr, mich zu sehen. Plötzlich guckten sie auf meine Hände: Ich hätte die gleichen wie mein Vater. Mit Sofia, der Frau meines Vaters, konnte ich mich stundenlang unterhalten, obwohl wir nicht die gleiche Sprache sprechen. Sie ist eine sehr einfache Frau, die nicht berufstätig war, aber wir verstanden uns. Bei einem späteren Besuch hatte ich mal eiskalte Füße, sie machte mir ein Fußbad, zeigte auf meine Füße und sagte nur: Bogdan! Meine Füße seien wie Bogdans.

Mit meinem Vater habe ich Deutsch gesprochen, langsam erst, und dann kam auch in ihm die Erinnerung. Irgendwann sagte er: Laura, meine Mutter, sei eine fleißige Frau gewesen, sie hätte gut zu ihm gepasst. Das negiert ja nicht sein Leben mit Sofia, sollte überhaupt nicht abwertend ihr gegenüber sein.

Meinen Vater getroffen und meine Geschwister kennen gelernt zu haben, war für mich ein Geschenk. Ich hatte sofort das Gefühl, mit ihnen auf gleicher Welle zu senden. Würden wir in einem Land leben, wären wir sicher öfter zusammen.

In Bogdans Haus lebten Kroaten, Bosnier, Albaner, auch sie kamen alle an, um mich zu begrüßen, alle hatten von mir erfahren. Heute würde ich gern wissen, wie diese Menschen den Krieg überlebt haben, ob sie noch immer so friedlich zusammenleben. Ich möchte wieder hinfahren und sehen, wie es ihnen ergangen ist. Aber im Moment fehlt mir dafür das Geld.

Wir setzten dann unsere Reise nach Griechenland fort, haben aber auf dem Rückweg noch mal in Belgrad Station gemacht.

1990, nur zwei Wochen vor der Währungsunion, bin ich mit meiner Tochter nach Belgrad gefahren, um meinem Vater zum 70. Geburtstag zu gratulieren. Ich habe die ganze Familie wiedergetroffen. Und auch meine Tochter stellte fest: Du siehst deinem Vater ähnlicher als die anderen Geschwister. Darüber habe ich mich sehr gefreut.

Ich weiß nicht, ob ich mich dauerhaft gut mit meinem Vater verstanden hätte, es gab ja nur diese drei kurzen Begegnungen. Er hatte mal gesagt, er wolle mich in Deutschland besuchen, aber dazu kam es nicht mehr.

Zur Beerdigung meines Vaters war ich ein letztes Mal dort. Das heißt, man geht dort nicht zur eigentlichen Beerdigung, sondern zu einer Feier, die später stattfindet. Es hat mich sehr berührt, dass die Familie auf den Grabstein als Hinterbliebene alle vier Kinder eingravieren ließ – also auch mein Name darauf steht. Das sagt doch viel.

Natürlich habe ich meiner Mutter von den Begegnungen erzählt. Sie hat geweint. Alles kam wieder in ihr hoch.

Der Jugoslawienkrieg hat mich sehr mitgenommen. Ich konnte zu der Zeit niemanden in Jugoslawien erreichen, konnte nur einen befreundeten Architekten in der Schweiz anrufen, er rief in Belgrad an und informierte dann mich. Das ging, aber Deutschland–Jugoslawien, das ging nicht. So erfuhr ich, dass meine Schwester mit ihrem Mann während der Bombenangriffe auf Belgrad nie in den Luftschutzkeller gegangen ist, sie sind in der Wohnung geblieben und haben sich den zweiten Satz aus Beethovens 9. Sinfonie angehört.

Nur nachts konnte ich zuverlässige Informationen über den Krieg von guten Korrespondenten im Radio hören. Ich legte mir auch oft den zweiten Satz aus der 9. Sinfonie auf und war auf diese Weise mit Belgrad verbunden. In meinem Freundeskreis und bei vielen anderen Menschen beobachtete ich, wie sie die in den Medien verbreiteten Meinungen über Serben und Kroaten einfach übernahmen, ohne überhaupt den Versuch zu machen,

Gegenargumente einzuholen und zu überprüfen. Ich war allein, konnte mich mit niemandem austauschen.

Krieg hat in unserem Leben eine große Rolle gespielt. Es ist schrecklich – drei Brüder meiner Mutter sind im Krieg sinnlos mit 18 und 19 Jahren gefallen, Menschen, die meine Mutter geliebt hat, von denen sie mit Achtung spricht. Und dass nun Deutschland wieder dort mitmachte, hat mich sehr belastet. Ich fühlte mich gegenüber Jugoslawien als Deutsche schuldig.

Ich habe ein beeindruckendes Buch von einer Jugoslawin gelesen: »Das egoistische Jahr«. Sie beschreibt das Schicksal einer Ärztin in dem von der NATO geführten völkerrechtswidrigen Kosovokrieg; deren Sohn, ein junger Soldat, verlor über seinen Kriegserlebnissen den Verstand. Sie schildert einen Tag: den 15. Mai 1999.

Es ist total verrückt, aber ich sehe eine Verbindung: Genau an diesem Tag habe ich versucht, mich umzubringen. Nur leider wusste ich nicht genau, wie man das macht, ich wollte mit einem Messer mein Herz treffen, habe aber nur den Herzbeutel außen erwischt und danach meine rechte Hand schwer verletzt.

Es war viel zusammengekommen: Die berufliche Unsicherheit nach der Wende; meine Tochter war schwanger, ich freute mich sehr auf das Kind, und dennoch kamen wieder die Gedanken, ich sei eine schlechte Mutter gewesen, weil ich mich scheiden ließ, als sie drei Jahre alt war. Sie ist also auch ohne Vater aufgewachsen. Und deshalb glaubte ich, es nicht verdient zu haben, Oma zu werden. Ich fürchtete, der Sache nicht gewachsen zu sein. Heute weiß ich, ich kann als Oma viel zurückgeben. Aber damals hatte ich überhaupt kein Selbstwertgefühl. Nein, ich wollte mich nicht wegschleichen, aber ich war völlig entkräftet, und es brach einfach alles über mir zusammen. Ein Freund fand mich durch Zufall, und ein Chirurg hat mich zusammengeflickt.

Bestimmt habe ich alles übertrieben, weil ich so sensibel bin, ein anderer geht damit nicht so um. Meine Mutter zum Beispiel. Sie ist sehr fleißig, gerecht, ihre Tagesabläufe stimmen, sie würde nie bummeln, selbst ihre Pausen plant sie genau. Nichts durfte außer der Reihe passieren, ich durfte nie zu spät kommen, da hing das Gesicht runter, und ich hatte ein schlechtes Gewissen. Ich habe manchmal mit meiner Tochter am Wochenende erst um elf und dann ganz lange gefrühstückt, und dabei haben wir

Musik gehört, das hat meine Mutter nie verstanden. Sie hat auch meine Depressionen nicht verstanden. Schon ein paar Jahre zuvor litt ich daran.

Einen ersten Zusammenbruch hatte ich im Sommer 1995 nach der Trennung von einem Mann, den ich liebte, wir wollten heiraten. Zwei Jahre später kam ich wieder wegen eines Zusammenbruchs und Depressionen in ein Krankenhaus, das hauptsächlich mit Naturheilverfahren arbeitet. Die Ursachen? Existenzangst, Überforderung, Übermüdung. Dort bin ich aus eigenem Antrieb jeden Morgen vor der Gymnastik um mein Leben gejoggt, habe mich angespornt: Lauf, mach weiter. Ich wollte keine Psychopharmaka nehmen. Ich musste wissen, ob ich es selbst schaffen kann. Ich habe mich gerettet, indem ich gejoggt bin.

Aber meine Mutter sagte: Du redest dir deine Krankheit nur ein. Steh auf, tu was, reiß dich endlich zusammen und sei der starke Mensch, der du vorher warst. Erst viel später, als sie darüber gelesen und im Fernsehen Sendungen gesehen hatte, verstand sie, dass Depressionen eine Krankheit sind. Meine Mutter ist eine Frau, die sehr diszipliniert ist. Das kann ich von mir nicht sagen, ich habe immer ein schlechtes Gewissen – wenn ich lese zum Beispiel. Andererseits konzentriert man sich beim Lesen, sammelt sich. Ich habe in letzter Zeit viel gelesen, früher habe ich die Fingernägel abgeknabbert.

Einmal, ich war zwischen 15 und 17, sagte sie: Du bist fremd, du gehörst nicht in unsere Familie. Nicht, dass sie mich wegstoßen wollte oder das böse gemeint hätte, nein, sie meinte nur, dass ich ihr fremd sei. Deine Art kenne ich nicht, sagte sie. Damals habe ich mich ausgegrenzt gefühlt. Ich habe lange daran gekaut, erst später habe ich begriffen, dass sie so handeln musste, weil sie es in ihrer Familie nicht anders kennen gelernt hatte.

Auch hat sie früher oft gesagt: Du taugst zu nichts. Stimmte ja auch. Wenn ich mal eine Suppe kochen wollte, ist sie garantiert angebrannt. Wenn ich die Nähmaschine nur angefasst habe, ist bestimmt die Nadel abgebrochen. Sie hatte keine Zeit für mich, konnte sich nicht lange mit mir befassen. Sie war eine starke Persönlichkeit, immer eine gute Erzieherin, eine gute Leiterin. Vielleicht wollte sie, dass etwas durch mich für sie in Erfüllung geht. Dennoch: Sie ist herzensgut, und zwischen uns besteht eine ganz tiefe Verbindung.

Ich habe zum Beispiel immer unter der Vorstellung gelitten, in einem Büro arbeiten zu müssen. Darüber habe ich mal mit meiner Mutter gesprochen, sie sagte: Du willst eben die absolute Freiheit. Also erkennt sie mich doch. Aber wenn ich nicht ihrer Vorstellung entspreche ...

Jetzt ist sie 80 und krank. Ich mache öfter ihre Wohnung sauber, und einmal sagte sie zu mir, als ich fertig war, sehr ehrlich: Ich habe dir zugeschaut. Wie du das alles machst, jede Arbeit, jeder Handgriff ist überlegt. Alles was du tust, ist durchdacht. Du bist eine richtige Künstlerin.

Wenn ich ehrlich bin, denke ich, die Architektur ist nicht das Richtige für mich. Ich habe heute noch Träume, in denen ich etwas nicht schaffe – eine Arbeit, eine Prüfung, eine Leistung. Es wundert mich sehr, dass ich immer wieder so stark träume, eine Prüfung nicht zu bestehen!

Ich glaube, ich wäre eine tolle Handwerkerin geworden. Oder wenn ich richtig Klavierspielen gelernt hätte ... Aber meine Oma hat das Klavier nicht rausgerückt, es ist auf dem Mist gelandet, so sagt man bei uns im Eichsfeld. Dabei war ich talentiert.

Mit dem Eichsfeld, wo meine Mutter und ich geboren sind, fühle ich mich sehr verbunden: Diese Landschaft ist mir bis heute wichtig. Jede Wiese, jeder Baum lebt in mir, die Blumen, die ich als Kind pflückte, wenn ich Kühe hütete. Und die Felder sind übersät mit flachen Kalksteinen, die ich mit aufsammeln musste. Die Krajina, wo mein Vater geboren wurde, ist eine fruchtbare Ebene, umgeben von Bergen, auch dort gibt es viele Steine. Einen habe ich mir von dort mitgebracht.

»Tach, Herbert, mach mal 'ne Kanne Kaffee!«
Karin, Bochum, geboren 1956

Karin hat Autofahren zum Beruf gemacht – wie ihr Vater. Wir treffen uns in Bochum am Bahnhof: Da steht eine sehr zierliche, attraktive Frau in engen Jeans auf hohen, blauen Absätzen. Erst auf den zweiten Blick ist eine leichte Behinderung bemerkbar: Die gesamte linke Seite ist kraftlos, die Motorik stimmt nicht. Karin sagt, sie sei zu früh geboren und im Brutkasten sei irgendwas mit der Sauerstoffzufuhr nicht in Ordnung gewesen. Eigentlich dürfte sie nur Schuhe mit flachen Absätzen tragen. Kleinigkeiten, sagt sie, sie sei kein wehleidiger Mensch. Sie spricht mit nikotinrauer Stimme und leichtem Bochumer Akzent. Wir fahren mit Karins Taxi zu ihrer Wohnung, wo ein liebevoll gedeckter Kaffeetisch auf uns wartet.

Als Teenie besuchte ich häufig Verwandte in Ostberlin. Sie wohnten in Prenzlauer Berg – nur ein paar Straßen von meinem Vater entfernt. Aber das wusste ich damals nicht. Mir kam nie der Gedanke, nach ihm zu suchen. Auch meine Verwandten dachten nicht daran.

Erst als ich erwachsen war, entstand in mir der Wunsch, nach meinem Vater zu fahnden, aber das verschob ich immer wieder – auf die nächste Woche, den nächsten Monat, das nächste Jahr. Heute wünsche ich mir, ich wäre eher aktiv geworden.

Meine Familie lebte auf der Insel Rügen. 1955 lernte meine Mutter Herbert kennen, der damals dort bei der Armee diente. Sie war 16, er 21. Es war mehr eine jugendliche Schwärmerei als eine große Liebe. Aber einmal probiert, schon geklappt. Herberts Eltern nahmen es hin. Mein Opa hat ohnehin zu allem Ja und Amen gesagt, nur meine Oma hat zuerst ziemlich gewettert.

Kurz nach meiner Geburt sind meine Mutter und meine Großeltern mit mir in einer Nacht-und-Nebel-Aktion nach Bochum gegangen, wo schon die ältere Schwester meiner Mutter lebte. Herbert kam kurze Zeit später nach. Sie wohnten alle in einem Haus. Ich kann mich daran nicht erinnern, habe versucht, die Bilder von damals in mir hochzuholen, aber da ist nix. Auch nicht, wenn ich alte Fotos ansehe. Ich weiß nicht, wie Herbert als Vater war. Weiß nur, dass alle ihn mochten. Für meine Großeltern war er der ideale Schwiegersohn, für meinen Onkel, den Bruder meiner Mutter, ein guter Kumpel. Mein Opa, mein Onkel und Herbert haben mich oft mitgenommen zum Frühschoppen – aber auch daran kann ich mich nicht erinnern.

Dann wurde Herberts Mutter krank, er fuhr zurück in die DDR und kam nicht wieder. Ich war damals drei. Ob er wirklich keine Möglichkeit hatte, die DDR noch einmal zu verlassen, oder ob er Krach mit meiner Mutter hatte und gar nicht mehr zu ihr zurückwollte, weiß ich nicht. Herbert ist kein Kämpfer, er geht jedem Stress aus dem Weg, Hauptsache, er hat seine Ruhe.

Meine Mutter zog weg von ihren Eltern. Ich wuchs bei meinen Großeltern auf. Ab und zu fiel der Name Herbert, ich kriegte auch mit, dass es sich dabei um meinen Vater handelte, aber so richtig hatte ich das alles nicht begriffen. Obwohl meine Großeltern mich sehr geliebt haben und ich sie, habe ich einen Vater vermisst. Besonders, als meine Mutter zwei weitere Töchter bekam.

Deren Väter waren nicht lange da, aber sie haben einen gehabt. Der Vater der Schwester, die nach mir kam, ist verstorben, und zum nächsten Mann hatte meine Mutter so eine Kuddel-Muddel-Beziehung. Aber die beiden Mädchen haben sagen können: Mein Vater. Das tat weh. Darauf war ich neidisch. Ich wusste zwar, es gibt irgendwo einen, und meine Großeltern habe ich als meine Eltern angesehen, dennoch war da eine Lücke. Ich konnte über alles mit meinen Großeltern reden, egal, was ich hatte. Bei Ausflügen und Klassentreffen war meine Oma immer dabei, aber bei den anderen Kindern kamen die Eltern mit. Meine Oma war in vieler Hinsicht jugendlicher als manche Mutter, dennoch war sie älter, das ließ sich nicht leugnen.

Den Vater habe ich mehr vermisst als die Mutter. Über vieles hätte ich gern mit einem Vater geredet, über das Thema Freund zum Beispiel, dafür fand ich meinen Opa zu alt. Ich wäre auch gern mit meinem Vater schwimmen gegangen – andere Väter gingen mit ihren Kindern schwimmen, mein Opa tat das nie. Sicher, meine Großeltern haben mich behütet und beschützt, mich überall mitgenommen, aber wenn man mal rechts und links vorbeiguckte – es waren eben Großeltern, nicht die Eltern. Da tauchte in mir schon die Frage auf, warum andere Kinder in einer normalen Familie lebten und ich nicht.

Ich wäre nie von meinen Großeltern weggegangen, dennoch wollte ich von meiner Mutter wissen, warum sie mich nicht zu sich genommen hat, als sie reifer war und es ihr finanziell besser ging. Es kam immer die Ausrede: Kein Geld, Wohnung zu klein. Sie war Serviererin, später arbeitete sie in einer Versicherung, die Geld-Ausrede konnte also nicht mehr gelten.

Ich war 20, als meine Mutter wieder heiratete. Sie hat mich ihrem Mann lange Zeit verschwiegen, was ich nicht wusste. Bei einer Familienfeier flüsterte mir meine Tante ins Ohr: Sag nicht Mama zu ihr! Da habe ich besonders laut über den Tisch gerufen: Du, hör mal, Mama ... Es gab mächtigen Krach deshalb. Später habe ich erfahren, dass sie mich häufig verleugnet hat. Sie hat immer nur von ihren beiden Töchtern gesprochen.

Ob sie sich meiner geschämt hat? War es nicht schicklich, so jung ein Kind bekommen zu haben? Ich weiß es nicht, aber ein herzliches Gefühl konnte ich nicht zu ihr entwickeln. Nein, ich habe keinen Groll, keine Wut auf sie.

Über meinen Vater hat sie mir nur erzählt, dass er hier in Bochum auf dem Bau gearbeitet habe und irgendwann zurückgegangen sei nach Bernau bei Berlin, wo seine Eltern die Bahnhofsgaststätte führten. Ich kann mich nicht mehr an diese Zeit erinnern, hat sie immer gesagt, was ich ihr nicht geglaubt habe. Ich denke, so was vergisst man nicht. Auch mein Onkel hatte Herbert aus den Augen verloren. Meine Großeltern erzählten mir, dass er ihnen noch einige Zeit lang aus der DDR Postkarten geschrieben habe. Mehr wussten sie auch nicht von ihm.

Mit 18 heiratete ich einen Jungen, der ein Jahr älter war als ich. Das passte meinen Großeltern überhaupt nicht. Am liebsten hätten sie mir diese Ehe verboten. Aber wenn man jung ist, kann man ja alles besser und weiß alles besser. Ich glaube, ich wollte die intakte Familie herstellen, die ich nicht hatte. Vielleicht spielte auch der Gruppendruck eine Rolle: In meiner Clique heirateten zu der Zeit alle, also wollte ich das auch. Die Ehe dauerte nur fünf Jahre, er trank zu viel. Ich nahm meine kleine Tochter Linda und ging zurück zu meinen Großeltern.

Damals hätte ich gern mit meinem Vater über all meine Probleme geredet. Mein Opa war schon zu alt, um mich zu verstehen, das glaubte ich zumindest. Und mit meiner Mutter habe ich nie über Probleme gesprochen. Aber das vermisste ich nicht.

Meinen jetzigen Mann lernte ich kennen, als Linda drei Jahre alt war. Als wir heirateten und ich wieder die Geburtsurkunde vorlegen musste, fing ich ernsthaft an, mich für meinen Vater zu interessieren. Ich schrieb an das Amt für innerdeutsche Beziehungen in Bonn, die verwiesen mich ans Rote Kreuz. Ich wollte schon aufgeben, aber mein Cousin, der in Ostberlin lebte und dem ich davon erzählt hatte, machte mir Mut: Komm her, sagte er, ich helfe dir, wir werden ihn finden.

Im Winter 1988 fuhr ich zu ihm nach Berlin. Wir fragten in der Meldestelle von Bernau, bekamen aber keine Auskunft. Ziellos liefen wir durch den Ort, als mein Cousin plötzlich an einem x-beliebigen Haus klingelte. Eine alte Dame kam raus und konnte sich tatsächlich an die Familie erinnern: Sie wusste, dass die Eltern gestorben waren und Herbert in Berlin lebt.

Zu Hause bei meinem Cousin suchten wir im Telefonbuch alle Personen mit dem Namen meines Vaters und deren Adressen heraus. Sieben oder acht haben wir angerufen. Bei der letzten Adresse, einer Straße in Prenzlauer Berg, meldete sich niemand, wir gingen auf gut Glück dorthin. Es öffnete niemand, aber eine Nachbarin, die wir auf der Treppe trafen, sagte uns, dass das Ehepaar längst geschieden und der Mann ausgezogen sei. Er habe wieder geheiratet. Nein, die Anschrift hatte sie nicht, konnte uns aber sagen, wo er arbeitet.

Wir fuhren sofort zu diesem Betrieb. Dort hieß es, ja, er arbeite hier als Kraftfahrer, habe aber bereits Feierabend, nein, die Adresse könne man uns nicht geben, wir könnten am nächsten Tag wiederkommen.

In der folgenden Nacht habe ich kein Auge zugetan: Morgen siehst du ihn. Er hat mich vor 32 Jahren zuletzt gesehen. Ich kannte nur Jugendfotos von ihm. Wie verhalte ich mich, wenn ich ihm gegenüberstehe? Was soll ich sagen? Was wird er sagen? Was frage ich ihn? Tausend Gedanken, mir war ganz schlecht vor Aufregung.

Als ich meiner Mutter gesagt hatte, mir ist es jetzt ernst, ich will meinen Vater suchen, war ihre Antwort nur, ich solle mich auf eine Enttäuschung gefasst machen. Er könnte ja auch sagen: Verschwinde wieder. Gut, damit musste ich rechnen. Ich habe mir auch ausgemalt, dass er sagt, ich habe jetzt eine neue Familie, und die weiß nichts von dir – hätte ja sein können.

Dann hätte ich gesagt, okay, ich habe dich mal gesehen, ich akzeptiere das. Natürlich habe ich im Stillen gehofft, dass es anders sein wird.

Auf dem Weg zu diesem Betrieb warnte mich auch mein Cousin: Rechne damit, dass er dir antwortet: Geh dahin zurück, woher du gekommen bist, und lass mich in Ruhe.

Letztlich aber habe ich darauf gebaut, dass meine Großeltern immer nur Positives von ihm erzählt haben. Es musste einfach gut gehen.

Ich sehe noch das Foyer des Betriebes vor mir: An einer Seite die Pförtnerloge, in der Ecke eine Bank mit schwarzem Leder bezogen. Der Pförtner meldete mich bei ihm. Ich setzte mich, weil mir wieder so schlecht wurde, saß ganz starr und stierte auf die Tür.

Und dann kam er auf uns zu. Er blieb vor uns stehen, und ich wusste nicht, was ich sagen sollte. Ich konnte nicht mal aufstehen. Was passiert jetzt, was passiert jetzt, habe ich nur gedacht. Er guckte mich fragend an, ich guckte ihn an, er guckte meinen Cousin an – niemand sagte etwas. Ich war gar nicht fähig, was zu sagen, so einen dicken Kloß hatte ich im Hals. Und er hatte keine Ahnung, was ich von ihm wollte. Später sagte er, er habe gedacht, ich wolle ihm einen Auftrag geben, weil er privat Wohnungen renovierte.

Ich hielt meinen Pass in der Hand und guckte nur und schwieg, bis mein Cousin mir diesen Pass aus der Hand nahm, ihm gab und bat, er möge ihn doch aufschlagen. Sicher wunderte sich Herbert, was er mit einem westdeutschen Pass sollte. Er las meinen Mädchennamen. Da schossen ihm die Tränen in die Augen, und dann ging das auch bei mir los, wir haben uns umarmt – so herzlich, das war richtig schön. Als die große Heulerei vorbei war, gingen wir für ein paar Minuten nach draußen.

Ich wusste erst gar nicht, wie ich ihn ansprechen sollte – ich nannte ihn Herbert, und das fand er in Ordnung. Manchmal schreibt er unter einen Brief »Dein Papa Herbert«. Ich habe alle Briefe von Herbert aufgehoben. Damals, als man noch nicht so einfach telefonieren konnte, haben wir viel geschrieben.

Am nächsten Tag besuchte ich ihn zu Hause. Herberts Frau nahm mich ganz lieb auf. Er hatte mich nie vor ihr und seiner Tochter Sabine aus erster Ehe verheimlicht. Sabine ist nach der

Scheidung ihrer Eltern ihrem Vater zugesprochen worden, der war ihr Vater, Mutter, Freund, Kumpel. Sabine und ich hatten sofort einen herzlichen Kontakt zueinander. Sie erzählte mir, als er an jenem Abend heimgekommen sei und gesagt habe: Heute ist etwas Unglaubliches passiert ..., habe sie sofort gerufen: Du hast die Karin getroffen! Die Karin hat sich bei dir gemeldet! Sabine habe immer gewusst, dass ich mich eines Tages melden würde. Sie hat sich wohl nicht getraut, den Kontakt zu suchen, vielleicht hätte sie Schwierigkeiten bekommen, aber das weiß ich nicht. Da stand ja noch die Mauer.

Ich hatte mir Herbert so vorgestellt wie auf den frühen Bildern: groß und schlank. Vielleicht wie James Dean, nur größer. Groß ist er immer noch, aber nicht mehr schlank. Ja, ich habe ihn idealisiert. Manche sagen, Sabine und ich würden uns ähnlich sehen.

Ich lasse die Zigarette immer so lange brennen, dass jemand nervös wird: Die Asche fällt gleich ab. Blöde Angewohnheit, aber er macht das auch. Seine Frau mahnt immer wieder: Herbert, die Asche! Und wir trinken beide viel Kaffee. Kannenweise hat er früher Kaffee getrunken.

Es ist schön, dass er seine Gefühle zeigen kann: Wir umarmen uns herzlich. Ich glaube ihm, dass er oft an mich gedacht und auch von mir gesprochen hat.

Einmal hatte ich plötzlich Sehnsucht nach ihm. Ich bin mit dem Nachtzug nach Berlin gefahren, am nächsten Abend zurück, nur um ihn zu sehen. Seine Frau hatte ich vorher angerufen, sie öffnete mir leise die Tür und setzte mich an den gedeckten Frühstückstisch. Als Herbert kam und mich sah, war er erst sehr erschrocken, dachte, es sei etwas passiert, und dann hat er sich so gefreut. Das werde ich bald mal wieder tun – plötzlich bei ihm auf der Matte stehen und sagen: Tach, Herbert, mach mal 'ne Kanne Kaffee. Ich liebe Überraschungsbesuche.

Ich weiß, dass ich ihn jederzeit, Tag und Nacht, anrufen und sagen könnte: Hör mal, Herbert, was rätst du mir? Was soll ich tun? Was würdest du tun? Von ihm bekomme ich Rat und Hilfe. Es ist gut zu wissen, dass er es ehrlich meint.

Damals, als wir uns wiedergefunden hatten, habe ich ihn gefragt: Warum hast du dich nie bei mir gemeldet? Du wusstest doch mehr von mir als ich von dir!

Ich war zu feige, hat er zugegeben. Ich habe mich nicht getraut.

Nachdem die Mauer gefallen war, besuchte er uns endlich in Bochum. Mein Opa war leider schon tot, aber meine Oma hat noch einmal »ihren Herbert« gesehen. Meine Mutter und er haben sich nicht getroffen. Ob sie sich über ein Wiedersehen gefreut hätten, weiß ich nicht, keiner von beiden hat den Wunsch geäußert, und ich habe auch nichts gesagt. Vielleicht haben sich beide nicht getraut.

»Mit einem Schlag wurde mir bewusst, wie anders mein Leben hätte sein können.«

Anita, Frankfurt, geboren 1964

Sie holt zwei Gläser, füllt sie mit italienischem Rotwein und legt die von ihrem Vater bespielte CD ein: Musettes für Akkordeon. An der Wand hängt eine Lichterkette mit Reagenzgläsern, in die Anita Fotos gerollt hat. Sie zieht ein Babybild heraus. Wie auf dem Foto sieht sie sich auch heute noch: immer neugierig und wachsam. Mit ihren himmelblauen Augen fragt sie: Was jetzt? Und erzählt, geprägt und durchs Leben geführt hätten sie Freunde.

Die ersten fünf Lebensjahre war ich bei der Oma, der Tante und bei Pflegeeltern. An die Pflegeeltern kann ich mich aber nur aufgrund von Fotos erinnern. Vielleicht kommt ja irgendwann mal eine Erinnerung, wenn ich sie mir anschaue. Manchmal kann ich mir sogar vorstellen, dass meine Pflegeeltern so streng waren, wie meine Mutter erzählt. Aber erinnern kann ich mich daran nicht. Meine Erinnerung fängt erst mit fünf Jahren an, als ich zu meiner Mutter zog und meine Schwester zur Welt kam. Ein Mann mit zerzausten Haaren liegt im Bett, ich stehe da in meinem Mäntelchen, und meine Mutter sagt: Das ist jetzt dein Vater! Ein Vater-Tochter- oder Mutter-Tochter-Verhältnis gab es nicht. Außer zu mir selbst hatte ich überhaupt kein Verhältnis. Auch zu meiner Schwester hatte ich keines. Wahrscheinlich, weil ich mitbekam, wie sie geliebt wurde, mit ihren Eltern im Bett kuschelte, während ich in meinem Zimmer war und dachte: Scheiße, die holen mich gar nicht dazu?! Du bist doch schon so alt! haben sie mir gesagt.

Ich hatte immer so ein Gefühl, irgendetwas stimmt nicht, konnte es aber nie genau identifizieren und hatte einen richtigen Hass gegen mich. Ich habe mich ständig schuldig gefühlt und mich selbst geschlagen. Auch wenn ich in der Schule etwas nicht begriff, habe ich mich an den Haaren gerissen, mir auf den Kopf gehämmert und mich dabei gefragt, ob ich wirklich so blöd sei.

Meine Mutter erzählt gern, wie sie mal nach Hause kam und ich Mantel, Schuhe – alles eingeweicht hatte, weil ich in den Dreck geflogen war. Sie dachte, ich wollte ihr eine Freude machen. Ich hatte es aber nur getan, um keinen Ärger zu bekommen. Ich finde, an der Geschichte wird deutlich, dass ich nicht wusste, was recht und was schlecht, richtig oder falsch war.

Wenn mein Vater abends heimkam, kriegte ich Magenschmerzen. Das war immer so. Sogar jetzt, wenn ich es erzähle, habe ich wieder dieses Gefühl im Magen. Ich wusste nie, ob alles okay ist, was ich mache. Mein Stiefvater hatte keine Geduld mit mir. Nicht, dass ich geschlagen wurde, das kam auch mal vor, aber meistens war es so, dass ich allein in der Küche essen oder in mein Zimmer musste.

Mein Stiefvater war erst 21, sieben Jahre jünger als meine Mutter, als sie geheiratet haben. Sicher war er damit überfordert, plötzlich eine fünfjährige Tochter zu haben und dazu noch ein kleines Kind. Aber auch meine Mutter stand nie zu mir. Ich kann mich nicht erinnern, dass sie mal zu ihm gesagt hätte: Du schlägst meine Tochter nicht! Entweder du akzeptierst sie, oder wir lassen es bleiben!

Aufgewachsen bin ich in Ingolstadt, ging dort auch in die erste Klasse. Später sind wir ins Schwabenland gezogen. Ich weiß noch, wie ich ständig den Unterricht durcheinander brachte. Ich war sehr flatterhaft, stillsitzen konnte ich gar nicht.

Als ich in der sechsten Klasse war, wurde ich gefragt, warum ich nicht so heißen würde wie meine Familie. Meine Mutter hat mir dann gesagt, dass es noch einen anderen Vater gebe. Erst sehr viel später habe ich begriffen, dass ich anders hieß, weil ich nicht adoptiert war. Aber mir war in diesem Moment klar, warum mein Vater zu meiner Schwester anders war als zu mir. Plötzlich hatte ich eine Vorstellung davon, dass es einen Unterschied in der Liebe und Nähe ausmacht, nicht die eigene, die richtige Tochter zu sein. Zärtlichkeit, Liebe oder Nähe habe ich nie bekommen. Ich kann wirklich sagen: Nie.

Ich kann auch bis auf den heutigen Tag meine Mutter, meine Schwester oder meinen Stiefvater nicht umarmen. Bei Fremden ist das kein Problem, aber mit meiner Mutter, meinem Stiefvater und meiner Schwester ... Ich habe ein unwahrscheinlich distanziertes Verhältnis zu allen dreien.

Mit 18 bekam ich eine Einladung ins Notariat, so hieß das Jugendamt bei uns. Vor mir saß eine Frau, die mich darüber aufklärte, dass noch 3000 Mark Alimentezahlungen meines leiblichen Vaters ausstünden. Dann hat sie mir erzählt, dass sie zuerst nicht genau gewusst hätten, wer mein Vater sei, weil meine Mutter drei Männer angegeben habe, aber sie hätten den Kindsvater ausfindig gemacht.

Alles, was ich auf dem Notariat über meine Mutter erfuhr, klang irgendwie sehr flittchenhaft, so hatte ich meine Mutter bis dahin nicht gesehen. Aber ehrlich gestanden, mich interessierten die Hintergründe nicht. Als ich hörte, dass für meine Zeugung verschiedene Männer in Frage kamen, war doch klar, dass es keine Nacht der Liebe war, sondern um Sexualität oder Nähe ging. Meine Mutter war ja kein Flittchen, sie war nicht Prostituierte von Beruf, sondern Bedienung. Sie wird halt ihren Spaß gehabt, Sex wird ihr gefallen haben, und ich war einfach »der goldene Schuss«!

Eigentlich wollte die Frau vom Notariat auch nur wissen, ob ich die Alimente einklagen wolle oder nicht. Natürlich nicht, sagte ich. Unter solchen Umständen wollte ich meinen leiblichen Vater nicht kennen lernen.

Als ich 19 war, hieß es: Du ziehst jetzt aus. Das Verhältnis zu Hause war ja nicht 1a, so gesehen war es schon gut, dass ich in die Einzimmerwohnung ins Nachbardorf zog. Genau genommen lebe ich seitdem alleine. Meine Mutter und mein Stiefvater haben mich besucht, ich habe sie auch besucht, aber mein Leben habe ich selbst gemeistert. Gerügt wurde ich nur, wenn ich wieder eine Stelle gekündigt hatte.

Mit 16 musste ich in die Lehre. Ich wäre gerne weiter zur Schule gegangen, aber mein Stiefvater wollte das nicht. In den 80ern war es nicht einfach, Lehrstellen zu finden, also musste ich nehmen, was es gab und lernte Einzelhandelsverkäuferin.

Danach habe ich ungelernt in einer Fabrik gearbeitet, bis der Meister sagte: Mach noch mal 'ne Lehre. Also habe ich Industriemechanikerin gelernt. Schleifen, drehen und so.

Nach einem Jahr bin ich in eine Fabrik, in der ich Medizinbestecke herstellte, habe nach einem Jahr gekündigt, bin zurück in meine alte Werkzeugfabrik, habe da noch ein Jahr gearbeitet und bin dann nach Regensburg, wo ich – zwei Jahre Vollzeitschule – den Technikerabschluss für Umweltschutz gemacht habe.

Als ich die Lehre zur Industriemechanikerin machte, hatte ich zum ersten Mal psychische Probleme, wachte nachts am ganzen Körper zitternd auf, bekam keine Luft mehr und hatte Angst. Zwei Jahre habe ich das mit mir herumgeschleppt. Freunde rieten mir, eine Psychotherapie zu machen. Aber das war mir alles fremd. Als es mir dann so schlecht ging, dass ich mich nicht mehr gespürt habe, habe ich es gemacht.

Nach einem Jahr Therapie – ich war mit Freunden Klettern – sah ich, wie zwei sich stritten, und mir lief ein mächtiger Schauer über den Rücken. Was da genau bei mir passiert ist, weiß ich nicht – jedenfalls wachte ich danach nie mehr nachts auf und hatte auch nicht mehr dieses Zittern. Natürlich wussten sie daheim von meiner Nervenkrise, meinten auch, dass man mir helfen müsse, aber nie, dass meine Nervenkrise auch etwas mit dem zu tun haben könnte, was sie mir alles zugefügt haben. Ich glaube, meine Mutter hat das selbst nicht begriffen. Deshalb wäre es auch ein Fehler, sie zu hassen.

Einmal kamen meine Mutter und mein Stiefvater mich besuchen, ich hatte Kaffee gemacht, wir unterhielten uns, und plötzlich fing meine Mutter Streit an. Was sollte denn das jetzt? Meiner Mutter fällt nichts Besseres ein, wenn sie mich besucht, als mit ihrem Mann darüber zu streiten, dass er eine andere hat? Ich wusste schon immer, dass mein Stiefvater nicht treu war. Ich kann mich noch erinnern, wie er, als ich 16 und er betrunken war, versucht hat, mich zu küssen. Meine Mutter hatte ihren Mann dann so weit, dass er zugab, eine Beziehung zu einer Frau zu haben, die so alt war wie seine leibliche Tochter.

Für meine Mutter war das natürlich ein Schlag. Sie hat Tabletten genommen und musste ins Krankenhaus. Das war ein richtiges Drama. Aber dadurch hat sich die Beziehung zwischen meiner Schwester und mir verändert. Zum ersten Mal hatten wir, in der Sorge um unsere Mutter, auch ein gemeinsames Erlebnis.

Als ich in Regensburg lebte, wusste ich schon, dass ich eher auf Frauen stehe. Mein erstes Verhältnis, das ich mit 19 hatte, war auch mit einer Frau. Ich habe die Beziehung aber beendet, weil sie doch nicht so intensiv war. Aber vor sechs Jahren hatte ich zwei Jahre lang eine Beziehung mit einer Frau, die war echt Klasse. Als diese Beziehung in die Brüche ging, habe ich zwei Jahre daran geknabbert. Trotzdem war es ein sehr großer Schritt für mich,

ich habe begriffen, wie wichtig es ist, sich auseinanderzusetzen. Dass man miteinander sprechen muss, um weiterzukommen, und sich auch mal neben sich stellen muss, um sich selbst zu verstehen, aber auch sagen können muss: So ist es jetzt, Schluss! Ich wurde in dieser Zeit so offen, dass ich zu Hause und in meinem Bekanntenkreis gesagt habe, dass ich lesbisch bin. Na endlich hast du 's gesagt! war die Reaktion.

Grundsätzlich kann ich mich aber auch in einen Mann verlieben. Nur wenn Sexualität im Spiel ist, geht bei mir der Ofen aus. Ich kann streicheln, kann geben, ich fühle auch dabei. Aber mich darf man nicht berühren, sonst ticke ich aus. Ich will ganz offen sein: Ich hatte bis jetzt noch nie Geschlechtsverkehr. Noch nie. Weder mit einem Mann noch mit einer Frau. Berührung ist ein Problem für mich. Ich kann mich zwar selbst befriedigen, aber wenn andere mich berühren würden, brächte mich das um den Verstand. Ich erkläre mir diesen Mangel, nicht annehmen zu können, so: Weil ich als Kind nie Mutterliebe bekam oder Geborgenheit erlebte, ich mich nie leiden konnte und mich geschlagen habe, darf man mich nicht berühren, weil sonst irgendwas kaputtgehen könnte, was ich mir selbst aufgebaut habe.

Ich weiß noch, in Regensburg war ich zum ersten Mal in einen Mann verliebt – und wie! Wir hatten ein sehr inniges Verhältnis, haben viel über uns geredet. Es war eine wirklich gute Freundschaft, ich dachte, hier kann ich alles, und habe gekämpft – aber es ging nicht. Er hat sich dann in eine andere Frau verliebt. Ich war natürlich todunglücklich. Habe viel getrunken, einmal sogar so heftig, dass ich ins Krankenhaus musste.

Ungefähr zur gleichen Zeit lernte ich eine Frau kennen, die mir sagte, dass es in Bolivien eine Institution gäbe, die eine wie mich, die im Umweltschutz tätig ist, sucht. Die Bolivianer waren gerade da, ich unterhielt mich mit dem Leiter, dachte, das wäre noch mal eine echte Chance, und bin nach Bolivien.

Nach einem Vierteljahr in Bolivien wäre ich am liebsten wieder heim, so schlecht ging es mir. Wusste nicht, was recht ist, was schlecht, kann ich das jetzt machen oder nicht. Ich hatte auch kein Team, das gesagt hätte: Das machen wir jetzt einfach, da gehen wir durch! Ich war ganz alleine, nur auf mich gestellt. Aber ich musste warten, bis die Regenzeit rum war, um die Trinkwasserqualität messen zu können.

In dem Dorf, in dem ich lebte, gab es ein Motorrad. Als die Trockenzeit anfing, fragte ich, ob ich es haben könne, um in die anderen Dörfer zu fahren. Helm auf dem Kopf, Nierengurt umgeschnallt, fuhr ich los. Fuhr durch dieses Dorf, verfolgt von den Blicken aller. Dachte, was gucken die mich so an? Kam ins nächste Dorf und wurde wieder angestarrt. Also fragte ich, warum sie so schauten. Weil sie noch nie eine Frau auf dem Motorrad gesehen hätten, haben sie mir erklärt.

Als ich am Abend zurückkam, standen die Frauen aus meinem Dorf schon da und sagten: Donna Anna, wir wollen auch mal 'ne Runde fahren. Du musst es uns zeigen! Das war der Moment, in dem ich entschieden habe: Ich bleibe! Ich wurde akzeptiert, das war plötzlich ein ganz anderes Lebensgefühl. Von da an ging es aufwärts. Ich blieb ein Jahr und schrieb sogar eine Diplomarbeit über meine Arbeit in Bolivien.

Wieder in Deutschland, fand ich einen Job in Frankfurt in einer Einrichtung für psychisch Kranke, mit denen ich ein Umweltprojekt aufbaute. In gewisser Weise war diese Arbeit auch eine Psychotherapie für mich. Ich habe nämlich noch eine sonderpädagogische Zusatzausbildung gemacht und mich damit auseinandergesetzt, was es überhaupt bedeutet, psychisch krank zu sein, dadurch habe ich mich auch selbst besser kennen gelernt. Aber nach sechs Jahren war ich eine Woche so krank, dass mich sogar die Leitung der Einrichtung anrief. Ich konnte aber nur sagen: Ich glaube, ich muss mir was anderes suchen. Für mich ist Ende bei euch.

Weil es mir so schlecht ging, bin ich dann zu einem Psychotherapeuten, der mit mir eine Krisenintervention gemacht hat. Habe dem Therapeuten die Kurzgeschichte meines Lebens erzählt, danach sagte er zu mir: Sechs Jahre? So lange haben Sie es doch noch nie irgendwo ausgehalten. Allein die Wechsel, die Sie in Ihrer Kindheit hatten: Oma, Tante, Pflegeeltern. Kaum zu Hause, schon wieder weg. Hier Lehre, da Umschulung ... Natürlich müssen Sie weg. Es ist wieder so weit!

Plötzlich ging mir ein Licht auf. Ja, dachte ich, ich muss wahrscheinlich öfter was Neues kennen lernen, muss immer wieder neu gefordert werden.

Ich habe zwar kein Abitur, aber vier Lehren und vier Berufe: Verkäuferin, Industriemechanikerin, Umweltschutztechnikerin,

Qualitäts- und Umweltmanagerin. Außerdem habe ich noch eine sonderpädagogische Zusatzausbildung. Wenn ich wusste, wie es lief, war mir langweilig, und ich musste was Neues anfangen. Daheim hieß es dann: Du kannst doch nicht ständig wechseln, du musst auch mal irgendwo bleiben. Inzwischen hat sich der Wind gedreht, jetzt heißt es: Zum Glück hast du so viel gemacht, sonst stündest du nicht da, wo du jetzt stehst.

Weihnachten 2001 haben wir in Ingolstadt bei meiner Tante verbracht. Sie, meine Mutter, meine Cousine und ich saßen am Tisch und unterhielten uns. Meine Tante erzählte, wie aufgeweckt ich schon als Kind gewesen sei. Und einmal war sogar dein leiblicher Vater da, sagte sie. Das war das erste Mal in meinem Leben, dass ich hörte, wie ungefragt über meinen leiblichen Vater gesprochen wurde. Ich hakte sofort nach: Wie, mein Vater war mal da?

Ja, ja, sagte meine Tante, der wollte wissen, wie du bist. Sie schaute meine Mutter an: Du bist ja damals nicht gekommen.

Ich dachte, mich trifft der Schlag. Wie, du bist nicht gekommen? habe ich meine Mutter gefragt. Bislang hieß es immer, mein Vater habe sich nicht um mich gekümmert und wollte auch nicht zahlen. In dem Gespräch schien es so, als hätte er sich doch mal für mich interessiert. Jetzt wollte ich es genau wissen.

Den Namen meines Vaters kannte ich, dass er in Freiburg wohnte, wusste ich auch, also habe ich im Internet recherchiert und seinen Namen eingegeben. Schwupp, ging gleich unter der dritten Adresse sein Bild auf. Eine Freundin, die dabei saß, sagte sofort: Alles klar, das ist er! Wenn man meine Mutter neben mich stellt, sehen wir uns auch sehr ähnlich. Da weiß man gleich, wer zusammengehört, sagen die Leute. Aber als ich das Bild meines Vaters sah, wusste ich, es gibt noch was anderes, da muss ich hin, das will ich wissen.

Ich habe mir Fritz, den Hund von einem Paar aus der Wohngemeinschaft, geschnappt, damit wenigstens einer auf mich aufpasst, und bin mit dem Fritz im Auto nach Freiburg gefahren. Dort habe ich bei Freunden übernachtet, die mich sehr bestärkt haben, meinen Vater zu besuchen. Am nächsten Tag bin ich los. Habe das Dorf, die Straße gesucht, wo mein Vater wohnt und gemerkt, wie ich immer aufgeregter wurde. Als ich das Haus gefunden hatte, stellte ich den Wagen ab, sagte zum Fritz: Tut mir leid, ich muss dich jetzt mal alleine lassen, warf die Autotür zu, bin schnurstracks auf das Haus meines Vaters zu und habe sofort geklingelt. Wenn ich nur eine Sekunde nachgedacht hätte, hätte ich mich vielleicht nicht mehr getraut.

Die Tür ging auf, und die Frau meines Vaters, mit der er schon vor der Zeit mit meiner Mutter zusammen war, stand vor mir. Ich habe meinen Namen gesagt und dass ich gerne ihren Mann sprechen würde. Er fragte, wer an der Tür sei, seine Frau rief ihm meinen Namen zu und dann er: Soll reinkommen.

Zehn Minuten habe ich mich mit der Frau meines Vaters unterhalten, schließlich kam er. Sie sind also Anita, von der es heißt, ich sei der leibliche Vater? Da kann ich Ihnen gleich was erzählen … Und dann fing er an. Eine ganze Stunde lang redete er auf mich ein, als stünde meine Mutter vor ihm. Eine richtige Hasstirade. Endlich konnte er mal alles loswerden. Ich stand nur da und war baff. Dass ich so damit konfrontiert werden würde, hatte ich nicht erwartet. Da waren noch andere Männer im Spiel! Nichts gegen Sie, ich wollte Sie ja besuchen, weil wir uns was überlegt hatten, aber wer nicht kam, war Ihre Mutter, nur Ihre verstörte Tante stand da …

So ging das. Schließlich griff seine Frau ein, besänftigte ihn und fragte mich, warum ich gekommen sei. Weil ich mein Leben suche, habe ich gesagt. Dann erzählte ich meinem Vater, dass ich mit 18 zum Notariat bestellt worden war und ihn noch für 3000 Mark hätte verklagen können, es aber nicht wollte. Sagte ihm, ich könne mein Leben alleine meistern, wolle aber wissen, wer er sei.

Mittlerweile duzten wir uns schon, und mein Vater wurde auch weicher. Als seine Frau dann noch das Bild ihrer Tochter hinstellte, haben alle gegrinst, weil wir uns so ähnlich sehen.

Schließlich hat mir mein Vater erzählt, dass er und seine Frau sich überlegt hatten, mich zu sich zu nehmen, als ich zwei war. Ihre eigene Tochter war ein Jahr älter, er musste als Musiker viel reisen. Hätten sie mich dabei gehabt, wäre ihre Tochter nicht alleine gewesen und wir hätten zusammen spielen können. Darüber wollte er damals mit meiner Mutter reden.

Mein Vater und seine Frau meinten es ernst, sie hatten sich wirklich über die Situation meiner Mutter und über mich Gedanken gemacht. Das habe ich genau gespürt. Die hätten mich nicht einfach fallen gelassen, mich nicht wie ein Bündel, das sie halt mitschleppen müssen, behandelt.

Mit einem Schlag wurde mir bewusst, wie anders mein Leben hätte sein können: Ich hätte als Tochter in einer Familie gelebt, nicht mit der richtigen Mutter, aber mit einem Vater, der sich mit seiner Frau versteht. Ich hätte eine Schwester gehabt. Ich wäre, glaube ich, akzeptiert und geliebt worden. In der Familie meines Vaters hätte ich gelernt, offen zu sein. Ich liebe Musik. Seitdem ich zwölf bin, spiele ich Klarinette. Ich wäre mit Instrumenten aufgewachsen. Das muss man sich mal vorstellen! Musik ist eine Sprache, die alle in der Welt verstehen. Schade, dass ich meinen Vater jetzt erst kennen gelernt habe. Ich hätte in seine Fußstapfen treten, hätte mit ihm auf der Bühne stehen können.

Ich stellte mir meinen Vater als Musiker vor, der mit Fliege in einem Orchester spielt. Weil er Niederländer ist, dachte ich, er würde eine andere Sprache sprechen. Ich dachte, er sei das genaue Gegenteil meiner Mutter: weich, ruhig und einfühlsam. Getroffen habe ich einen Mann, der unglaublich gerne von sich erzählt und noch mehr redet als meine Mutter. Er spielt nicht in einem Orchester, und er trägt auch keine Fliege. Er hat ein Akkordeon im Arm und spielt Musettes.

Mein Vater war der erste Mensch meiner Familie, bei dem ich mich getraut habe, nachzufragen. Er war sofort ein Gesprächspartner für mich. Wir standen zusammen in seinem Tonstudio, er hat erzählt und erzählt, und während er redete, konnte ich spüren, dass ich habe, was er hat: das Aufgeweckte, an allem interessiert sein, nicht aufgeben, dabeibleiben. In diesen vier Stunden habe ich erkannt, dass ich bei meinem Vater wirklich mit Liebe aufgewachsen wäre.

Als ich ging, hat mich die Frau meines Vaters umarmt, und er hat mir die Hand gegeben, ein ganz warmer Händedruck. Ich solle mich wieder melden, haben sie gesagt. Als ich wegfuhr, haben beide an der Tür gestanden und mir gewinkt, bis ich um die Ecke war.

Bis jetzt habe ich mich nur einmal kurz gemeldet. Ich habe auch keine Karte geschrieben, nichts. Ich musste das alles erst einmal verarbeiten.

Was ich allerdings merke: Bevor ich meinen Vater wieder besuchen kann, muss ich mit meiner Mutter klären, warum ich diese Distanz in mir habe. Ich will wissen, warum ich sie nicht umarmen, warum ich sie nicht küssen kann. Ich will wissen, warum sie damals, als mein Vater da war, nicht gekommen ist. Ich möchte wissen, wovor sie Angst hatte. Ich habe noch nie mit meiner Mutter über die Schwierigkeiten, die ich mit ihr habe, und über die Zeit damals gesprochen. Ich weiß gar nicht, ob ich das hinkriege, und merke, wie das in mir wühlt. Aber ich weiß, dass ich mit ihr reden muss. Ich muss das für mich tun. Meine Mutter ist nicht das Problem, sie ist sehr offen. Ich bin es, die sich nicht traut.

»Ich war ganz stolz, dass mich mein richtiger Vater zum Altar geführt hat.«

Moni, St. Augustin, geboren 1968

Moni ist ein Sonntagskind und die Älteste von drei Geschwistern. Sie ist zum zweiten Mal verheiratet, hat zwei große Töchter aus erster Ehe, mit ihrem jetzigen Mann einen fünfjährigen Sohn und eine zweijährige Tochter. Im letzten Jahr haben sie sich ein kleines Reihenhäuschen gekauft. Monis Bruder hat die Fliesen und die Dielen gelegt. Nächstes Jahr wird sie wieder arbeiten gehen und mitverdienen, denn so dicke haben sie es nicht. Der Haushalt, die Kinder? Moni hat schon immer alles unter einen Hut gekriegt, und ein Leben ohne Arbeit kann sie sich sowieso nicht vorstellen. Selbstverständlich sitzt Monis Schwester bei diesem Gespräch mit am Küchentisch, schließlich haben sie fast die gleiche Geschichte: haben sich zuerst den Vater der Schwester geteilt und teilen sich jetzt Monis Vater Peter. Gegenseitig spielen sie sich die Erinnerungen zu. Wenn Moni den Faden verliert, springt ihre Schwester ein, und einen Grund zum Lachen finden sie immer.

Als ich erfahren habe, dass der Günter nicht mein Vater ist, war ich 15. Er bekam gerade mit seiner neuen Frau – die war 17 – ein Kind. Es war Weihnachten, wir waren alle zusammen bei der Oma. Da hat er mich beiseite genommen und gesagt: Du, Moni, ich kann dir von mir keine Krankenscheine mehr geben. Ich bin ja nicht dein richtiger Vater. Das hatte ich gar nicht gewusst. Wir hatten das alle nicht gewusst, weder meine Schwester noch mein Bruder. Der Günter und unsere Mutter waren geschieden, einmal im Monat am Wochenende und in den großen Ferien waren wir Geschwister immer bei ihm, alle drei. Der Günter hat nie Unterschiede zwischen uns gemacht, uns immer alle gleich behandelt. Ich hatte nie das Gefühl, er könnte nicht mein Vater sein. Ich hieß ja auch wie er. Wir hatten alle denselben Namen. Wenn der mich nicht hätte von der Steuerkarte streichen lassen wollen … Ich kam mir irgendwie verstoßen vor. Plötzlich war auch zwischen meiner Schwester und mir ein Keil. Du bist gar nicht meine Schwester! haben wir uns angegiftet.

Außerdem erzählte mir der Günter, dass er mich, als ich klein war, von meiner Oma geklaut habe. Das wusste ich auch nicht.

Ich bin 1968 geboren. Meine Mutter war erst achtzehneinhalb, deshalb hat das Jugendamt meiner Oma das Sorgerecht gegeben. Die hat mich genommen, meine Mutter rausgeschmissen und behauptet, ich sei ihr Kind. Das konnte sich der Günter aber nicht vorstellen, und er hat so lange gebohrt, bis meine Mutter ihm gesagt hat, dass meine Oma mich ihr weggenommen hat. Deine Tochter gehört zu dir, und die holen wir jetzt wieder! Dann ist er zu meiner Oma, hat gesagt: Wir gehen mit der Moni Schuhe kaufen, hat mich mitgenommen und nicht mehr zurückgebracht. Da war ich drei.

Bis dahin hatte ich gedacht, meine Oma sei meine Mutter, und wenn meine Mutter zu Besuch kam, habe ich sie mit dem Vornamen angesprochen. Erst als ich bei meiner Mutter war, habe ich mitbekommen, dass sie meine Mutter ist, und habe natürlich auch Mama zu ihr gesagt. Meine Schwester war damals schon auf der Welt. Als mein Bruder 1971 geboren wurde, sind wir alle zusammen nach Groß-Gerau gezogen.

Der Günter war Reisebusfahrer und kam immer nur an den Wochenenden heim, in der Woche waren wir mit unserer Mutter allein. Er war ein chronischer Fremdgänger, und als unsere Nachbarin, die beste Freundin meiner Mutter, ein Baby von ihm bekam, hat meine Mutter gesagt: Das reicht! und hat sich 1973 von ihm scheiden lassen. 1975 wollten sie es dann noch einmal miteinander versuchen. Der Günter hat uns nach Meckenheim geholt, aber weil er meine Mutter wieder betrogen hat, ließ sie ihn sitzen und ist mit uns nach Bonn gezogen.

Meine Mutter hat damals vom Sozialamt gelebt. Wir waren nicht reich, wir waren arm. Wenn wir zu meiner Oma kamen und Hunger hatten, hat meine Oma uns rausgeschmissen. Nee, ihr kriegt nix zu essen! hat sie gesagt, den Hunden das Essen gegeben und uns zu Fuß wieder nach Bonn zurücklaufen lassen. Meine Oma war schlecht.

Das habe ich aber alles erst als Jugendliche mitbekommen. Als Kind konnte ich das nicht sehen, weil ich ja nichts anderes kannte. Außerdem hat meine Mutter auch nie darüber gesprochen. Als ich aber hörte, was unsere Oma mit uns alles gemacht hat, war sie bei mir unten durch. Meine Mutter ist nicht so, die verzeiht alles, die hat auch ihrer Mutter verziehen. Ich könnte das nicht.

Als ich 18 war und gerade in der Zeitung einen Artikel über einen Krimiautor las, der mal im Knast war, fragte mich meine Mutter: Willst du deinen Vater kennen lernen?

Wenn sie wüsste, wo er wäre, habe ich gesagt, warum nicht?

Daraufhin zeigt sie auf das Bild in der Zeitung und sagt: Genau der ist es.

Meine Mutter hat ihn dann angerufen, und kurz vor Weihnachten 1986 kam mich mein Vater besuchen. Als ich ihn sah, mochte ich ihn sofort. Da ist direkt der Funke übergesprungen. Von dem Bild in der Zeitung wusste ich, wie er aussah, aber in echt sah er noch viel wilder aus: die langen Haare, das Käppi auf dem Kopf und der Bart. Ich bin froh, dass du schöner bist als ich, war das Erste, was er zu mir gesagt hat, dann hat er sich meine drei Monate alte Tochter angeguckt: Das ist mir auch noch nicht passiert – meine Tochter kennen lernen und ein Enkelkind kriegen.

Bei dieser Begegnung vor Weihnachten haben sich auch meine Mutter und der Peter das erste Mal wiedergesehen. Wir sind zu dritt essen gegangen und haben uns unterhalten. Das war sehr schön. Auch weil ich sehen konnte, welchen Teil ich wohl von meinem Vater geerbt habe, bis dahin kannte ich ja nur meine Mutter. Der Peter sagt, ich hätte bestimmt das Reden von ihm. Das stimmt. Und ich bin sehr lebendig und menschenoffen – wie er. An der Mundpartie kann man auch erkennen, dass er mein Vater ist. Aber trotzdem konnte ich ihn nicht Papa nennen. Du bist der Peter für mich, habe ich direkt zu ihm gesagt, damit war er auch ganz zufrieden.

Ich wusste genauso viel über den Peter wie meine Mutter, nämlich gar nichts. Es sei alles sehr schwierig gewesen 1968, hat er gesagt. Er war ja verheiratet, als er was mit meiner Mutter hatte. Seine Frau hatte damals bei meiner Oma richtig Terror gemacht und gesagt, meine Mutter habe ihr den Mann weggenommen. Meine Mutter wusste gar nicht, wen die meinte. Sie hatte ja keine Ahnung, dass der Peter verheiratet war. Als sie es erfuhr, wollte sie nichts mehr mit ihm zu tun haben.

Man muss natürlich auch wissen, dass meine Mutter Zigeunerin ist, und da ist es eine Schande, wenn man ein Kind von einem verheirateten Mann bekommt. Da herrschen ganz strenge Sitten und Regeln. Deshalb hat meine Oma mich meiner Mutter ja auch weggenommen und sie verjagt. Mal ganz abgesehen davon, dass diese Regeln – Frauen sind gar nichts wert, und Jungs werden in den Himmel gehoben – schrecklich sind, war meine Oma auch eine schlimme Frau. Und bei der bin ich die ersten drei Jahre aufgewachsen …

Ich habe viel über meinen Vater durch die Zeitung und das Fernsehen erfahren, er hat oft Interviews gegeben, weil er der Erste war, der noch im Knast Krimidrehbücher geschrieben hat. Einmal fragte ich ihn, in welchen Gefängnissen er überall gewesen sei. Ich habe so viel Scheiße in meinem Leben gebaut, hat er gesagt, es geht schneller, wenn du mich fragst, in welchem Knast ich nicht war.

Oh Gott, oh Gott, dachte ich, das kannst du doch keinem erzählen, dass dein Erzeuger ein Krimineller war. Aber heute sage ich jedem, der was wissen will: Mein Vater war früher mal im Gefängnis, heute ist er ein bisschen berühmter, schreibt Bücher und fürs Fernsehen.

So ist es ja auch. Außerdem hat mich das schon ein bisschen beeindruckt. Mir macht es gar nichts aus, dass ich einen Vater habe, der im Knast war. Im Gegenteil, ich finde gut, was der Peter aus seinem Leben gemacht hat. Er hat im Gefängnis angefangen, Bücher zu schreiben. Das muss man erst mal können: über sein Leben und darüber, was man alles verkehrt gemacht hat, nachdenken. Der Peter hatte ja auch kein leichtes Leben, außerdem war er sehr jung, als er auf die schiefe Bahn geriet. Aber ich weiß nicht, wie ich es fände, wenn er heute noch ein Krimineller wäre. Als ich ihn zum ersten Mal traf, war er ja schon jemand, auf den man stolz sein konnte. So einen Vater kennen zu lernen ist leichter, als einen zu haben, der im Knast sitzt.

Damals konnte ich mir nicht vorstellen, wie es gewesen wäre, mit dem Peter groß zu werden. Jetzt erst, wo der Günter nicht mehr da ist – wir haben schon seit zehn Jahren absolut keinen Kontakt mehr –, kann ich das. Woran es liegt, dass der Günter aus unserem Leben verschwunden ist, weiß ich nicht genau. Vielleicht weil wir uns nicht mehr um ihn bemühen. Aber irgendwann ging das einfach nicht mehr – diese Mädelsgeschichten, die Eifersucht … Der Günter hatte immer Frauen, die auf mich eifersüchtig waren. Weil die wussten, dass ich nicht sein Kind war, haben die wahrscheinlich gedacht, er würde mich anmachen. Ich wäre nie auf die Idee gekommen, dass der Günter außer väterlichen auch andere Gefühle für mich haben könnte. Undenkbar!

Jetzt wohnt er wohl in Hamburg und ist zum achten Mal verheiratet. Wieder mit einer so um die 25. Am Alter der Mädels hat sich nichts geändert. Aber man muss auch wissen, dass der Günter ein Mann ist, der dieses gewisse Etwas hat. Er ist ein extrem gutaussehender Mann. Ein Charmeur, der die Frauen um den Finger wickelt. Und lügen konnte der! Nur uns konnte er nicht belügen, wir waren ja seine Töchter. Bei uns war er butterweich, eine richtig gute Seele. Wir haben immer viel gelacht, obwohl er mit mir und meiner Schwester bestimmt ein Menge mitgemacht hat. Für meine Schwester und mich ist das so: Der Günter ist zwar ihr und der Peter ist mein Vater, aber für uns ist der Günter unser Vater und der Peter auch. Wir teilen uns unsere Väter.

Wenn der Peter anruft und sagt, dass er vorbeikommt, rufe ich meine Familie an, und dann gehen wir alle zusammen essen, meine Mutter geht auch mit. Wir können uns immer wunderbar unterhalten. Meine Mutter sieht den Peter als Freund an, sie könnte sich nie vorstellen, mit dem Peter noch mal ... – das geht einfach nicht. Ich habe die auch nie als Paar gesehen. Die sind Vater und Mutter, aber getrennt, immer einzeln. Mit dem Günter war das auch so.

Den Peter habe ich früher vielleicht dreimal im Jahr gesehen, mein damaliger Mann und der Peter mochten sich nicht. Von Anfang an hat der Peter gesagt: Nee, nee, der ist nicht gut für dich. Und er hatte Recht. Es war mein erster Mann, wir waren zusammen, seit ich 16 war; als ich 25 war, haben wir geheiratet. 1993 fing ich an, bei der Post zu arbeiten, und da merkte ich zum ersten Mal, dass ich die ganze Zeit überhaupt nicht gelebt hatte. Ich war in meiner Ehe eingesperrt, habe die zwei Mädels gekriegt, den Haushalt gemacht, gekocht, und das war's. Ich durfte nichts, nicht mal alleine weggehen. Bis ich bei der Post arbeitete, dachte ich, das sei normal. Aber plötzlich, mit dem eigenen Geld in der Hand, wurde ich selbstbewusster. Ich wollte so nicht mehr leben. Habe meine beiden Mädels genommen und bin weg. Zwei Jahre nach der Hochzeit waren wir wieder geschieden.

Zwischendurch gab's mal eine Zeit, da wollte der Peter überhaupt nicht, dass wir was mit ihm zu tun haben. Ich habe ihn zwar immer angerufen und gefragt, wie's ihm geht. Mir geht's nicht gut, hat er gesagt, aber darüber sprechen oder was von sich erzählen wollte er nicht.

Als ich meinen zweiten Mann heiratete, rief ich den Peter an und sagte: Deine Tochter heiratet aus Liebe! Das möchte ich auf keinen Fall verpassen, hat er gesagt, ist hergekommen und hat als Vater, wie es sich gehört, die Braut zum Altar geführt. Ich war ganz stolz, dass mich mein richtiger Vater zum Altar führte. Und er war auch ganz stolz auf mich.

Aber das Schönste war Karneval in Köln. Meine Schwester, eine Freundin, ich und Peter. Das war ein hammergeiler Tag. Schon, wie wir ankamen, war schön.

Sitzt ihr im Zug?

Na klar! – Wir saßen natürlich im falschen Zug. Peter wartete bei Gleis 10 auf uns, wir kamen aber auf Gleis 1 an. Hat er uns gesucht: Ich steh' an der Würstchenbude! – Wir gucken, stand aber kein Peter an der Würstchenbude. Stand er oben, wir unten an der Würstchenbude. Rief er uns wieder an: Wo seid ihr denn? Was habt ihr an?

Wir sind Tiger, Peter. Wir sind Tiger!

Als er uns dann endlich gefunden hatte, ist er gleich auf uns zu: Da sind ja meine Tiger!

Der Peter war unser Tigerbändiger! Der hat sich nur um uns gekümmert. Und man muss schon sagen, er hatte Chancen bei den Frauen, die haben ihn angelacht, aber das hat ihn überhaupt nicht interessiert: Ich bin für unsere Tiger zuständig und sonst für keinen! hat er gesagt. Als wir essen waren, standen mindestens zehn Männer um unseren Tisch und haben gebaggert – sagt der Peter: Die gehören mir! und hat sie verscheucht. Es existierten wirklich nur wir vier.

Früher war es immer so, dass der Peter mich besucht hat, aber in diesem Jahr war ich zum ersten Mal auch bei ihm. Von einem Freund haben wir uns ein Auto mit Navigation geliehen, sonst hätten wir das ja nie gefunden. Vor Peters Haustür sagte der Navigator: Ihr Ziel ist erreicht! und der Peter stand schon am Fenster. Wir sind dann mit ihm ausgegangen. Wir waren überall: in Diskotheken, in Cocktailbars … Und wir haben uns unterhalten, über das Alltägliche und auch über Männer. Er hat uns erzählt, wie Männer so denken. Die denken nicht wie Frauen und die fühlen auch anders. Da gibt es einfach einen Unterschied, wenn man Probleme hat, wird das besonders deutlich.

Ich zum Beispiel bin ein Mensch – wenn ich jemanden liebe, vertraue ich blind. Aber wenn bei mir einmal die Glocken klingeln, dann klingeln sie richtig. Wenn ich einmal wach bin, bin ich wach, und wenn es Probleme gibt, packe ich die an. Ich bin jetzt mit meinem Mann sieben Jahre verheiratet. Unsere Ehe ist so, dass wir uns gegenseitig Freiheiten gönnen, aber wissen, wo unsere Grenzen sind. Es wird weder ein anderer Mann geküsst noch sonst was, also wird auch keine andere Frau geküsst.

Mein Mann ist etwas jünger als ich, er hat sich unbedingt Kinder gewünscht. Ich habe ja schon die beiden Töchter, ich hätte das gar nicht mehr gebraucht, noch Kinder zu kriegen. Aber ich habe gesagt, okay, wir lieben uns, dann mache ich das. Jetzt haben wir noch ein Haus gebaut und müssen natürlich gucken, wo das Geld herkommt. Dazu haben wir ja noch die Probleme mit meiner Tochter, die immer Stress mit meinem jetzigen Mann hat, weil sie wollte, dass ich mit ihrem Vater zusammenbleibe. Es ist alles verdammt viel. Das kann ich nicht alleine tragen. Da bin ich gerade richtig froh, dass es den Peter gibt und ich ihn anrufen kann. Man braucht ja auch mal einen Mann zum Reden.

Wir haben den Peter in diesem Jahr schon dreimal gesehen, und er möchte, dass wir uns öfter sehen. Ich glaube, der Peter hat letztes Jahr erst gemerkt, was er überhaupt für eine liebe Tochter hat. Vor Weihnachten war er da, und wir hatten wieder so einen schönen Tag. Hat der Peter zu mir gesagt: Ich wusste gar nicht, dass du so gut drauf bist.

So bin ich! habe ich gesagt, aber wenn du nie kommst, kannst du mich ja auch nicht kennen lernen.

Deshalb haben wir dann Karneval zusammen gefeiert, und kurz darauf waren wir in Frankfurt. Ich glaube, der hat jetzt im Alter mehr Interesse an mir. Und als wir neulich unterwegs waren, hat er mich am Abend angerufen und gesagt: Ich bedanke mich für den wunderschönen Tag. Das hat er früher nie gemacht. Er telefoniert jetzt auch viel öfter mit mir. Das finde ich schön und freue mich darüber, denn wenn er sich selbst meldet, sehe ich, dass er mich mag.

Die Sehnsucht nach dem Vater:
Zwischen Wunsch und Wirklichkeit

Interview mit Dipl.-Psychologin Sigrid Huth,
Psychoanalytikerin, Oberursel

Viele Töchter, mit denen wir gesprochen haben, wurden in dem
Glauben erzogen, der Stief- oder Adoptivvater sei ihr leiblicher
Vater. Trotzdem hatten sie oft das Gefühl »irgend etwas stimmt
nicht«. Woher kommt das?
Für die Identitätsfindung und Entwicklung des Selbstbewusst-
seins der Kinder ist es sehr wichtig, dass das, was gesagt wird,
auch mit der Wirklichkeit übereinstimmt, damit sie lernen, Phantasie und Realität zu unterscheiden. Genauigkeit und Klarheit
der Sprache helfen dem Kind, ob Junge oder Mädchen, sich zu
orientieren und in der Welt zurechtzufinden. Es ist nicht entscheidend, ob die Kinder mit dem leiblichen Vater aufwachsen
oder mit einem Ersatzvater, entscheidend ist, dass die Beschreibung des jeweiligen »Vaters« mit der realen Funktion dieses
Mannes – Großvater, Onkel, Stief- oder Adoptivvater – übereinstimmt. Kinder hören nicht nur auf das gesprochene Wort,
sondern auch auf die mitschwingenden Emotionen und spüren
die Unstimmigkeiten.

Ohne den leiblichen Vater groß zu werden, ist also nicht so
schlimm?
Das Leben ohne Vater ist ebenso eine Spielart des Lebens, wie
das Leben mit dem anwesenden Vater, der ja auch nicht immer
präsent ist. In der Phantasie der Töchter können die abwesenden
Väter anwesender sein, als die anwesenden Väter in »traditio-
nellen« Familien. Es gab schon immer, zu allen Zeiten, Töchter
und Söhne, die ohne Väter aufgewachsen sind. Die Abwesenheit
der Väter ist also keine neumodische Erscheinung. Es ist eine
Möglichkeit, wie sich Leben gestaltet. Aus einem Leben ohne
Vater muss kein Leid entstehen, wenn die emotionalen und gesellschaftlichen Rahmenbedingungen stimmen. Die Lücke bleibt
selbstverständlich.

In den meisten Lebensgeschichten der Töchter gab es Ersatzväter,
die Familien hatten sich arrangiert. Was geschieht, wenn jetzt
plötzlich der leibliche Vater auftaucht?
Es kann zu Unruhe bis hin zu einer schweren Erschütterung im
emotionalen Gleichgewicht der bisherigen Familie kommen. Eine
wichtige Rolle spielt dabei auch die Entwicklungsphase, in der
sich das Kind gerade befindet, wie zum Beispiel die ödipale Phase
oder die Pubertät. Alles, was in solchen Entwicklungsphasen
geschieht, wird viel intensiver erlebt. Wenn in dieser Zeit die
Lüge vom »falschen« Vater aufgedeckt wird, der leibliche Vater
auftaucht oder die Tochter plötzlich zwei Vätern gegenübersteht,
sollte sie in jedem Fall mit der Verarbeitung ihrer Gefühle und
Vorstellungen nicht allein gelassen werden.

Die Konfrontation mit beiden Vätern kann dann besser ver-
arbeitet werden, wenn die Tochter von klein auf wusste, dass
der Ersatzvater nicht der leibliche Vater ist. Es kann aber auch
passieren, dass Töchter gar nicht wahrhaben wollen, dass der
Stiefvater nicht ihr leiblicher Vater ist, weil sie sich bei ihm wohl
fühlen.

Anders verhält es sich, wenn weder die Mutter noch der
Stiefvater der Tochter gesagt haben, dass der Stiefvater nicht
ihr leiblicher Vater ist. Das ist wirklich eine sehr schmerzhafte
Kränkung für die Tochter, weil beide sie in die Irre geführt haben. Diese Irreführungen, diese Realitätsverdrehungen sind es,
an denen die jungen Frauen später oft verzweifeln. Wichtig ist
deshalb, dass die Angehörigen wissen, wie entscheidend es für
das psychische Wohl der Kinder ist, ihnen die Wahrheit zu sagen,
auch wenn sie diese manchmal nicht akzeptieren wollen.

Verstehen Kinder also mehr, als man ihnen zutraut?
Manchmal verstehen Kinder mehr, als wir ihnen zutrauen, aber
vor allem spüren sie mehr, als wir denken. Verstehen ist das, was
wir ihnen über die Sprache anbieten. Ist die Sprache angemessen,
wahrhaftig und stimmt mit dem emotionalen Empfinden des
Kindes überein, dann fühlt sich das Kind auch wohl.

Es gibt aber auch die Variante, dass Kinder die Welt anders haben wollen, als sie ist, dann wäre es schön, wenn die Erwachsenen
dem Kind einfühlsam zur Seite stehen und ihm helfen, die Welt
zu ertragen wie sie ist. Wenn zum Beispiel ein Mädchen seinen

Stiefvater ganz zu seinem eigenen Vater gemacht hat, wäre es gut, ihm behutsam entlang seiner Verständnismöglichkeiten dabei zu helfen, auszuhalten, dass der Stiefvater zwar wie ein richtiger Vater, aber trotzdem nicht der leibliche Vater ist. Egal, wie oft man es erklärt, man wird feststellen können, dass die Kinder trotzdem immer wieder ihre eigene Welt aufbauen, unabhängig davon, was man ihnen objektiv nahe zu bringen versucht. So sind Kinder. Sie versuchen eben auch, die Welt zu gestalten. Kinder sind Erfinder von Spielarten des Lebens. Eine Fähigkeit, die man in einem guten Abwägen von »so ist die Realität« und »das sind deine Wünsche« begleiten kann.

Das sind aber sehr hohe Erwartungen an die Erwachsenen in der Umgebung des Kindes. Setzt das nicht voraus, dass zum Beispiel die Eltern mit sich selbst im Reinen sind?
Ja. Natürlich sind diese idealtypischen Vorstellungen fast nie gegeben. Trotzdem, allein das Bemühen um die Wahrheit ist schon viel wert. Das Kind spürt, wenn sich die Erwachsenen bemühen. Gut wäre es schon, wenn zum Beispiel die Mutter ihrer Tochter anbieten könnte: »Ich kann nicht über mein Leben sprechen, frag' die Oma oder den Opa«, und ihr so erlaubt, sich die Informationen selbst zu holen. Viele Mütter haben mindestens zwei große Hürden zu nehmen, um im Gespräch mit ihren Töchtern wahrhaftig sein zu können: Zum einen ihre Scheu, der Tochter von der konfliktbeladenen Beziehung mit dem Vater zu erzählen, zum anderen die Angst, von den gesellschaftlichen Normvorstellungen abzuweichen. Eine Mutter, die die Geringschätzung, ein nichteheliches Kind zu haben, erlebt hat, muss schon sehr viel psychische Stabilität aufbringen, um sich davon nicht erschüttern zu lassen. Kann sie dies nicht leisten, wird sie versuchen, ihrer Tochter etwas vorzumachen, und das Drama beginnt. Es gibt auch innerpsychische Gründe der Mutter, weshalb sie bestimmte Ereignisse verschweigt. Aus der Perspektive des Kindes wäre es in jedem Fall wünschenswert, wenn die Mütter und Väter weitgehend über ihre eigenen Gefühle und Projektionen Bescheid wüssten.

Dürfen die Erwachsenen, darf die Mutter ihre Tochter einfach
so mit ihren schlechten Gefühlen dem leiblichen Vater gegenüber
konfrontieren?
Kinder haben selbst Gefühle und verstehen deshalb auch, dass
Erwachsene Gefühle haben. Sie können akzeptieren, wenn in
emotionaler Weise über den abwesenden Vater und das Leben
mit ihm gesprochen wird. Anders geht es doch auch gar nicht.
Wenn zum Beispiel die Mutter über den Vater schimpft: »Dieser
schreckliche Mensch hat mich betrogen und verlassen«, wäre es
schön, wenn sie dazu sagen könnte: »Aber er ist dein Vater. Zu
dir ist er anders.« Wenn die Mutter zwischen ihren eigenen Gefühlen und denen des Kindes unterscheiden kann, wäre schon viel
gewonnen. Eine Mutter könnte ja zum Beispiel das Erziehungsziel
haben, dass ihre Tochter sich zu einer von ihr unabhängigen,
selbstständigen Frau entwickeln darf.

Wenn die Tochter dem Vater sehr ähnlich sieht, die Mutter in
ihr immer den Vater erkennt, welches Selbstbild hat dann diese
Tochter?
Bei dieser Frage geht es eigentlich um die Projektionen der
Mütter. Aber weder die Töchter noch die Mütter sind dagegen
gefeit, positive oder negative Erfahrungen zu projizieren und zu
externalisieren. Und je nach Alter der Töchter können wir auf
ihre Fähigkeiten vertrauen, mit den Unfähigkeiten ihrer Mütter
zurechtzukommen. Wenn es allerdings so ist, dass die Tochter
immer wieder von der Mutter hört: »Du bist wie dein Vater«,
und sie ihm auch wirklich ähnlich sieht, dann ist das eine dieser
schwierigen Zuschreibungen, die gefährlich werden können. Aber
wenn es jemanden gibt, der diese Zuschreibungen der Mutter
relativiert und damit korrigiert, ist schon viel gerettet.

Nehmen wir als Beispiel die Besatzungskinder mit schwarzen Vätern. Bei den Töchtern, die keine Probleme mit ihrer
Hautfarbe haben, vielleicht sogar den Wunsch haben, schwarz
zu sein, hat offensichtlich eine positive Identifikation mit dem
Vater stattgefunden. Hier kann man sagen, die Vermittlung ist
der Familie gut gelungen.

Viele Töchter erfinden sich ihren leiblichen Vater als Helden. Warum?

Wenn sich Töchter den eigenen Vater als Helden vorstellen, spricht das vielleicht dafür, dass sie in der Realität, in der sie leben, nicht glücklich sind. In diesem Fall bietet ihnen die Idealisierung des Vaters die Möglichkeit, den Spannungen ihrer Wirklichkeit innerlich zu entfliehen und so die Realität auszuhalten. Eine solche Phantasie kann vorübergehend sehr wichtig und hilfreich sein. Sie wird allerdings dann problematisch, wenn sie für die Wirklichkeit genommen wird.

Macht die Vaterentbehrung das Leben der Töchter womöglich sogar reicher, weil sie ihre Phantasie fordert und anregt?

Allein die Tatsache, dass es keinen Vater gibt, heißt nicht notwendigerweise, dass die Tochter auch kreativ wird. Das Schicksal allein macht noch nicht kreativ. Es ist auch eine Frage der Begabung. Für eine Tochter, die mit dem Bewusstsein aufgewachsen ist, dass ihr Leben ohne Vater »normal« ist, kann das Herstellen einer intakten Familie ein interessantes Projekt sein. Welche Gestalt dieses »Projekt Familie« dann annimmt, ist eine andere Frage, weil sie als Tochter eine intakte Familie nicht selbst erlebt hat. Vermutlich hat sie Vorbilder bei Freunden, im Kino oder in der Literatur gefunden.

Besteht der Grund für dieses Schaffen einer kompletten Familie allerdings nur darin, eine eigene geschädigte Stelle zu kompensieren, wird dieses Familienvorhaben irgendwann scheitern. Die Tochter wird es schwer haben, die Kinder, die sie in die Welt gesetzt hat, auch in deren eigener Welt wahrzunehmen. Sie wird vermutlich als Mutter im Denken ihres eigenen »defizitären« Lebens verhaftet bleiben, nicht im lebendigen Austausch mit ihren Kindern stehen und so möglicherweise ihr eigenes Elend wieder fortpflanzen. Um nicht falsch verstanden zu werden: Das kann, muss aber nicht passieren.

Immer wieder ist vom Vater als fehlendem Teil die Rede. Für manche Töchter ist es geradezu existenzentscheidend, ihren Vater kennen zu lernen, für andere nicht. Wie kommt das?

Jeder versteht, dass eine Tochter Sehnsucht nach ihrem Vater hat und wissen will, wer er ist. Wenn sie ihrem Vater begegnet, überprüft sie ihre Phantasien über ihn, erkennt seine Realität und wendet so das rationale Prinzip an, wofür entwicklungsgeschichtlich eigentlich der Vater zuständig gewesen wäre. In der Suche nach dem leiblichen Vater ist stets die Suche nach der weiblichen Identität und dem eigenen Selbst enthalten. Auch die Neugier ist ein Grundbedürfnis des Menschen, und die Welt zu entdecken, heißt doch zuerst einmal, sich selbst entdecken.

Es gibt Töchter, die sich von sich aus gar nicht auf den Weg machen müssen, sie stolpern fast über ihren Vater, treffen völlig unverhofft auf ihn ...
Das ist ein interessantes Phänomen. Es kann Zufall, aber auch die intuitive Suche der Tochter nach dem Vater oder des Vaters nach der Tochter sein. Wir haben bereits darüber gesprochen, dass die Lücke des Vaters bewusst durch Phantasien gefüllt wird. Die unbewusste Suche ist genauso ein kreativer Akt: Der Körper wird eingesetzt, Sachverhalte werden recherchiert, Bedürfnisse und Wünsche zum Ausdruck gebracht. Allerdings sind sie dem Bewusstsein nicht zugänglich. In den Familien, in denen sich die Töchter auf die unbewusste Suche machen, kann man davon ausgehen, dass Konflikte und schmerzhafte Erfahrungen nicht besprochen wurden und viele Tabus herrschten.

Was für einen Rat kann man denn diesen Töchtern geben, wenn sie auf diese Weise mit ihrem Vater konfrontiert sind?
Es gibt keine Patentrezepte. Jeder Mensch lernt im Laufe seines Lebens mit Erschütterungen umzugehen, und man kann für solche Situationen nur jeder Tochter wünschen, dass sie jemanden an ihrer Seite hat, der sie schützt und behutsam mit ihr umgeht. In dem Fall, in dem der Vater von sich aus in das Leben der Tochter – ohne ihr Einverständnis – einbricht, hätte sie sicher jedes Recht, ihn zurückzuweisen. Sie könnte aber auch versuchen, für sein Interesse Verständnis zu haben und ihn zu fragen, was ihn bewegt hat, gerade jetzt zu kommen.

Worauf sollten die Töchter vorbereitet sein, die sich ihrem leiblichen Vater stellen wollen?
Sie sollten damit rechnen, dass die Begegnung mit dem Vater eine emotional sehr anstrengende Situation werden kann. Auch wenn

die erste Begegnung angenehm war, kann es später noch zu einer Enttäuschung kommen. Vielleicht verhält sich der Vater in der aktuellen Situation ideal, verspricht, ab jetzt für sie da zu sein, kann sein Versprechen dann aber doch nicht halten, weil er sich ja bis dahin auch nie um seine Tochter gekümmert hatte.

Gehört Enttäuschung in der Begegnung mit dem Vater immer dazu?
Enttäuschung ist mir doch ein zu wertendes Wort. Die Töchter sollten sich darauf einstellen, dass ab dem Moment, da sie ihrem leiblichen Vater begegnen, nichts mehr so ist, wie es einmal war. Die Begegnung wird immer das bisherige Wissen und die bisherigen Erfahrungen der Tochter verändern. Möglicherweise erfährt sie, dass sich ihr Vater bewusst fern gehalten hat, um ihr Leben nicht noch schwieriger zu machen. Das wird vielleicht die Wut der Tochter und ihre Trauer über den Verlust eines gemeinsamen Lebens besänftigen, aber schließlich doch zu der Frage führen, ob er es sich damit nicht zu leicht gemacht hat. Sieht die Tochter die negativen Informationen über ihren Vater bestätigt, kann das auch wehtun, weil sie wider besseres Wissen gehofft hatte, einen idealen Vater zu finden. Die Begegnung mit dem leiblichen Vater ist also in jedem Fall eine Begegnung mit Schmerz. Darin liegt aber auch eine Chance, weil die Bewältigung des Schmerzes einen Menschen reifen lässt. In jedem Fall ist die Begegnung mit dem leiblichen Vater ein Schritt ins Erwachsenwerden. Es wäre richtig gut, wenn bei diesem Schritt Freunde oder Familienmitglieder zur Seite stünden.

Was heißt es für das Selbstbild der Tochter, wenn der Vater beispielsweise ein Krimineller, möglicherweise sogar ein Mörder ist?
Eine Tochter, die sich auf die Suche nach einem solchen Vater macht, wird wissen, dass sie sich einer schwierigen Erfahrung stellen muss. Gleichzeitig hat sie durch diese Begegnung mit dem realen Vater aber auch die Chance, ihr Leben von seinem Schicksal abgrenzen zu können. Nichtsdestotrotz kann und darf sie um diesen Vater trauern.

Spielt es eine Rolle für das Selbstbild der Töchter, ob die Zeugung ein Akt der Liebe oder nur Sex war?
Für das Bewusstsein spielt es natürlich eine Rolle, ob die Töchter sich als Wunschkind erleben können, oder ob sie sich sagen müssen: »Und gewollt war ich auch nicht.« Wichtig ist aber nicht allein der Zeugungsakt, sondern wie er im Nachhinein erzählt und interpretiert wird und wie das Leben der Tochter weiterverlaufen ist. Hat die Tochter in wichtigen Entwicklungsphasen wiederholt Negatives verarbeiten müssen und erfährt dann, dass auch der Zeugungsakt beispielsweise eine Vergewaltigung war, kann es ihre psychische Verarbeitungskapazität übersteigen und zu einer psychischen Erkrankung führen. Für diesen Fall empfehle ich, psychotherapeutische Hilfe zu suchen. Aber wer will vorhersagen, was aus komplizierten Lebensgeschichten folgt? Es ist immer ein Zusammenspiel von individueller Kraft und äußeren Gegebenheiten, das das Leben eines Menschen bestimmt.

Was geschieht eigentlich, wenn sich Vater und Tochter als Erwachsene begegnen, treffen sich da wirklich Vater und Tochter?
Ja, hier treffen sich zwei Erwachsene, die Vater und Tochter sind. Aber die Besonderheit dieser Beziehung ist, dass sie von Phantasien übereinander bestimmt ist und es keine gemeinsame Lebenserfahrung gibt. Vielleicht erweitert sich durch das Treffen diese eben beschriebene Vater-Tochter-Beziehung um gemeinsame Erfahrungen und Gefühle. Das vielzitierte »Vater-Tochter«-Gefühl kann die Grundlage einer Beziehung sein, die sich aber erst entwickeln muss und an der beide interessiert sein müssen.

Ein anderer Aspekt der Begegnung ergibt sich aus der Perspektive des Vaters. Er begegnet in diesem Treffen seiner eigenen Geschichte und muss sich fragen, ob er zufrieden auf sein Leben zurückblicken kann. Es wird für ihn besonders bewegend sein, wenn die Tochter ihrer Mutter ähnlich sieht. Gelingt es dem Vater, seine Tochter nicht in die heftigen Emotionen, die die Erinnerungen bei ihm hervorrufen, zu verwickeln, ist das eine gute Ausgangsbasis für weitere Treffen und damit für eine mögliche Beziehung. Gelingt es ihm nicht, wird er sich entweder von seiner Tochter abgrenzen und sich erneut trennen müssen, oder er wird versuchen, sie in sein Gefühlswirrwarr zu verstricken.

Ist Desinteresse der Grund, weshalb sich manche Töchter von ihrem Vater wieder abwenden?
Ja, das kann sein. Es kann aber auch sein, dass der Vater einfach nicht in den Lebensentwurf seiner Tochter passt. Oder die Tochter hat gemerkt, dass die Diskrepanz zwischen dem imaginierten Vaterbild und dem realen Vater zu groß ist, und um diese Spannung nicht aushalten zu müssen, wendet sie sich ab.

Wie kann man eine Tochter auf die Konfrontation mit dem realen Vater vorbereiten? Was kann man ihr mitgeben?
Die Tochter sollte sich klarmachen: Der Vater, den sie treffen wird, ist nicht der junge Mann, den die Mutter in Erinnerung hat. Es ist auch nicht der Vater, an den sie sich von früher erinnert oder den sie von Bildern kennt. Sie sollte wissen, dass sie auf einen älteren Mann treffen wird, dessen Leben sie bisher nicht kennt.

Ist es eine gute Idee, den Vater zu Hause zu besuchen?
Besser wäre es, wenn sich die Tochter vorsichtig auf die Begegnung mit ihrem leiblichen Vater vorbereitet, ihm erst einmal schreibt, vorschlägt, sich an einem neutralen Ort zu treffen. Den Vater zu Hause zu besuchen, kann sich die Tochter für den Fall aufheben, dass sie ihn näher kennen lernen möchte. Am Anfang würde ich dazu raten, nicht zu viel Nähe auf einmal herzustellen, sich nicht zu vielen Eindrücken auszusetzen; sich Zeit zu lassen, sich Schritt für Schritt anzunähern. Zeit ist ein Schutz für die Seele. Zeit zu haben, ist notwendig, damit die Verbindung zwischen dem inneren und dem äußeren Bild des Vaters hergestellt werden kann.

Es gibt Töchter, die waren von dem ersten Treffen mit ihrem leiblichen Vater so überwältigt, dass sie danach lange keinen Kontakt herstellen konnten ...
Offensichtlich war hier die Konfrontation nicht gut vorbereitet, der Gefühlsüberschwang zu stark. Neben dem Aspekt, sich Zeit zu lassen, muss sich eine Tochter auch fragen, welche Erwartungen sie zu diesem Zeitpunkt ihres Lebens an das Treffen mit ihrem leiblichen Vater hat. Wenn sie sich diese Fragen stellt und so auch ihre Wünsche reflektiert, gewinnt sie Distanz, relativiert ihre Erwartungen und kann sich und ihren Vater vor übersteigerten Wünschen schützen.

Manche Töchter hatten große Erwartungen an das Treffen mit ihrem Vater geknüpft und spürten dann gar nichts ...

Es kann sein, dass hier zwei so unterschiedliche Menschen aufeinander getroffen sind, dass es gar keine Gefühlsbrücke gab. Es kann aber auch sein, dass die Gefühlskälte als ein Schutzmechanismus wirkte, ein Vorgang, der völlig unbewusst geschieht, der es uns aber ermöglicht, in einer Situation handlungsfähig zu bleiben, um nicht von den Gefühlen überwältigt zu werden. Entsprechend vorsichtig sollten die Töchter also nach der Begegnung mit ihrem Vater sein und nicht die Abwesenheit der Gefühle vorschnell als missglücktes Treffen interpretieren. Manchmal stellen sich die Gefühle dann später doch noch ein.

Es gibt Frauen, die konnten nach dem Treffen mit ihrem leiblichen Vater plötzlich Entscheidungen treffen. Wie kommt das?

Wenn man es ganz abstrakt nimmt, ist es erst einmal nur die Tatsache, dass sie sich auf den Weg gemacht haben, sich mit ihrer eigenen Geschichte zu konfrontieren. Allein dass sie diesen Schritt gewagt haben, löst oft schon verkrustete Strukturen auf. Das fördert ihre Fähigkeit, auch in anderen Lebensbereichen Lösungsmöglichkeiten zu finden und Entscheidungen zu treffen.

Würden Sie den Töchtern empfehlen, sich auf die Suche nach dem Vater zu begeben?

Ja. Ich möchte den Töchtern Mut machen, ihren leiblichen Vater kennen zu lernen, auch wenn es ein mehr oder weniger schmerzhafter Prozess ist, an dessen Ende vielleicht eine erneute Trennung stehen könnte. Allein die Sehnsucht nach dem Vater ist Grund genug. Darüber hinaus fördert die Suche nach dem Vater die Eigenständigkeit, das Selbstbewusstsein und dient der Festigung der weiblichen Identität. In jedem Fall erlaubt die Konfrontation mit dem realen Vater den Töchtern einen neuen Blick auf ihr bisheriges Leben.

Anhang

Suchadressen

Einwohnermeldeämter

Bei Anfragen an ein Einwohnermeldeamt ist das Meldegesetz des jeweiligen Bundeslandes zu berücksichtigen. Allgemein gilt: Damit eine Anfrage bearbeitet wird, sind Vor- und Zuname, Geburtstag und -ort der gesuchten Person erforderlich, wenn möglich, auch eine Adresse.

Wiedersehen macht Freude
Internationaler Personensuchdienst
Susanne Panter und Karl-Heinz Weecks
Hochkirchstr. 11, 10829 Berlin
Tel.: 0 30/2 63 90 60, Fax: 0 30/26 39 06 29
E-mail: mail@wiedersehenmachtfreude.de
www.wiedersehenmachtfreude.de

Suche von Familienmitgliedern und Freunden im In- und Ausland, besonders im englischsprachigen Raum, in Skandinavien, Italien und Spanien; spezielle Erfahrung in der Suche von ehemaligen US-Soldaten aus der Besatzungszeit.

Deutscher Verein für öffentliche und private Fürsorge
Internationaler Sozialdienst (ISD)
Michaelkirchstr. 17–18, 10179 Berlin-Mitte
Tel.: 0 30/6 29 80- 403, Fax 0 30/6 29 80- 4 50
E-mail: isd@iss-ger.de
www.iss-ger.de

Bearbeitet Anfragen zur Suche nach dem leiblichen Vater oder Verwandten, besonders von Betroffenen, deren Vater in früheren Jahren z. B. als Soldat in Deutschland stationiert war, als Migrant hier lebte und arbeitete oder studierte. Auch Herkunftssuche von Adoptierten; entscheidend ist immer der Auslandsbezug, d. h. die grenzüberschreitende Suche. Der ISD hilft nicht bei der Suche nach Freunden, Schulkameraden und Arbeitskollegen oder in erbrechtlichen Angelegenheiten.

Deutsches Rotes Kreuz
Suchdienst München
Chiemgaustr. 109, 81549 München
Tel.: 0 89/6 80 77 30, Fax: 0 89/68 07 45 92
E-mail: info@drk-suchdienst.org
www.drk-suchdienst.org

Nachforschungen nach Kriegs- und Zivilgefangenen sowie nach Wehrmachtsvermissten und Zivilverschleppten des Zweiten Weltkrieges; Kindersuchdienst; Nachforschungen nach Vermissten als Folge von weltweiten Konflikten und Katastrophen; Auskünfte für versorgungsrechtliche Angelegenheiten wie Kriegsgefangenschaft.

Deutsches Rotes Kreuz
Suchdienst Hamburg
Amandastr. 72–74, 20357 Hamburg
Tel.: 0 40/43 20 20, Fax: 0 40/43 20 22 00
E-mail: DRK-Suchdienst-Hamburg@drk-sdhh.de
www.drk-sdhh.de

Familienzusammenführung von Deutschen und ihren Angehörigen aus den Aussiedlungsgebieten; Hilfs- und Beratungsdienst für Deutsche in Ost- und Südosteuropa.

Kirchlicher Suchdienst
Heimatortskarteien (HOK)-Stelle München
Lessingstr. 3, 80336 München
Tel.: 0 89/5 44 97-2 05, Fax: 0 89/5 44 97-2 07
E-mail: Suchdienst.ZHOK@t-online.de
www.com-de.com/wast/hok.htm

Suche nach vermissten Zivilpersonen aus den Vertreibungsgebieten, nach Nachkommen in Erbschaftsangelegenheiten, nach ehemaligen Arbeitgebern aus den Vertreibungsgebieten; Auskünfte von Versorgungsangelegenheiten bis Namensschreibweisen.

Kirchlicher Suchdienst
Heimatortskarteien-Zentrum Stuttgart
Rosenbergstr. 50, 70176 Stuttgart
Tel.: 0711/6368004, Fax: 0711/6368007
E-mail: Suchdienst.HOK@t-online.de
www.com-de.com/wast/hok.htm

Suche nach Menschen aus Südosteuropa, Nordosteuropa, der Mark Brandenburg, Wartheland/Polen sowie Suche nach Ostumsiedlern.

Kirchlicher Suchdienst
Heimatortskarteien-Zentrum Passau
Ostuzzistr. 4, 94032 Passau
Tel.: 0851/59643, Fax: 0851/72776
E-Mail: Suchdienst.Passau@t-online.de
www.com-de.com/wast/hok.htm

Suche nach Menschen aus Niederschlesien, Oberschlesien sowie nach Sudetendeutschen.

Deutsche Dienststelle (WASt)
Eichborndamm 179, 13403 Berlin
Tel.: 030/41904-0, Fax: 030/41904-100
E-mail: wast@com-de.com
www.dd-wast.de

Benachrichtigt die nächsten Angehörigen von Gefallenen der ehemaligen deutschen Wehrmacht.

Bundesarchiv – Zentralnachweisstelle
Abteigarten 6, 52076 Aachen
Tel.: 02408/147-0, Fax: 02408/14737
E-mail: zns@barch.bund.de
www.bundesarchiv.de

Archivierung der in der Zeit zwischen 1920 und 1945 erhalten gebliebenen personellen Unterlagen der ehemaligen Angehörigen der deutschen Wehrmacht (ohne Marine) und des Gefolges sowie des überlieferten wehrmachtgerichtlichen Schriftgutes aller Wehrmachtteile.

Leseempfehlungen

Drolshagen, Ebba D.: Wehrmachtskinder. Auf der Suche nach dem nie gekannten Vater. Droemer Verlag, München 2005.

Happel, Frieka: Der Einfluss des Vaters auf die Tochter. Zur Psychoanalyse weiblicher Identitätsbildung. Verlag Dietmar Klotz, Eschborn 2003.

Heidenreich, Gisela: Das endlose Jahr. Die langsame Entdeckung der eigenen Biografie – ein Lebensbornschicksal. Bern 2002.

Langer, Joakim/Regius, Hélena: Pippi und der König. Auf den Spuren von Efraim Langstrumpf. List Verlag, Berlin 2004.

Lorde, Audre: Auf Leben und Tod. Orlanda Frauenverlag, Berlin 1994.

Lorde, Audre: Zami. Eine Mythobiografie. Orlanda Frauenverlag, Berlin 1988.

Mitscherlich, Alexander: Auf dem Weg zur vaterlosen Gesellschaft. Ideen zur Sozialpsychologie. Beltz Taschenbuch, Weinheim 2003.

Oates, Joyce Carol: Blond. Fischer Taschenbuch, Frankfurt am Main 2002.

Oguntoye, Katharina/Opitz, May/Schultz, Dagmar (Hrsg.): Farbe bekennen. Afro-deutsche Frauen auf den Spuren ihrer Geschichte. Fischer Taschenbuch, Frankfurt am Main 1992.

Oguntoye, Katharina: Eine afro-deutsche Geschichte. Zur Lebenssituation von Afrikanern und Afro-Deutschen in Deutschland von 1884 bis 1950. Hoho-Verlag Hoffmann & Hoyer, Kirchlinteln 1997.

Onken, Julia: Vatermänner. Ein Bericht über die Vater-Tochter-Beziehung und ihren Einfluß auf die Partnerschaft. Beck'sche Reihe, München 2000.

Petri, Horst: Das Drama der Vaterentbehrung. Chaos der Gefühle – Kräfte der Heilung. Herder spektrum, Freiburg im Breisgau 2002.

Petri, Horst: Väter sind anders. Die Bedeutung der Vaterrolle für den Mann. Kreuz-Verlag, Stuttgart 2004.

Roberts, Ulla: Starke Mütter – ferne Väter. Über Kriegs- und Nachkriegskindheit einer Töchtergeneration. Psychosozial-Verlag, Gießen 2003.

Steinbrecher, Sigrid: Die Vaterfalle. Die Macht der Väter über die Gefühle der Töchter. Rowohlt Taschenbuch, Reinbek bei Hamburg 2001.

Zu den Autorinnen und Experten

© Stephan Morgenstern

Ingeborg Bellmann
Studium der Germanistik, Philosophie und Theaterwissenschaft; Hörfunk-regisseurin; Redakteurin des Broadcast-Magazins *Cut;* schreibt Drehbücher. Mit 14 Jahren hat sie ihren Vater kennen gelernt, sechs Wochen in seiner Familie gelebt und ihn danach nie wieder gesehen.

Brigitte Biermann
Verlagskauffrau, Journalistik-Studium, seit 1990 Korrespondentin für *Brigitte.* Bücher im Ch. Links Verlag: »Frauen vor Gericht«, 2001; »Mütter und Söhne« (mit Kai Biermann), 2003. Sie erfuhr mit 27 Jahren, dass ihr Vater nicht ihr leiblicher Vater ist. Als sie diesen nach dem Mauerfall suchen konnte, erhielt sie die Mitteilung, dass er nicht mehr lebt.

Gisela Heidenreich
Studium der Pädagogik, Sonderpädagogik und Psychologie, Ausbildung in Paar- und Familientherapie und Mediation, langjährige Tätigkeit als Lehrerin, Dozentin und Therapeutin in freier Praxis, lebt in der Nähe von München. Fachartikel und Übersetzungen aus dem Englischen. Als Buch erschien von ihr »Das endlose Jahr. Die langsame Entdeckung der eigenen Biografie – ein Lebensbornschicksal«, Bern 2002.

Sigrid Huth
Diplom-Psychologin, Mitglied der internationalen und deutschen psychoanalytischen Vereinigung (IPV) sowie der Deutschen Gesellschaft für Psychotherapie (DGPT). Arbeitet als Psychoanalytikerin in eigener Praxis in Oberursel im Taunus.

Professor Dr. med. Horst Petri
Arbeitet als Psychoanalytiker in eigener Praxis in Berlin. Zahlreiche Publikationen, u. a.: »Das Drama der Vaterentbehrung«, Freiburg im Breisgau 2002; »Väter sind anders. Die Bedeutung der Vaterrolle für den Mann«, Stuttgart 2004.

Brigitte und Kai Biermann
Mütter und Söhne
Wege zu einem
entspannten Miteinander

2. Auflage
192 Seiten
Klappenbroschur
ISBN 3-86153-291-3
14,90 €, 26,80 sFr

Söhne müssen sich von ihren Müttern abnabeln, um ihre Rolle als Mann zu finden. Wie kann eine Mutter diese schwierige und schmerzhafte Phase entspannt überstehen? Wie gelingt es dem Sohn, gelassen damit umzugehen?
Brigitte Biermann hat mit dreizehn Müttern gesprochen, Kai Biermann befragte deren Söhne. Aus diesen Gesprächen und aus Interviews mit Experten über typische Probleme dieser facettenreichen Beziehung haben die Autoren praktische Ratschläge abgeleitet, wie man auch in dieser konfliktgeladenen Zeit gut miteinander auskommen kann.

In präzise eingefangener, wirklich individueller Sprache, kommen nach erfrischend direkten Vorworten der Autoren stets beide Generationen zu Wort – ein reizvoller und lohnender Ansatz. *Nordkurier*

Die Interviews lesen sich wie spannende Kurzgeschichten. Erfrischend offen und detailreich berichten die Befragten von ihren jeweiligen Erlebnissen. Die Autoren, selbst Journalisten, beschreiben die Schicksale einfühlsam, ohne bloßzustellen. *Gießener Allgemeine*

Ch. Links Verlag, Schönhauser Allee 36, 10435 Berlin, www.linksverlag.de

Hermann Schulz · Hartmut Radebold
Jürgen Reulecke

Söhne ohne Väter

Erfahrungen
der Kriegsgeneration

Ch. Links

Hermann Schulz
Hartmut Radebold
Jürgen Reulecke
Söhne ohne Väter
Erfahrungen
der Kriegsgeneration

176 Seiten
Klappenbroschur
ISBN 3-86153-320-0
14,90 €, 26,80 sFr

Fast ein Drittel aller Männer, die zwischen 1933 und 1945 geboren wurden, wuchsen kriegsbedingt ohne Vater auf.
Anhand der sehr persönlichen Berichte in diesem Band werden
die Folgen dieses Verlustes sichtbar: die Schwierigkeit, dem
eigenen Leben deutliche Konturen zu geben, der Kampf um
Selbstvertrauen und Entscheidungssicherheit. Häufig ist der
abwesende Vater im Innersten stärker wirksam als ein anwesender.
Erst die Beschäftigung mit den tiefer liegenden Ursachen der
Auffälligkeiten weist Wege zu autonomen Lebensentwürfen
sowie zur Möglichkeit, verlässliche Rollen in zwischenmensch-
lichen Beziehungen zu finden. Die spezifische Problematik
der Kriegssöhne gewährt so auch der jüngeren Generation
Verständnis und Hilfe im Umgang mit Vaterlosigkeit.

40 Männer haben die Autoren befragt. Wie sehr ihnen ein
Orientierungspunkt im jungen Leben, eine Anlaufstelle zum
Kräftemessen, gefehlt hat und wie sie das kompensiert haben,
ist eine spannende Lektüre.   *buchjournal*

Ch. Links Verlag, Schönhauser Allee 36, 10435 Berlin, www.linksverlag.de